Narges Mohammadi, geboren 1972, ist eine iranische Menschenrechtsaktivistin und Vizepräsidentin des Defenders of Human Rights Center. 2023 erhielt sie den Friedensnobelpreis. Die Journalistin wurde aufgrund ihrer regimekritischen Haltung mehrfach inhaftiert und sitzt seit 2021 wieder im Gefängnis. Narges Mohammadi setzt sich für Frauen- und Menschenrechte und die Abschaffung der Todesstrafe ein. Außerdem hat sie sich der Aufklärung der unhaltbaren Haftbedingungen und der in Haft begangenen Verbrechen verschrieben.

Narges Mohammadis Buch lässt uns nicht nur am furchtbaren Gefängnisalltag der Frauen teilhaben, sondern auch ihren unbesiegbaren Zusammenhalt hautnah miterleben. Die Vorworte und Einordnungen namhafter Expertinnen und die erklärenden Fußnoten bringen den Alltag im Iran, Gepflogenheiten und Bräuche sowie politische Strömungen näher, was die Lektüre nicht nur zu einem wichtigen Dokument der Gegenwart macht, sondern auch zu einem Augenöffner über den Iran und seine Menschen, die in Freiheit und Frieden leben wollen und sich weiter gegen ihre Unterdrückung wehren werden.

«Dies sind die Worte von Menschen, die die Ängste und Schwächen des Regimes besser verstehen als das Regime selbst, und sie dokumentieren, wie die Folter daran scheitert, ihnen ihre Menschlichkeit und ihren Glauben an Gerechtigkeit und Liebe zu nehmen.»

Shannon Woodcock

NARGES MOHAMMADI

FRAUEN!

WIE WIR UNSERE
STIMMEN ERHEBEN.

LEBEN!

FRAUEN IN IRANISCHEN
GEFÄNGNISSEN ERZÄHLEN.

FREIHEIT!

Rowohlt Taschenbuch Verlag

Die englische Originalausgabe erschien 2022
unter dem Titel «White Torture:
Interviews with Iranian Women Prisoners»
bei Oneworld Publications, London.

Diese Übersetzung von «White Torture: Interviews
with Iranian Women Prisoners» wird von der
Rowohlt Verlag GmbH nach Vereinbarung mit
Oneworld Publications veröffentlicht.

Alle Texte wurden aus dem Persischen übersetzt.
Ausnahmen sind die von Anja Schünemann
aus dem Englischen übersetzten Kapitel
und das Vorwort von Natalie Amiri.

2. Auflage Oktober 2023
Deutsche Erstausgabe
Veröffentlicht im Rowohlt Taschenbuch Verlag,
Hamburg, September 2023
Copyright der deutschen Erstausgabe
© 2023 by Rowohlt Verlag GmbH, Hamburg
«White Torture: Interviews with Iranian Women
Prisoners» Copyright © 2020 by Narges Mohammadi;
Vorwort © 2022 by Shirin Ebadi;
Biografische Notiz © 2022 by Nayereh Tohidi;
Einleitung © 2022 by Shannon Woodcock;
Einführung in die deutsche Ausgabe
© 2022 by Monireh Baradaran
Die Rechte der deutschen Übersetzung wurden von Baran
International Media and Production AB vermittelt.
Covergestaltung zero-media.net, München
Satz aus der Abril
bei Dörlemann Satz, Lemförde
Druck und Bindung GGP Media GmbH, Pößneck
ISBN 978-3-499-01413-0

INHALT

VORWORT NARGES MOHAMMADI

Übersetzung: Anja Schünemann

Ich schreibe dieses Vorwort in den letzten Stunden meines Hafturlaubs. Sehr bald werde ich zurück ins Gefängnis müssen. Am 16. November 2021 wurde ich zum zwölften Mal in meinem Leben verhaftet und zum vierten Mal zu Einzelhaft verurteilt. Ich habe vierundsechzig Tage im Trakt 209 des Evin-Gefängnisses zugebracht, das dem Ministerium für Nachrichtenwesen der Islamischen Republik Iran untersteht. Grund für diesen Schuldspruch war das Buch, das Sie jetzt in der Hand halten – *White Torture* bzw. auf Deutsch *Frauen! Leben! Freiheit!*. Mir wurde vorgeworfen, das Ansehen des Iran in der Welt zu beschmutzen. Dieses Mal waren sie entschlossen zu zeigen, dass meine Kampagne zur Abschaffung der Einzelhaft gescheitert war. Wieder einmal würden sie mich dieser Folter unterwerfen, und Aktivistinnen und Aktivisten in aller Welt demonstrieren dagegen, dass die Regierung die uneingeschränkte Macht hat.

Ich wurde in erster Instanz rechtswidrig zu acht Jahren und zwei Monaten Gefängnis sowie vierundsiebzig Stockhieben verurteilt. Später wurde die Haftstrafe auf sechs Jahre reduziert, die Anzahl der Hiebe blieb gleich. Somit verbüße ich nun zwei verschiedene Strafen: eine bereits zuvor verhängte von dreißig Monaten Gefängnis und achtzig Hieben und diese neue. Zusammen mit einer früheren Verurteilung werde ich dann mehr als dreißig Jahre im Gefängnis verbracht haben.

Aber nichts wird mich davon abhalten, mich weiter gegen Einzelhaft einzusetzen. Nun, da meine Haft aufgrund meines schlechten Gesundheitszustands nach einem Herzinfarkt im Qarchak-Gefängnis und einer Herzoperation vorübergehend ausgesetzt wurde, erkläre ich noch einmal, dass es sich um eine grausame und unmenschliche Form der Bestrafung handelt. Ich werde nicht ruhen, ehe sie abgeschafft wird.

Man wird mich erneut einsperren. Aber ich werde nicht aufhören zu kämpfen, bis in meinem Heimatland die Menschenrechte geachtet werden und Gerechtigkeit herrscht.

Narges Mohammadi
März 2022

VORWORT NATALIE AMIRI

Während ich dieses Vorwort schreibe, höre ich durch das offene Fenster fröhliche laute Musik. Ich bin in Spanien, in Valencia. Auf dem Marktplatz haben sich gegen Abend Hunderte eingefunden. Zum Feiern. Frauen und Männer, Kinder. Sie klatschen im Takt zur Folkloremusik, tanzen, lachen.

Heute Morgen wurde ein iranisch-schwedischer Staatsbürger in Teheran hingerichtet. Vor dem Morgengrauen. Jede Hinrichtung findet in der Islamischen Republik vor Sonnenaufgang statt. Habib Chaab hatte eine Oppositionsgruppe im Exil gegründet. Wurde von der Islamischen Republik in der Türkei gekidnappt und in den Iran verschleppt. Verurteilt. Hingerichtet.

«Wir werden zwar unterdrückt, aber wir glauben, dass diese Unterdrückung durch die Islamische Republik Iran nicht auf ihrer Macht und Stärke basiert, sondern auf ihrer Schwäche und auf der Stärke der Menschen in meinem Land. Ich bin sehr hoffnungsvoll, und so gehe ich heute mit einem Lächeln im Gesicht und in fröhlicher Stimmung zurück ins Gefängnis, und selbstverständlich mit großer Hoffnung. Wir werden weiterkämpfen.» Sagt Narges Mohammadi am 21. April 2022 in einem Video, das sie online stellt. Es ist ihr 50. Geburtstag.

«Das iranische Volk kämpft für den Übergang zu einer demokratischen Staatsform, um die Verwirklichung der Menschenrechte und der Demokratie zu erreichen. Bis zu diesem Tag werden wir nicht aufhören. Eines Tages werden wir das Lied der Freiheit in unserem Land singen. Ihr werdet unseren glücklichen, freudigen und erfolgreichen Klang hören.»

In Valencia beginnt gerade eine Opernsängerin eine Arie von Verdi zu singen. Es klingt betörend schön.

Im Iran darf eine Frau in der Öffentlichkeit nicht singen. Sie darf nicht tanzen. Sie ist Bürgerin zweiter Klasse.

«Sie ist die Mutigste von allen ...», höre ich von iranischen Frauen, die ich nach Narges Mohammadi frage.

Seit dem 21. April 2022 sitzt sie erneut im Gefängnis. Im Frauentrakt des Evin-Gefängnisses. Zuvor wird jede:r politische Gefangene in der berüchtigten Sektion 209 des iranischen Geheimdienstes verhört oder im noch schlimmeren Hochsicherheittrakt 2A der Revolutionsgarde. Dort werden die «Staatsfeinde» durchleuchtet. Ich komme nicht mehr nach mit dem Zählen der Jahre, die Narges noch im Gefängnis verbringen muss, wie viele rechtswidrige Verfahren ihr angehängt wurden, wie viele Peitschenhiebe sie bereits ertrug und noch wird ertragen müssen. Das Regime kommt auch nicht mehr nach mit den Verfahren. Denn Narges macht einfach weiter. Fast wöchentlich gibt sie aus dem Gefängnis heraus Statements, die heimlich auf Toilettenpapier oder Kaffeefiltern herausgeschmuggelt werden, in denen sie zum Regime Change aufruft, die Demokratie beschwört, Folter und Vergewaltigung im Gefängnis anprangert. Sie hört nicht auf. Dabei kann sie sich nicht einmal verstecken oder fliehen, wie es andere politische Aktivistinnen gezwungen waren zu tun. Sie sitzt eingesperrt in einer Zelle, umgeben und bewacht von den Wächtern des Regimes.

Ich kenne aus meiner jahrelangen Korrespondentenzeit im Iran viele großartige Frauen, die im Evin-Gefängnis in Teheran einsaßen. Mutige Frauen. Es erscheint mir fast, als wäre es ein Ehrentitel, in diesem Gefängnis zu sitzen. Nicht in der Lage, diese Pein nachvollziehen zu können, weil ich noch nie in dieser Situation war, frage ich eine Mitstreiterin von Narges Mohammadi, Mansoureh Shojaee, die inzwischen in die Niederlande fliehen konnte, ob es sich nicht ein wenig so anfühlt, als wäre es eine Ehre, dort inhaftiert zu werden. Und schäme mich über meine Frage, als ich die Antwort von ihr erhalte, die jedoch die Aussage innehat, die ich vermutete:

«Ins Gefängnis zu gehen ist keine Ehre. Nicht einmal für uns politische Aktivistinnen. Ins Gefängnis zu gehen ist der Preis, den wir zahlen müssen für das, was wir tun. Wenn wir den Weg des Widerstandes gehen, nehmen wir es in Kauf und sehen voraus, dass wir inhaftiert werden. Ein Gefängnis ist kein schöner Ort. Aber wir haben uns dazu entschlossen, dass wir den Preis der Gefahren, die uns drohen, zahlen. Das ist nicht rechtens, das ist nicht gerecht, es ist unmenschlich, aber wir akzeptieren es. Warum? Weil wir unseren Weg des Widerstandes fortsetzen wollen. Wir werden mit Gefängnis bestraft. Oder wir riskieren, unsere Arbeit zu verlieren, rausgeschmissen zu werden. Ins Exil gehen zu müssen. Natürlich sagen wir nicht, es ist eine Ehre, dass wir politische Gefangene sind, wir sind stolz darauf, dass wir unseren Job verloren haben, wir freuen uns darüber, dass wir unsere Heimat verlassen müssen. Aber wir sagen, wir sind stolz darauf, dass jede einzelne dieser Konsequenzen uns nicht von unserem Widerstand gegen das Regime aufhalten lässt. Deshalb sind wir nicht einmal in der dunklen Zelle der Isolationshaft oder in einer der dreckigen, vollkommen überfüllten Gemeinschaftszellen des Ghartschak-Gefängnisses traurig oder bereuen es. Wir sagen: Wir sind hier, weil wir uns dafür entschieden haben zu kämpfen. Und das sagen wir mit Stolz.»

Ich schreibe Taghi Rahmani, dem Ehemann von Narges Mohammadi, welche Gedanken ihm kommen, wenn er an seine Frau denkt. Taghi Rahmani war der wohl am längsten inhaftierte Journalist seit Gründung der Islamischen Republik 1979. Bis er ins Exil fliehen konnte. Er hat seine Frau seit acht Jahren nicht gesehen. Rahmani antwortet mir in einer Sprachnachricht: «Ich möchte, dass sie das erreicht, was sie sich wünscht.» Und dann hört sich seine Stimme traurig an, und er fährt fort:

«Natürlich möchte man mit der Person, mit der man verheiratet ist, zusammenleben. Als wir geheiratet haben, sprachen wir darüber, unseren Kampf fortzusetzen und an dem festzuhalten, woran wir glauben. Wir wussten, dass dies Schwierigkeiten für uns mit sich bringen wird. Aber ich denke, wir müssen diese für unsere Ideale und Ziele in Kauf nehmen.

Ich weiß, dass einige Leute das nicht akzeptieren können, aber sowohl Narges als auch ich haben uns darauf geeinigt, es zu akzeptieren. Meine Tochter Kiana ist mit unserer Sichtweise ganz und gar nicht einverstanden. Sie möchte nicht auf ihre Mutter verzichten. Ein Verzicht, den sie seit Jahren ertragen muss. Dennoch wünschen wir alle Narges vor allem Erfolg auf ihrem Weg. Wir wünschen, dass sie so wenig Fehler wie möglich macht, um sich nicht noch mehr in Gefahr zu bringen. Wir wünschen ihr, dass sie den Menschen, die mit ihr inhaftiert sind, noch mehr Unterstützung und Hilfe geben kann und dabei den klügsten Weg wählt.

Natürlich möchte jeder mit seinem Ehepartner zusammenleben. Aber manchmal machen die Ungerechtigkeiten, die wir täglich sehen und ertragen müssen, unsere Ziele zu mehr als einer persönlichen Angelegenheit. Bis man sie erreicht, findet man keine Ruhe. Oder Zufriedenheit. Was bedeutet, dass man keine Ruhe finden wird, bevor man seine Ziele erreicht. Bis dahin wird man keine Zufriedenheit erlangen.

Im Leben zufrieden zu sein ist nicht leicht. Doch sollte das Wohlbefinden oberste Priorität haben. Wenn diese

Zufriedenheit mit hohen Zielen verbunden ist, macht sie das Leben zwar schwieriger, aber gleichzeitig auch erträglicher.»

Ich finde kaum Worte, um den Mut von Narges Mohammadi zu beschreiben. Um den Mut von Tausenden von iranischen Frauen zu beschreiben. Sie sind zum Symbol geworden für den Widerstand gegen das Regime der Islamischen Republik. Seit 44 Jahren befinden sie sich im Kampf. Das Regime betrachtet die emanzipierte Frau als Feind und behandelt sie dementsprechend. 60 Prozent der Frauen im Iran sind unter 30. Sie kennen kein Leben außer einem, in dem sie gejagt werden, wenn sie sich nicht den islamischen konservativen Vorstellungen beugen. Das System hat seit vier Jahrzehnten seine gesamte Macht zum Einsatz gebracht, um die Frauen im Iran zu brechen. Doch sie beugen sich nicht. Im Gegenteil, je länger sie bekämpft wurden, desto aufrechter gingen sie.

In Valencia stellen sie gerade die Stühle aufeinander. Die Musiker haben die Bühne verlassen. Die Menschenansammlung löst sich auf. Es ist fast Mitternacht. Sie werden gut schlafen. Vielleicht sogar mit einem Lächeln im Gesicht. Sie hatten einen herrlichen Tag. Die fantastische Musik tönt auch mir noch in den Ohren.

Nur das ist es, wofür Narges Mohammadi kämpft und Tausende Inhaftierte in iranischen Gefängnissen, für ein freies Leben, für ein politisches System, in dem man nicht dafür bestraft wird zu singen, zu tanzen, Musik zu spielen und ihr zuzuhören.

EINFÜHRUNG IN DIE DEUTSCHE AUSGABE

von Monireh Baradaran[1]

Vor uns liegt ein in der Geschichte beispielloses Dokument. Ein seltsames Protokoll. Interviewerin und alle Interviewten sind politische Gefangene. Ihre Gespräche finden in den iranischen Gefängnissen statt, wo weder Journalistinnen und Journalisten noch Vertreterinnen und Vertreter der Menschenrechtsorganisationen Zugang haben. Eine einzigartige Idee, eine große Leistung von Narges Mohammadi[2]. Hinter den Mauern der iranischen Gefängnisse, wo Misstrauen und Gewalt herrschen, hat die Autorin eine vertrauliche Atmosphäre für ihre Mitgefangenen geschaffen. Diese berichten offen über bittere Erlebnisse, von Beleidigungen, Demütigungen, Belästigungen, andauernder Einzelhaft, Schlafentzug, den Schreien anderer Gefangener. Erschreckende Details, die die Fachleute als «psychologische Fol-

1 Autorin von «Erwachen aus dem Albtraum. Meine Jahre in den Gefängnissen von Teheran», Unionsverlag, Zürich, 1998.

2 Während der Arbeit an den Übersetzungen erfuhren wir, dass Narges am 8. Oktober 2020, nach mehr als acht Jahren Haft, unangekündigt mitten in der Nacht freigelassen wurde. Im November 2021 wurde sie jedoch erneut inhaftiert.

ter» oder «weiße Folter» bezeichnen. So erzählt, dringen sie in der Regel kaum nach draußen.

Diese im Geheimen erstellten Notizen wurden aus dem Gefängnis hinausgeschmuggelt, im Ausland gedruckt und in verschiedene Sprachen übersetzt. Uns liegen die Interviews von dreizehn Frauen vor, aus denen wir erfahren, mit welchen perfiden Methoden die Verhörbeamten versuchen, den Opfern das Gefühl zu geben, sie seien für immer allein und aus der Gesellschaft ausgeschlossen. Eindeutiges Ziel: die Persönlichkeiten zu zerstören, Gefangene zu brechen, den geringsten Widerstand unmöglich zu machen. Doch dieses Buch, dieses aus der Gemeinsamkeit und Solidarität entstandene Werk, beweist eine innere Stärke von Frauen, die die zerstörerische Auswirkung der Folter überwindet. Dieses Buch ist ein Zeugnis für die Kraft gegenseitigen Vertrauens, das es möglich gemacht hat, an einem außerordentlichen Ort sogar über tabuisierte Themen ein vertrauensvolles Gespräch zu führen. Ein Symbol großer Zusammengehörigkeit und seelischer Verwandtschaft.

In den Gefängnissen der Islamischen Republik Frau zu sein ist eine Paradoxie. Für die Machthaber der Islamischen Republik sind Frauen zwar schwache und niedere Wesen, doch als politische Gegner sind sie trotzdem gefährlich und bedrohlich. Diese Widersprüchlichkeit zwischen dem Frauenbild und der realen Rolle der Frauen als politischer Feinde, spiegelt sich in den Berichten über die weiße Folter.

Die Journalistin Hengameh Shahidi wird unter Druck gesetzt, zu gestehen, die Geliebte des Ex-Präsidenten und anderer Männer zu sein. Nigara Afsharzadeh, die Monate in

Einzelhaft verbringen musste, wird gezwungen, sich selbst als Sexobjekt und Spionin zu bezeichnen. Ich werde oft gefragt, worin der Unterschied zwischen den Gefängnissen von heute und denen der 1980er-Jahre besteht, die die dunkelste Periode unserer jüngsten Geschichte ausmachen. Abertausende Frauen und Männer wurden damals verhaftet und gefoltert. Ich war eine von ihnen und saß neun Jahre im Gefängnis. Tausende wurden hingerichtet – so auch mein eigener Bruder – oder starben unter der Folter.

Dass der Artikel 38 der Verfassung der Islamischen Republik jede Folter verbietet, ist eine bittere Farce, die mit der Realität nicht übereinstimmt. Landesweit werden und wurden verschiedene Foltermethoden intensiv angewendet: körperliche und seelische Folter, von systematischem Schlagen und Aufhängen bis hin zu Schlafentzug und vielem mehr. Zusätzliche Demütigungen und Gewaltanwendungen sowie das Tragen von Augenbinden kommen noch zu der physischen Folter hinzu. Trägt man eine Augenbinde, ist man vollkommen ausgeliefert. Man kann den Angreifer nicht sehen, jegliche Verteidigung und Abwehr sind unmöglich. Psychische Folter begleitete unsere Jahre im Gefängnis, dazu gehörten monate- und sogar jahrelange absolute Isolation von der Außenwelt, Zwangsmaßnahmen zur islamischen Umerziehung usw.

Wir wurden im Namen Gottes gefoltert. Der Begriff, der den göttlichen Willen zur Folter belegen sollte, lautete Tazir[3].

3   Im islamischen Recht bezieht sich Tazir auf die Bestrafung von Straftaten nach Ermessen des Richters oder des Herrschers des

Für die Vernehmer und Folterer stellte das Foltern eine Art des Betens dar, vor der sie sich genauso wuschen wie vor dem Gebet. Während der Tortur zitierten sie aus dem Koran und aus anderen Heiligen Schriften. Die Wächter nahmen freiwillig an den Hinrichtungen teil. Sie waren überzeugt, dass das Eliminieren von Atheistinnen und sogenannten Heuchlerinnen ihre heilige Pflicht sei. In den Augen der Hisbollah[4] waren Gefangene Abtrünnige und Unmenschen. So sollte jede Wahrnehmung menschlicher Ähnlichkeiten verschwinden.

Die Vergangenheit will offenbar nicht vergehen, die Menschenrechtsverletzungen im heutigen Iran sind ein Kontinuum, das immer verschwiegen und vertuscht worden ist.

Die Frauen, die in diesem Buch zu Wort kommen, sitzen aus vielfältigen Gründen seit Jahren im Gefängnis: aufgrund ihrer Tätigkeiten als Menschenrechtlerinnen und Journalistinnen oder aufgrund ihrer Zugehörigkeit zu den Glaubensrichtungen der Bahai, der Derwisch-Orden oder ihrer politischen Überzeugungen als Mudschahedin. Oder sie werden als Geisel im Gefängnis festgehalten, wie Nazanin Zaghari-Ratcliffe.

Staates, eine von drei Hauptarten von Strafen oder Sanktionen nach islamischem Scharia-Recht – Hadd, Qisas und Tazir. Die Autorin bezieht sich auf die Rechtsprechung Irans und die Verhältnisse kurz nach der Islamischen Revolution.

4 Iranische Hisbollah (arab.: Partei Gottes): iranisch-schiitische Bewegung, die sich vor der Islamischen Revolution als Anhängerschaft Khomeinis im Iran entwickelte; spielte eine entscheidende Rolle bei der Islamischen Revolution und in den Folgejahren.

Manijeh Erfani-Far und ich haben die deutsche Übersetzung des Buches *Frauen! Leben! Freiheit!* gemeinsam organisiert. Wir baten dreizehn unserer Freundinnen, jeweils ein Interview zu übernehmen, denn auch die deutsche Übersetzung sollte wie das persische Original ein Gemeinschaftswerk sein. Es entstand eine kollektive Arbeit von mehreren Frauen, die ihre Solidarität mit den Inhaftierten unter Beweis stellen wollten. Sie sind Exilierte und selbst Betroffene der brutalen Unterdrückung der 1980er-Jahre. Uns verbinden eine gemeinsame Geschichte sowie unser Interesse an Menschen- und Frauenrechten. Es ist uns wichtig, dass *Frauen! Leben! Freiheit!* der deutschen Öffentlichkeit als ein Beweis für aktuelle Menschenrechtsverletzungen im Iran präsentiert wird. Ich danke Euch allen, meine Freundinnen, die ohne Wenn und Aber meiner Bitte gefolgt sind.

SHIRIN EBADI

Übersetzung: Monireh Kazemi

Das Buch *Frauen! Leben! Freiheit!* ist die Dokumentation schmerzhafter Gespräche einer im berüchtigten Teheraner Evin-Gefängnis Inhaftierten mit ihren Mitstreiterinnen. Narges Mohammadi, Vizepräsidentin und Sprecherin der Organisation Zentrum zur Verteidigung der Menschenrechte[5], wurde seit den umstrittenen Wahlen 2009 mehrfach wegen ihrer Menschenrechtsaktivitäten inhaftiert. Unter anderem wurde ihr die Führung der Kampagne zur schrittweisen Abschaffung der Todesstrafe[6] zulasten gelegt.

5   Auch Defenders of Human Rights Center (DHRC): in Teheran ansässige Organisation zur Verteidigung der Rechte von Frauen, politischen Gefangenen und Minderheiten im Iran, Gründer sind Shirin Ebadi, Abdolfattah Soltani, Mohammad Seifzadeh, Mohammad Ali Dadkhah, Mohammad Sharif, Mehdi Afsharzadeh. Narges Mohammadi, Mitglied der Internationalen Föderation für Menschenrechte, erhielt 2003 den Menschenrechtspreis der französischen Nationalen Menschenrechtskommission. Organisationen wie DHRC dürfen im Iran nicht ohne Genehmigung tätig sein, diese wurde früh beantragt, bisher aber nicht erteilt.

6   Im Mai 2016 befand ein Revolutionsgericht in Teheran Mohammadi für schuldig, die illegale Splittergruppe LEGAM gegründet

Jetzt wurde sie entgegen der Gesetzgebung der Islamischen Republik Iran aus dem Evin-Gefängnis in das Gefängnis in Zandschan verlegt.

Narges Mohammadi und andere mutige Inhaftierte sollen einen einwöchigen Sitzstreik organisiert haben, um zur Solidarität für die Opfer der staatlichen Gewalt gegen die Proteste im November 2019 aufzurufen. Am dritten Tag dieses Streiks forderte der Gefängnisdirektor Narges, unter dem Vorwand, ihr Anwalt warte auf sie, auf, in sein Büro zu kommen. Im Büro des Direktors wurde sie jedoch nur mit Verunglimpfungen und Beleidigungen des damaligen Verantwortlichen des Evin-Gefängnisses, Gholamreza Ziaei, konfrontiert. Ohne auf seine Beleidigungen zu reagieren, wollte Narges in ihre Zelle zurückkehren. Der Leiter des Gefängnisses griff sie jedoch brutal an, bedrängte sie wiederholt und stieß sie gegen die Wand. Narges erlitt dadurch Schürfwunden an den Händen. Ohne ihre persönlichen Sachen aus ihrer Zelle holen zu dürfen, wurde sie anschließend mit blutigen Händen und in Begleitung mehrerer Beamter nach Zandschan verlegt, um ihre Haftstrafe unter den dortigen Gefangenen fortzusetzen. Narges reichte im Nachhinein Klage gegen den Mann ein. Doch der Fall wurde weder weiterverfolgt, noch wurde die Klage jemals berücksichtigt. Im Gegenteil: Infamerweise verklagte der Gefängnisdirektor Narges Mohammadi wegen angeblicher Verleumdung.

und geführt zu haben, eine Menschenrechtsbewegung, die sich für die Abschaffung der Todesstrafe einsetzt.

Entgegen der Prozessordnung kam der gerichtliche Vernehmer aufgrund dieser Anklage persönlich ins Gefängnis, um Narges zu befragen und Ermittlungen einzuleiten. Narges erkundigte sich bei dieser Gelegenheit, warum sie nicht, wie es das iranische Gesetz vorsieht, in Zandschan selbst bei der Justiz vorstellig werden und die Fragen dort beantworten dürfe. Der Ermittler antwortete Narges, dass sie unter keinen Umständen das Gefängnis verlassen dürfe, weshalb er zu ihr gekommen sei. Aus Protest gegen dieses suspekte und gesetzeswidrige Handeln verweigerte Narges die Aussage.

Gegenwärtig wird zusätzlich zu den früheren Urteilen in zwei Fällen gegen Narges ermittelt. Der zuständige Geheimdienstbeamte hat ihr wiederholt mitgeteilt, dass es zu ihrer Freilassung ausreiche, wenn sie aus dem Zentrum zur Verteidigung der Menschenrechte austräte. Narges lehnt dieses Angebot zur Kapitulation kontinuierlich ab. Beim letzten Mal sagte er ihr, dass sie sich aufgrund dieses Verhaltens sicher sein könne, nicht lebend aus dem Gefängnis freizukommen.

Im Zandschaner Gefängnis ist Narges mit kriminellen weiblichen Gefangenen untergebracht. Angestachelt durch die Gefängniskräfte und das Versprechen vorzeitiger Haftentlassung, begannen einige von ihnen eine Auseinandersetzung mit Narges. So wurde ihr eines Nachts von einer Frau gedroht, sie zu töten. Bis zum darauffolgenden Morgen versteckte sich Narges im Waschraum. Glücklicherweise scheiterte diese Strategie der Regierung. Narges konnte sich mit ihrer fürsorglichen und hilfsbereiten Art mit den inhaftierten Frauen anfreunden und diese Krise überwinden.

In Zeiten von Covid-19, das insbesondere in den iranischen Gefängnissen verbreitet ist, befindet sich Narges mit mehreren Gefangenen in einer Zelle auf engstem Raum. Schon zu Beginn der Pandemie galt eine der Mitgefangenen als Covid-19-Verdachtsfall. Als nach ihrem Testergebnis klar wurde, dass sie erkrankt war, wurde ihr Hafturlaub gewährt. Einige Tage später zeigten auch Narges und eine Reihe anderer Frauen Symptome. Die Verantwortlichen der Haftanstalt verweigerten ihnen jedoch den Test. Als sich ihr gesundheitlicher Zustand verschlechterte, wurden sie auf Drängen ihrer Familien getestet, allerdings haben sie die Testergebnisse nie erfahren.

Lediglich vier Gefangene, die keine Symptome zeigten, wurden aus der Zelle verlegt, während Narges und elf weitere Gefangene unter Quarantäne gestellt wurden. Die Menschenrechtsaktivistin ist einem hohen Risiko aussetzt, da sie zusätzlich an Lungenembolie und Muskelparalyse leidet. Doch die Gefängnisbehörden von Zandschan erlauben ihr weder eine Untersuchung von Spezialisten noch die Behandlung ihrer Krankheiten. Sie behaupten, dass die notwendige Behandlung durch das medizinische Personal des Gefängnisses gegeben sei. Unnötig zu sagen (die Verhältnisse in den iranischen Gefängnissen sind bekannt), dass die medizinische Versorgung – insbesondere in Zandschan – äußerst beschränkt ist.

Narges berichtete aus dem Gefängnis über die dortigen Zustände und verlangte einen Besuch des Gesundheitsministers, damit er sich ein Bild von den Haftbedingungen und den Gesundheitszuständen der Inhaftierten machen könne. Anstatt jedoch auf die berechtigten Forderungen dieser Frau, die sich ein Leben lang für Menschenrechte eingesetzt hat, zu reagieren, nannte der Stabschef der Justiz sie eine Lügnerin und erklärte, die von ihr veröffentlichten Informationen seien von der Gefängnisleitung nicht zu bestätigen. Ein iranisches Sprichwort lautet: Man fragte den Fuchs, der seine Schuld verleugnete: Wer sei dein Zeuge? Der Fuchs antwortete: meine Rute! So verhält es sich auch hier. Eine inhaftierte Menschenrechtsaktivistin klagt Haftbedingungen an, und die Justiz beruft sich zur Widerlegung der Aussage auf die verantwortliche Gefängnisleitung. Eine Hand wäscht die andere, sagt ein deutsches Sprichwort.

Seit ihrer Inhaftierung hat sich Narges Mohammadi nicht nur geweigert, mit der iranischen Regierung zusammenzuarbeiten, sie hat auch fortlaufend über die Ereignisse im Gefängnis berichtet und versucht, Nachrichten über Proteste im Land in das Gefängnis hineinzutragen. Tatsächlich konnte bisher keine Gefängnismauer verhindern, dass Narges Mohammadis Stimme die Menschen erreicht. Während ihrer Haftzeit im Evin-Gefängnis beispielsweise erfuhr sie, dass weibliche Inhaftierte im Gegensatz zu männlichen Inhaftierten nicht das Recht haben, ihre Familie und Kinder anzurufen. Daraufhin startete sie die Kampagne «Unterstützung für gefangene Mütter» und forderte, dass Mütter Anrufe von ihren Kindern erhalten dürfen. Diese Kampagne erregte die Aufmerksamkeit von Iranern auf der ganzen

Welt und zwang die Regierung zum Einlenken. Inhaftierte Frauen dürfen nun schon seit einiger Zeit Telefonate führen. Auf dieser Grundlage konnte Narges Mohammadi selbst eine Zeit lang einen Tag in der Woche, am Sonntag, für zwanzig Minuten mit ihren beiden Kindern sprechen, die bei ihrem Vater in Paris leben. Doch weil die Regierung Narges' Unterstützung der Proteste missbilligte, wurde ihr auch dieses Recht wieder entzogen. Seit nunmehr einem Jahr hat sie die Stimme ihrer beiden Kinder nicht mehr gehört. Wie kann ich wissen, ob meine Kinder mich in den kommenden Jahren erkennen werden? Ob ihnen meine Stimme vertraut bleiben wird? Werden sie mich weiterhin Mutter nennen?, schrieb Narges in einem Brief.

Sie hat bis heute sieben Jahre ihrer zehnjährigen Haftstrafe verbüßt. Längst könnte sie, dem Gesetz entsprechend, auf Bewährung freigelassen werden. Aber ihr werden weiterhin sogar die Rechte einer gewöhnlichen Gefangenen entzogen. Gewöhnliche Gefangene können auf eigene Kosten Fleisch, Gemüse, Obst und anderes im Gefängnisladen kaufen, was ihr jedoch verboten ist. Aus diesem Grund ernährt sie sich seit ihrer Verlegung in das Zandschan-Gefängnis nur von ihrer täglichen Ration Kartoffeln, Eier und Brot. Ich schildere die Situation, in der Narges sich befindet, um zu zeigen, dass sie trotz all der Ketten, die ihr um Hände und Füße gelegt wurden, noch immer wie eine Löwin kämpft. Das ist der Grund, weshalb die Regierung versucht, sie zu brechen. Unter derartigen Umständen ist das Buch *Frauen! Leben! Freiheit!* als weiteres Brüllen dieser Löwin zu verstehen. Das zentrale Thema der geschil-

derten Gespräche ist die Praxis der Isolationshaft in iranischen Gefängnissen als eines der offensichtlichen Beispiele
für «legale» Folter. Vor ihrer Inhaftierung engagierte sich
Narges Mohammadi viele Jahre gegen Isolationshaft. Sogar
im Gefängnis hat sie sich weiterhin dagegen eingesetzt und
sich auf verschiedene Weise gegen diese Folterpraxis ausgesprochen. Um diesen Kampf auszudrücken, hat sie nun
Interviews mit einer Reihe Mitinhaftierter geführt, mit
politischen Gefangenen des Evin-Gefängnisses, und einen
Teil ihrer eigenen Erinnerungen aufgezeichnet. Diese Erinnerungen, innerhalb des Gefängnisses geschrieben, sind
ein lebender Beweis für den anhaltenden Kampf für die
Freiheit im Iran.

Wenn Menschen ihre Erinnerungen Jahre später resü-
mieren, werden Teile davon unweigerlich verzerrt oder vergessen, oder sie verschmelzen mit anderen Erinnerungen.
Werden sie aber kurz nach dem Zeitpunkt ihres Gesche-
hens festgehalten, sind sie immun gegen Gedächtnislücken,
immun gegen das Vergessen in der geistestötenden Haft.
Dementsprechend wichtig sind das Engagement und der
Mut Narges Mohammadis, die trotz aller Schwierigkeiten
und Hindernisse im Gefängnis diese Notwendigkeit des Er-
innerns erachtet und ihre Ziele nicht aufgibt.

Es ist sehr schmerzhaft zu beobachten, wie eine nach
Freiheit strebende Frau für ihren Kampf um Gerechtigkeit und Menschenrechte eingesperrt wird und alle Rechte
entzogen bekommt. Die wenigen Rechte, die selbst die Regierung der Islamischen Republik Irans einem Gefangenen
gewährt. Und all dies, weil diese mutige Frau nicht bereit ist,

angesichts der Ungerechtigkeiten des Regimes zu schweigen. Die iranische Geschichtsschreibung wird Narges und
ihre Mitstreiterinnen nicht vergessen.

Juli 2020

ÜBER NARGES MOHAMMADI

von Nayereh Tohidi[7] im April 2021

Übersetzung: Anja Schünemann

Narges Mohammadi ist eine der entschlossensten Vertreterinnen von Bürger- und Menschenrechten; eine führende Aktivistin gegen die Todesstrafe; eine bekannte Frauenrechtlerin; Vizepräsidentin des Nationalen Friedensrates sowie Vizepräsidentin und Sprecherin der Menschenrechtsorganisation Defenders of Human Rights Center (DHRC).

Narges zählt zu den mutigsten und engagiertesten politischen Gefangenen in der Islamischen Republik Iran. Seit nunmehr achtundzwanzig Jahren leistet sie beharrlich gewaltlosen Widerstand gegen das, was sie «Tyrannei» nennt, und begehrt selbst aus der Haft heraus gegen die repressiven Gesetze und die Politik der Unterdrückung auf, wofür sie sowohl im eigenen Land als auch international geachtet wird. Sie wurde mehrmals festgenommen und jeweils zu

---

7   Nayereh Esfahlani Tohidi ist eine im Iran geborene amerikanische
     Professorin, Forscherin und akademische Administratorin.

langjährigen Gefängnisstrafen verurteilt. Nach ihrer letzten Verhaftung wurde eine Haftstrafe von sechzehn Jahren verhängt, von denen sie zehn Jahre absitzen musste.

Narges hat eine neurologische Erkrankung und ein Lungenleiden, sodass eine Covid-19-Infektion für sie ein hohes Risiko darstellt. Im Juli 2020 forderte eine Gruppe Experten des UN-Menschenrechtsrats ihre Freilassung unter Berufung auf Berichte, nach denen sie Symptome von Covid-19 aufwies. «Für Menschen mit Vorerkrankungen, wie sie bei Ms. Mohammadi vorliegen, kann es um Leben und Tod gehen», schrieben sie. «Die iranischen Behörden müssen jetzt reagieren, bevor es zu spät ist.»[8] Dank des öffentlichen Aufschreis konnte eine Verkürzung ihrer Haftdauer erreicht werden – die anhaltende Besorgnis um Narges' Gesundheit wurde noch dadurch gesteigert, dass sich das Virus in den überfüllten Gefängnissen im Iran rasch verbreitete. Am 7. Oktober 2020 wurde sie nach achteinhalb Jahren hinter Gittern endlich entlassen.

Neben den Menschenrechtsexperten der UN hatten auch mehrere iranische und internationale Menschenrechtsorganisationen Narges Mohammadis willkürliche und rechtswidrige Inhaftierung verurteilt und ihre sofortige Freilassung gefordert, darunter Amnesty International, Human Rights Watch, The Observatory for the Protection of

8   Miriam Berger (8. Oktober 2020): «Leading Iranian human rights advocate freed from prison amid fear of contracting coronavirus behind bars.» https://www.washingtonpost.com/world/2020/10/08/narges-mohammadi-released-from-prison-iran-coronavirus-human-rights-death-penalty [abgerufen am 27. April 2021].

Human Rights Defenders, The Nobel Women's Initiative, Reporter ohne Grenzen, PEN International und das iranische Center for Human Rights Defenders. Hier folgt ein biografischer Überblick.

Narges wurde am 21. April 1972 in der Stadt Zandschan in eine Mittelstandsfamilie geboren. Sie studierte Physik an der Imam Khomeini International University in Qazvin. Während dieser Zeit begann sie, sich an studentischen Aktionen für Menschenrechte und soziale Gerechtigkeit zu beteiligen. Sie engagierte sich in der Gründung einer studentischen Organisation namens *Tashakkol Daaneshjuyi Roshangaraan* («Gruppe aufklärerischer Studenten») und verfasste Artikel für die Zeitung der Organisation, in denen sie sich für Studentenrechte und die Belange der Frauen starkmachte. Zweimal wurde sie in ihrer Studienzeit verhaftet, ein Vorbote der langjährigen Inhaftierungen in ihrem späteren Leben.

Nach dem Abschluss war Narges als Ingenieurin für die Iran Engineering Inspection Company tätig. Daneben schrieb sie weiter Beiträge für reformorientierte Publikationen und Zeitungen, in denen sie besonders auf Probleme der Geschlechtergleichstellung und Demokratie im Iran einging. Sie veröffentlichte auch ein Buch mit politischen Essays unter dem Titel *The Reforms, the Strategy, and the Tactics*. Seit den frühen 1990ern ist Narges eine beharrliche, aktive Fürsprecherin für Menschenrechte, Rechtsstaatlichkeit und Demokratie im Iran. Sie ist ein führendes Mitglied der Frauenbewegung und eine kraftvolle Stimme gegen jede Form von Diskriminierung aufgrund von Geschlecht, sexueller Orientierung, ethnischer Zugehörigkeit, Religion und sozialem Status.

Chronologie ihrer Inhaftierungen, Trennungen von ihrer Familie und Widerstandsaktivitäten

1998 wurde Narges Mohammadi wegen Kritik an der iranischen Regierung verhaftet und saß mehr als ein Jahr im Gefängnis. 1999 heiratete sie Taghi Rahmani, einen reformorientierten Journalisten, der ebenfalls ein engagierter Aktivist im Sinne der sogenannten neuen religiösen Denker war. Doch bald nach der Heirat wurde Taghi etliche Male verhaftet und schließlich für insgesamt vierzehn Jahre inhaftiert. 2007 wurden Narges und Taghi Eltern von Zwillingen, Ali und Kiana. Als Taghi 2012 für kurze Zeit auf freiem Fuß war, erfuhr er, dass vier neue Verfahren gegen ihn eingeleitet worden waren – ihm drohten somit bald eine erneute Festnahme und langjährige Inhaftierung. Er traf die schwere Entscheidung, aus dem Iran zu fliehen und in Frankreich Asyl zu suchen. Narges jedoch blieb im Iran, um sich um die Kinder zu kümmern und sich weiter für die Menschenrechte einzusetzen. Für Narges war es ein schwerer Entschluss:

In der Zeit von 2009 bis 2012 wurde ich durch Agenten des Geheimdienstes unter Druck gesetzt, den Iran zu verlassen. Sie riefen mich direkt auf dem Handy an und sagten sogar: Wir können Dir Anweisungen geben, wie Du aus dem Land fliehen kannst, zu Fuß durch die Berge in Kur-

31

distan im westlichen Iran. Ich spürte, dass das eine Falle war und der Iran mich loswerden wollte. Natürlich weigerte ich mich und erklärte, meine beiden Kinder seien zu klein für einen Fußmarsch durch so unwegsames Gelände. Nachdem Taghi nach Europa fliehen musste, riefen sie mich an und sagten: Jetzt hast Du keinen Grund mehr, im Iran zu bleiben, warum fliehst Du nicht zu deinem Mann? In den letzten Jahren haben sie mich allerdings nicht mehr aufgefordert, den Iran zu verlassen.[9]

Es erscheint offensichtlich, dass die beteiligten Agenten Narges als ernsthaftes Problem betrachteten und sie loswerden wollten, indem sie sie ins Exil treiben oder sogar bei einer inszenierten Flucht ermorden würden. Doch Narges bestand allen Einschüchterungsversuchen zum Trotz darauf, im Land zu bleiben. Ein paar Jahre später entschieden sie und Taghi, dass es für die Zwillinge besser wäre, den Iran zu verlassen und bei ihrem Vater im Exil zu leben, da Narges immer wieder festgenommen und inhaftiert wurde.

Ihre Laufbahn als Ingenieurin zu verfolgen und gleichzeitig gegen Menschenrechtsverletzungen zu protestieren, erwies sich unter dem repressiven System der Islamischen Republik als unmöglich. 2009 verlor Narges ihre Stellung bei der Engineering Inspection Company. Im April 2010 wurde sie wegen ihrer Mitgliedschaft bei der Menschenrechtsorganisation Defenders of Human Rights Center vor das Is-

---

9   Aus einer Online-Kommunikation der Autorin mit Narges Mohammadi, 26. April 2021.

lamische Revolutionsgericht geladen. Sie wurde gegen eine Kaution von umgerechnet 50000 US-Dollar vorübergehend auf freien Fuß gesetzt, jedoch bereits Tage später wieder festgenommen und ins Evin-Gefängnis gebracht. Während der Haft verschlechterte sich ihr Gesundheitszustand, und sie entwickelte eine Epilepsie-ähnliche Krankheit, durch die sie zeitweilig die Kontrolle über ihre Muskeln verlor. Nach einem Monat durfte sie das Gefängnis verlassen und ins Krankenhaus gehen.

Im Juli 2011 wurde Narges erneut angeklagt und wegen «Verbrechen gegen die nationale Sicherheit, Mitgliedschaft im DHRC und Propaganda gegen das System (*nezam*)» schuldig gesprochen. Im September 2011 wurde sie zu acht Jahren Gefängnis verurteilt. Nach eigener Aussage erfuhr Narges nur durch ihre Anwälte von dem Urteilsspruch und erhielt «ein unerhörtes 23-seitiges schriftliches Urteil, in dem das Gericht meinen Einsatz für die Menschenrechte wiederholt mit Versuchen, das Regime zu stürzen, auf eine Stufe stellte». Im März 2012 wurde das Urteil durch ein Berufungsgericht bestätigt, allerdings wurde das Strafmaß auf sechs Jahre reduziert. Am 26. April 2012 wurde sie verhaftet, um ihre Strafe anzutreten.[10]

Viele Einzelpersonen und Organisationen protestierten gegen diese Strafe, darunter das britische Außenministerium. Dieses nannte das Urteil «ein weiteres trauriges Bei-

10   Saeed Kamali Dehghan: «Iranian Human Rights Activist Narges Mohammadi arrested.» *Guardian*, 26. April 2012, www.theguardian.com/world/iran-blog/2012/apr/26/iran-activist-narges-mohammadi-jailed?newsfeed=true [abgerufen am 27. April 2021].

spiel für das Bestreben der iranischen Regierung, mutige Verteidiger der Menschenrechte zum Schweigen zu bringen». Amnesty International stufte Narges als politische Gefangene ein und forderte ihre sofortige Freilassung. Reporter ohne Grenzen veröffentlichte anlässlich des neunten Jahrestags des Todes der Fotojournalistin Zahra Kazemi im Evin-Gefängnis einen Appell im Namen von Mohammadi und erklärte, sie sei eine Gefangene, deren Leben ebenso wie das von Zahra Kazemi «besonders gefährdet» sei. Im Juli 2012 forderte eine Gruppe Politikerinnen und Politiker aus unterschiedlichen Ländern ihre Freilassung, darunter der US-Senator Mark Kirk, der ehemalige kanadische Justizminister Irwin Cotler, der Brite Denis MacShane, der Australier Michael Danby, die italienische Politikerin Fiamma Nirenstein und der litauische Politiker Emanuelis Zingeris.

Dank dieser breiten öffentlichen Proteste kam Narges Mohammadi am 31. Juli 2012 aus dem Gefängnis frei. Doch sie ließ sich durch die wiederholten Inhaftierungen nicht davon abhalten, gegen Ungerechtigkeit aufzubegehren. Am 31. Oktober 2014 hielt sie am Grab von Sattar Beheshti eine ergreifende Rede, einem Blogger, der an Misshandlungen im Gefängnis gestorben ist. In dieser Rede stellte Narges die Frage: «Wie kann es sein, dass die Mitglieder des Parlaments einen Plan zur Förderung der Tugend und zur Verhinderung von Lastern vorschlagen und doch niemand vor zwei Jahren das Wort ergriff, als ein unschuldiger Mensch namens Sattar Beheshti durch Folter unter den Händen des Verhörführers starb?»

Die extreme Gewalt gegen Beheshti rief damals 2012 einen internationalen Aufschrei hervor, aber sein Fall wurde dennoch nie aufgeklärt. Bis heute gibt es rechtswidrige Verhaftungen und Folterungen von Menschenrechtsaktivisten im Evin-Gefängnis.

Das Video von Narges Mohammadis Rede am 31. Oktober ging in den sozialen Netzwerken viral, und in der Folge wurde sie erneut vor Gericht gestellt. «In der Vorladung, die ich am 5. November 2014 erhielt, stand, ich müsse mich ‹wegen Vorwürfen› verantworten, aber um was für Vorwürfe es sich handelte, wurde nicht ausgeführt», erklärte Narges.[11]

Am 5. Mai 2015 wurde Mohammadi wegen neuer Anklagepunkte wiederum verhaftet. Abteilung 15 des Revolutionsgerichts verurteilte sie zu zehn Jahren Haft wegen «Gründung einer illegalen Vereinigung» – gemeint war die Vereinigung LEGAM, die sich für die schrittweise Abschaffung der Todesstrafe einsetzt –, fünf Jahre wegen «Versammlung und Verschwörung gegen die nationale Sicherheit», ein Jahr wegen «Propaganda gegen das System» aufgrund ihrer Interviews mit internationalen Medien und ihres Treffens mit der damaligen Hohen Vertreterin der EU für Außen- und Sicherheitspolitik Catherine Ashton, die im März 2014 Teheran besuchte.

Während ihrer Zeit im Gefängnis hatte Narges keinen regelmäßigen Kontakt mit ihren Kindern Kiana und Ali, die inzwischen in Paris lebten.

11   «Iran: Judicial Harassment of Human Rights Activist Narges Mohammadi.» Gulf Centre for Human Rights, 14. November 2014, www.gc4hr.org/news/view/818 [abgerufen am 27. April 2021].

Im Januar 2019 trat Narges Mohammadi Berichten zufolge im Evin-Gefängnis in Teheran aus Protest dagegen,
dass ihr medizinische Versorgung verwehrt wurde, in den
Hungerstreik, ebenso wie die iranisch-britische Journalistin Nazanin Zaghari-Ratcliffe.

Im Dezember 2019 veranstalteten Narges und sieben
weitere Frauenrechtlerinnen einen Sitzstreik zum Zeichen
ihrer Solidarität mit den trauernden Familien derer, die bei
den Demonstrationen im November 2019 getötet worden
waren. Zuvor hatte sie eine Erklärung veröffentlicht, in der
sie dem Staat die vielen Getöteten, die jüngste Verhaftungs-
welle und die Misshandlung neu Inhaftierter nach der brutalen Niederschlagung der Proteste im November vorwarf,
während derer staatliche Organe auch den Zugang zum
Internet unterbrachen. Später wurde offiziell eingeräumt,
dass in drei Tagen wenigstens 304 Personen getötet, Hunderte verletzt und 7000 verhaftet worden seien. Unabhän-
gige Quellen wie Reuters berichteten allerdings von rund
1500 Toten. Für dieses brutale Vorgehen waren hauptsächlich die Iranischen Revolutionsgarden verantwortlich.[12]

Am 24. Dezember 2019 wurde Narges Mohammadi zur
Strafe für die Unterstützung der November-Proteste gegen
ihren Willen aus dem Evin-Gefängnis in eine Haftanstalt in
der Provinzstadt Zandschan verlegt. Dort wurde sie zusammen mit nicht politischen Gefangenen inhaftiert, darunter

---

12   Nayereh Tohidi: «Iranian Feminist Narges Mohammadi is in Dan-
     ger.» *Ms. magazine*, 8. Januar 2020, https://msmagazine.com/
     2020/01/08/prominent-iranian-feminist-narges-mohammadi-is-
     in-danger/ [abgerufen am 27. April 2021].

Drogendealer, Schmuggler, Gewaltverbrecher und andere Kriminelle.

Anfang Januar 2020 veröffentlichte Narges Mohammadis Mutter Ozra Bazargan, die sie im Gefängnis von Zandschan besuchen konnte, einen aufgezeichneten Hilferuf an internationale Medien und Menschenrechtsorganisationen. Narges brachte heimlich einen offenen Brief heraus, in dem sowohl die Grausamkeit des Strafvollzugs als auch ihr eigener Mut und ihre Unbeugsamkeit zum Ausdruck kommen:

Nachdem ich viereinhalb Monate lang nicht mit meinen Kindern telefonieren durfte, bin ich noch immer erschüttert über die Brutalität und Gewalt von Justiz und Geheimdienst. Als wir unseren Streik [den Sitzstreik im Evin-Gefängnis im Dezember 2019] verkündet hatten, sahen wir an der Seite der Gefängnisleitung eine große Zahl Sicherheitskräfte und Geheimagenten. Der Gefängnisdirektor drohte, unsere Aktion werde nicht ungestraft bleiben, und Besuche und Telefonate wurden uns daraufhin gestrichen.

Am 24. Dezember zeigte man mir ein Schreiben, laut dem mein Anwalt in der Haftanstalt war, um mich zu sprechen. Wie sich herausstellte, war das eine Lüge, der Anwalt war nicht da. Sie brachten mich in das Büro des Gefängnisdirektors, wo er im Beisein der Agenten des Ministeriums für Nachrichtenwesen anfing, wüste Beschimpfungen zu schreien. Als ich den Raum verließ, hörte ich, wie sie mir nachliefen. Er packte meine Arme und verdrehte sie brutal, um mich aufzuhalten, dann zerrten sie mich durch den Flur. Ich leistete Widerstand, da schlugen sie meine Hände gegen die Tür, und die zerbrochene Glasscheibe verletzte mich. Mit blutenden Händen warfen sie mich in einen Krankenwagen und fuhren los. Aber vor Trakt 209 hielten sie an. Der Gefängnisdirektor sagte, er werde mich nicht in meinen Trakt zurückkehren lassen, sondern mich in die Haftanstalt von Zandschan schicken. Ich fing an, ein Lied über den Iran zu singen. Sie fielen über mich her, schlugen und stießen mich in einen Wagen, um mich fortzubringen. Meine Hände bluteten noch immer, da ich wegen meiner Krankheit Gerinnungshemmer nehme, und die Geheimagenten drückten die Handschellen fest auf meine Wunden. Das Blut tropfte mir auf die Kleidung, bis wir Zandschan erreichten. Der 24. Dezember [2019] war ein furchtbarer Tag voller eklatanter Gewalt der Gefängnisleitung und der Sicherheitskräfte, die mir alles genommen haben, was mir half, am Leben zu bleiben. Was mich in diesem Gefängnis noch auf den Beinen hält, so verletzt und geschunden mein Körper auch ist, sind meine Liebe zu der rechtschaffenen, aber gequälten Bevölkerung dieses Landes und meine Ideale der Gerechtigkeit und Freiheit. Um die unschuldigen Menschen zu ehren, deren Blut durch abscheuliche Gräueltaten vergossen wurde, schwöre ich, bis zum letzten Atemzug die Wahrheit auszusprechen, der Tyrannei zu trotzen und die Unterdrückten zu verteidigen.

Selbst nach ihrer Entlassung aus dem Gefängnis im Oktober 2020 blieb Narges weiterhin von ihrer Familie getrennt. Als Flüchtlinge können ihr Mann und ihre Kinder nicht wieder in den Iran einreisen, ohne verhaftet zu werden, und die Regierung hat sich geweigert, Narges ein Ausreisevisum zu erteilen. Zudem verlor Narges wenige Wochen nach ihrer Freilassung ihre Mutter an Covid-19 und musste sich anschließend um ihren kranken Vater kümmern. Dennoch wurde sie gnadenlos weiter durch Geheimagenten überwacht, bedroht und schikaniert.

All diese Härten konnten Narges nicht daran hindern, sich für ihre Anliegen einzusetzen, sie war so resilient wie eh und je. Am 27. Februar 2021 veröffentlichte Narges über die sozialen Medien ein Video, in dem sie mitteilte, dass sie im Dezember 2020 zweimal wegen eines Verfahrens vor Gericht geladen wurde, das noch während ihrer Haft eröffnet worden war. Sie gab bekannt, dass sie sich weigerte, vor dem Gericht zu erscheinen, und ein etwaiges Urteil nicht annehmen werde. In dem Video beschrieb sie die sexuelle Gewalt und sonstige Misshandlungen, denen sie und andere Frauen im Gefängnis ausgesetzt waren, und erklärte, die Behörden hätten auf ihre diesbezügliche Beschwerde vom 24. Dezember 2020 noch nicht reagiert.

Durch diesen Akt des Aufbegehrens positionierte Narges sich öffentlich als Anklägerin statt als Beschuldigte. Sie machte bekannt, dass es bei dem neuen Verfahren um den Sitzstreik geht, den sie und andere weibliche politische Gefangene aus Protest gegen die Morde und Verhaftungen Demonstrierender durch Sicherheitskräfte im November

2019 organisierten. Sie betont: «Bei unserem Protest in Evin kam es weder zu Gewalt noch zu sonstigen unrechten oder gesetzwidrigen Handlungen.»

Im März 2021 verfasste Narges ein Vorwort zum Jahresbericht über die Todesstrafe im Iran von Iran Human Rights. Sie schrieb:

Die Hinrichtungen von Menschen wie Navid Afkari und Ruhollah Zam im vergangenen Jahr riefen unter allen Hinrichtungen im Iran den größten Protest hervor. Das willkürlich verhängte Todesurteil gegen Ahmadreza Djalali zählt zu den schlimmsten Unrechtsurteilen, und die Gründe für diese Todesurteile müssen sorgfältig untersucht werden. Diese Menschen wurden zum Tode verurteilt, nachdem sie in Einzelhaft gehalten und grausamer seelischer und psychischer Folter unterworfen wurden. Deshalb finde ich, dass man nicht von einem fairen oder rechtmäßigen Verfahren sprechen kann – Angeklagte in Einzelhaft zu halten, ist in meinen Augen ein Mittel, um falsche Geständnisse zu erzwingen, die dann als entscheidende Beweise herangezogen werden und dazu dienen, solche harten Urteile zu rechtfertigen. Deshalb bin ich höchst besorgt über die jüngsten Verhaftungen in Sistan und Belutschistan sowie Kurdistan, und ich hoffe, Organisationen, die sich gegen die Todesstrafe einsetzen, werden ein besonderes Augenmerk auf diese Häftlinge richten, denn ich fürchte, wir werden im nächsten Jahr eine neue Hinrichtungswelle erleben.

Seit März 2021 hat Narges eine neue Kampagne zur Unterstützung politischer Gefangener ins Leben gerufen, mit besonderem Fokus auf die verheerenden Auswirkungen von Einzelhaft oder «weißer Folter» auf die geistige und körperliche Verfassung der Gefangenen.[13] Wie am 21. April 2021 auf der Webseite des DHRC gemeldet wurde, hatten bis zu diesem Tag siebzehn politische Häftlinge in den Gefängnissen Evin und Rajai Shahr eine Petition vorgelegt, in der sie gegen die rechtswidrige und unmenschliche Praxis der Einzelhaft protestieren. Sie haben die Dauer ihrer Aufenthalte in der Einzelhaft und ihre Beschwerden dokumentiert und gefordert, dass die Verantwortlichen zur Rechenschaft gezogen werden.

Der Bericht nimmt auch Bezug auf dreiundzwanzig ehemalige politische Gefangene, die das Grauen der Einzelhaft erlitten und beschlossen haben, ihre Beschwerde an das Büro des Justizministeriums in Teheran zu richten. Bislang wurden im Zuge dieser neuen, von Narges Mohammadi angeführten Kampagne «Unity Against Solitary Confinement» («Geeint gegen Einzelhaft») vierzig Beschwerden offiziell registriert.[14]

13 Bei der Rekonstruktion der zeitlichen Abfolge dieser Ereignisse habe ich mich auf den Wikipedia-Eintrag gestützt (en.wikipedia. org/wiki/Narges_Mohammadi#cite_note-ALF-5) und die Daten und Fakten anhand anderer Quellen überprüft, unter anderem durch Rücksprache mit Narges Mohammadi selbst.

14 «17 Political Prisoners Join ‹Campaign of Unity Against Solitary Confinement›.» Iran Human Rights, 22. April 2021, iranhr.net/en/ articles/4709 [abgerufen am 27. April 2021].

Die bedeutende Rolle Narges Mohammadis für die Bürgerrechte und die Zivilgesellschaft im Iran

Narges Mohammadi ist ein erfahrenes, beharrliches und einendes Vorbild im Kampf für Bürgerrechte. Ihre Fähigkeiten sind geprägt durch ihren langjährigen vielfachen Einsatz in zahlreichen Organisationen.

Im Laufe der letzten achtundzwanzig Jahre war Narges Mitgründerin oder aktives Mitglied von elf Nichtregierungsorganisationen, die sich für die Kodifizierung von Bürger- und Menschenrechten einsetzen, darunter: Tashakkol Daaneshjuyi Roshangaraan (Gruppe aufklärerischer Studenten) an der International University in Qazvin; die Enlightening Youth Association in der Stadt Qazvin; die Women's Association in Teheran; der Journalistenverband in Teheran; die Association for the Defence of the Rights of Prisoners; Defenders of Human Rights Center; der Nationale Friedensrat; das Komitee zur Verteidigung freier, fairer und sicherer Wahlen; Stop Child Executions; LEGAM (Kampagne zur schrittweisen Abschaffung der Todesstrafe) sowie das Center for Women's Citizenship. Außerdem zählt Narges Mohammadi (neben mehreren bekannten Frauenrechtlerinnen wie Shirin Ebadi, Simin Behbahani und Shahla Lahiji) zu den ersten Unterzeichnerinnen der One Million Signatures Campaign to Change Discriminatory Laws, auch bekannt als Change for Equality Campaign.[15]

15 Nayereh Tohidi: «Iran's Women's Rights Movement and the One Million Signatures Campaign.» *Change for Equality* 208, November 2006/Azar 1385, www.we-change.org/spip.php?page=print& id_article=208 [abgerufen am 27. April 2021].

Neben dem nationalen Rückhalt unter progressiven Iranern innerhalb und außerhalb des Landes hat Narges Mohammadi mehrere bedeutende internationale Auszeichnungen erhalten, unter anderem: 2018 den Andrej-Sacharow-Preis der American Physical Society; 2016 den Menschenrechtspreis der Stadt Weimar und 2011 den Per-Anger-Preis, die von der schwedischen Regierung verliehene internationale Auszeichnung für den Einsatz für Menschenrechte. Als die Nobelpreisträgerin Shirin Ebadi 2010 den Felix-Ermacora-Menschenrechtspreis bekam, widmete sie die Auszeichnung in ihrer Rede Narges Mohammadi mit den Worten: «Diese mutige Frau verdient diese Auszeichnung mehr als ich.»

Narges genießt Respekt und Vertrauen sowohl in der breiten Zivilgesellschaft als auch in Bewegungen, die das Regime der Islamischen Republik kritisch sehen, denn sie ist eine Versöhnerin, keine Spalterin. Sie hat dazu beigetragen, fortschrittliche Gruppierungen einander anzunähern, statt zwischen ihnen zu polarisieren. Sie vermeidet Sektierertum, hat mit großem Einsatz Bündnisse geschmiedet, die das ganze Spektrum politischer Orientierungen einschließen, und macht sich stets für Diversität und Pluralismus stark. Das sind wichtige Eigenschaften, die man bei vielen führenden Politikern in der politischen Mainstream-Kultur des Iran vermisst.

Auf ihre ganz eigene Weise ist Narges Teil der wachsenden Gegenkultur im Iran, die sich gegen die von fanatischen islamistischen Extremisten gepredigte Kultur der Gewalt und Askese stellt: eine lebensbejahende Kultur, in der das

Streben nach Glück, Freiheit und Gleichheit einen hohen Stellenwert hat. Anders als die religiösen Extremisten unter den derzeitigen Herrschern – die Entsagung verherrlichen oder sich in der Öffentlichkeit scheinheilig als asketische, fromme, sittenstrenge «Männer Gottes» darstellen, während sie sich insgeheim unmoralisch verhalten – ist Narges der Überzeugung, dass wir offen und ehrlich den Idealen von Schönheit, Glück und Gewaltlosigkeit frönen sollten.

IN SOLIDARITÄT

von Shannon Woodcock

Übersetzung: Anja Schünemann

Dieses Buch enthält eine Zusammenstellung bedeutender Interviews von Narges Mohammadi mit Frauen, die inhaftiert waren (und teils noch immer sind), weil ihre religiösen, ethischen und politischen Überzeugungen nicht in Einklang mit den repressiven Verhältnissen in der Islamischen Republik Iran sind. In diesem Band dokumentieren, schildern und diskutieren Narges und dreizehn weitere Frauen eine spezielle Form der Folter, die im Rahmen der Haft im Herzen der heutigen iranischen Gesellschaft gegen sie eingesetzt wird: extreme sensorische Deprivation, bekannt als weiße Folter. Die Frauen, die in diesem Buch über weiße Folter sprechen, sind Narges Mohammadi, Nigara Afsharzadeh, Sima Kiani, Sedigheh Moradi, Atena Daemi, Mahvash Shahriari, Zahra Zehtabchi, Hengameh Shahidi, Reyhaneh Tabatabai, Fatemeh (Mary) Mohammadi, Nazila Nouri, Nazanin Zaghari-Ratcliffe, Shokoufeh Yadollahi und Marzieh Amiri Ghahfarrokhi.

Diese kurze Einleitung soll den Kontext zu den Interviews liefern, durch die der breite Einsatz weißer Folter durch das islamische Regime im Iran erstmals in Buchform dargestellt wird. Das eigentliche Buch besteht aus den Zeugnissen der genannten Frauen, die als politische Gefangene weiße Folter durchgemacht haben und in einigen Fällen noch immer durchmachen. Es ist die bislang ausführlichste Dokumentation darüber, wie das Regime Frauen, die wegen politischer Vergehen gegen den Staat angeklagt wurden,[16] gezielt unter Druck setzt und foltert. Die vielen Stimmen und Erfahrungen, die Narges Mohammadi hier zusammengetragen hat, ergänzen die bereits reichhaltige Literatur über iranische Frauen in Haft um aktuelle Informationen über die Vorgänge im Iran im Jahr 2020.[17] Der mutige Einsatz der Frauen, die in dieser Sammlung ihre Erfahrungen

16   Zu den Unterschieden zwischen Folterungen und Haftbedingungen der sogenannten «regulären» weiblichen Häftlinge und denen politischer Gefangener siehe Nahid Rahimipour Anaraki: *Prison in Iran: A Known Unknown*, Palgrave Macmillan, 2021.

17   Unter den bemerkenswerten englischsprachigen Berichten von Frauen, die als politische Gefangene im Iran Folter überlebt haben, sind u.a. zu nennen: Olya Roohizadegan: *Olya's Story: A Survivor's Personal and Dramatic Account of the Persecution of Bahá'ís in Revolutionary Iran*, Oneworld Publications, 1993 (deutscher Titel: *Olya's Geschichte*); Azadeh Agah, Sousan Mehr, Shadi Parsi und Shahrzad Mojab: *We Lived to Tell: Political Prison Memoirs of Iranian Women*, McGilligan Books, 2007; Marina Nemat: *Prisoner of Tehran*, Free Press, 2008 (deutscher Titel: *Ich bitte nicht um mein Leben*); Zarah Ghahramani: *My Life as a Traitor*, Scribe, 2008 (deutscher Titel: *Zum Verrat gezwungen*); Shahla Talebi: *Ghosts of Revolution: Rekindled Memories of Imprisonment in Iran*, Stanford University Press, 2011; «Sepideh's Diary: A Shocking Glimpse into

und ihr Wissen teilen, wirkt eindrücklich und schmerzhaft, ein Appell zum Handeln.

Frauen! Leben! Freiheit! enthüllt, wie die Islamische Republik Iran jeden Glauben an Gerechtigkeit auszulöschen sucht und Frauen foltert, weil sie sich für Menschenrechte einsetzen, für ihren Glauben oder, wie im Fall von Nazanin Zaghari-Ratcliffe, um andere Staaten unter Druck zu setzen, mit dem Iran zu verhandeln. Von Anfang an hat das islamische Regime Geiseln genommen, um Druck auf die Familien und das Umfeld der Gefangenen auszuüben und die Gesellschaft durch Terror gefügig zu machen. Diese Zeugnisse belegen, dass weiße Folter tiefe Wunden schlägt, aber auch, dass sie nicht das bewirken kann, was das Regime beabsichtigt. Der Islamische Staat kann einer Frau nicht ihre Liebe zu ihrer Familie, ihren Mitmenschen oder ihrem Gott nehmen. Dieses Buch stellt eine Gruppe Frauen vor, die mit allen Sinnen und aus der Seele heraus sprechen; sie sind das Gegenmittel zur weißen Folter: Sie erzeugen Kraft, Solidarität und Liebe.

Folter ist in der Gesellschaft und den Haftanstalten des Iran nichts Neues. Wissenschaftler wie Darius Rejali und Ervand Abrahamian haben dokumentiert, wie im Laufe des 20. Jahrhunderts Männer im Iran eine Vielzahl unterschiedlicher Foltermethoden gegen die von ihnen Inhaftierten einsetzten.[18] (An dieser Stelle ist anzumer-

Women's Prisons in Iran», *IranWire*, 29. Juli 2020, iranwire.com/en/features/7382 [abgerufen am 27. April 2021].

18   Darius M. Rejali: *Torture And Modernity: Self, Society, And State In Modern Iran*, Westview Press, 1994; Ervand Abrahamian: *Tortured*

ken, dass auch die Regierungen der Vereinigten Staaten von Amerika, des Vereinigten Königreichs und unzähliger anderer Staaten in ihren Haftanstalten Folter als Machtinstrument angewendet haben.[19]) Das iranische Regime, das sich gegenwärtig zum großen Schaden der Bevölkerung an die Herrschaft klammert, kam 1979 nach zweijährigem Volksaufstand gegen die regierende Pahlavi-Dynastie an die Macht. Dabei versprach das neue islamische Regime, den Zuständen, wie sie unter der Herrschaft des Schahs gewesen waren, ein Ende zu machen – dem breiten Einsatz des Geheimdienstes, der korrupten Justiz und der Folter als Mittel zur sozialen Kontrolle. Doch stattdessen stärkte die neue Regierung diese Institutionen noch, um die Gesellschaft zu unterdrücken und jede Regimekritik im Keim zu ersticken. Seit 1979 verfolgt der Staat gezielt politisch Andersdenkende (Kommunisten, Linke, Gewerkschaftler und weitere) sowie Anhänger anderer Religionen als der Schia. Bahai, Christen und Derwische werden institutionell und gesellschaftlich ausgegrenzt, und der Staat benutzt das Strafvollzugssystem einschließlich Folter und

Confessions: Prisons and Public Recantations in Modern Iran, University of California Press, 1999.

19 W. Fitzhugh Brundage: *Civilizing Torture: An American Tradition*, Belknap, 2018; Frank Foley: «The (de)legitimation of torture: rhetoric, shaming and narrative contestation in two British cases», *European Journal of International Relations* 27.1, 2021, S. 102–106, online verfügbar unter: doi.org/10.1177/1354066120950011 [abgerufen am 1. April 2022].

Verhören dazu, Gefangene zu zwingen, ihrem Glauben und Handeln öffentlich abzuschwören.[20]

Mittels Gesetzgebung und physischem Zwang versucht das islamische Regime, eine Gesellschaft zu schaffen, in der Frauen sowie ethnische und religiöse Minderheiten in ihrer Bewegungsfreiheit, ihren Bildungschancen und beruflichen Möglichkeiten eingeschränkt sind. Personen, die sich politisch organisieren, protestieren oder Kritik am Staat äußern, werden mit Stockhieben bestraft, inhaftiert und hingerichtet. Wie Sie sehen werden, verfolgt der iranische Staat Familien über Generationen, sodass auch die Kinder politischer Gefangener von Inhaftierung und Folter bedroht sind. So werden Familien weiter in die völlige sozioökonomische Isolation und Ausgrenzung getrieben. Die Islamische Republik Iran ist ein Gefängnisstaat: Die grausamen Misshandlungen und Folterungen in Haftanstalten senden eine Botschaft an die ganze Welt aus.

Das ist nicht hinnehmbar.

Der friedliche Widerstand gegen das Regime lässt nicht nach, sondern wird immer stärker. Menschenrechtsorganisationen und Angehörige protestieren gegen geheime, öffentliche und Massenhinrichtungen sowie Inhaftierungen, die zum Teil ohne ordentliches Gerichtsverfahren vollstreckt werden.[21] 2020 hatte die Covid-19-Pandemie

20   Siehe Abrahamian: *Tortured Confessions*, 1999.

21   Z.B.: «Am 1. März 2021 erschien eine Gruppe Bürgerrechtsaktivisten vor der Justizbehörde in Teheran, um Klage gegen diejenigen zu erheben, die in iranischen Haftanstalten und Gefängnissen Einzelhaft befehlen oder durchführen. Damit wurde eine lang-

verheerende Auswirkungen, weil die medizinische Versorgung durch staatliche Geheimhaltung, Mangel an Investitionen in das Gesundheitssystem und internationale Sanktionen völlig unzureichend war. Die Zahl der Bürger und Aktivisten, die vom Staat inhaftiert wurden, stieg 2020 um 35 Prozent, die Zahl der Verurteilungen von Angehörigen religiöser Minderheiten um 28,9 Prozent, wegen freier Meinungsäußerung wurden 52 Prozent mehr Menschen verurteilt und wegen gewerkschaftlicher Aktivitäten 89 Prozent mehr.[22] Das iranische Regime bedient sich heute anderer Foltermethoden als in den 1990ern, denn es weigert sich, die Existenz von Individuen anzuerkennen, deren religiöse, ethische oder politische Überzeugungen nicht mit denen des Staates übereinstimmen. Bei der Misshandlung Gefangener geht es nicht mehr darum, Informationen zu erpressen, die für den Staat von Wert sein könnten, sondern der Islamische Staat bekämpft heute das menschliche Bewusstsein selbst.[23] Das Kernelement der Folter im Gefäng-

jährige Praxis, die von der UN als Folter eingestuft wurde, in den Blickpunkt der öffentlichen Diskussion gerückt.» So berichtet in: «Lawsuit by Civil Rights Activists Reignites Debate on Solitary Confinement in Iran's Prisons», Center for Human Rights in Iran, 11. März 2021, www.iranhumanrights.org/2021/03/lawsuit-by-civil-rights-activists-reignites-debate-on-solitary-confinement-in-irans-prisons [abgerufen am 1. April 2022].

22 «HRA Annual Statistical Report of Human Rights Conditions in Iran – 2020», Human Rights Activists News Agency, S. 42, www.en-hrana.org/wp-content/uploads/2020/12/Hrana-Annual-Report-2020-EN.pdf [abgerufen am 1. April 2022].

23 Rejali: *Torture and Modernity*, S. 11.

niswesen ist die weiße Folter, die regelmäßig neben Haft und Isolation gegen politische Gefangene eingesetzt wird. Das Ziel der weißen Folter ist, die Verbindung zwischen Körper und Geist eines Menschen dauerhaft zu zerstören, um das Individuum zu zwingen, seiner Ethik und seinem Handeln abzuschwören.

Was ist weiße Folter?

Die Autorinnen dieses Buches beschreiben und analysieren ausführlich die Folter mittels sensorischer Deprivation, wie sie im Iran praktiziert wird. Bei der weißen Folter werden Menschen für lange Zeiträume alle Sinnesreize entzogen. Diese Methode kommt neben Einzelhaft und Verhören bei Prisoners of Conscience und politischen Gefangenen zum Einsatz. Oft inhaftiert der Staat Menschen am Justizsystem vorbei, also ohne ordentlichen Prozess, sodass die Betroffenen keine Möglichkeit haben, bei einem Gericht Berufung einzulegen. Inhaftierung ohne Prozess wird im Iran als eine Form der Folter und Unterdrückung eingesetzt. Allein im Jahr 2020 meldeten sich bei Human Rights Activists in Iran 147 Inhaftierte, die «in Ungewissheit über ihr Urteil und ihre Situation» gehalten wurden.[24]

Weiße Folter wird durch die baulichen Gegebenheiten in der Haftanstalt, das Verhalten des Personals und die Fragen bei den Verhören ausgeübt. Durch die künstliche Beleuch-

---

24   «HRA Annual Statistical Report of Human Rights Conditions in
      Iran – 2020», S. 36.

tung in den Zellen verliert der Körper seine Fähigkeit, Tag und Nacht zu unterscheiden, und der Schlafrhythmus wird gestört. Beim Verlassen der Zelle werden den Häftlingen die Augen verbunden. Der Mangel an Berührungen in der Einzelhaft und bei den Verhören erzeugt Schmerz, und dieser wird noch dadurch verstärkt, dass die Betroffenen nichts als den Beton am Boden und den Wänden der Zelle und raue Decken fühlen können. Der einzige Geruch in der Zelle ist häufig der einer Toilette, die bewusst schmutzig gehalten wird, damit der Gestank die Gefangene quält. Das Essen ist immer gleich, es schmeckt fad und wird bei Raumtemperatur in einer Blechschale gereicht, dazu gibt es Tee in einem Plastikbecher. Die folgenden Kapitel beschreiben die Auswirkungen dieser Maßnahmen.

Narges zeigt uns, wie sensorische Deprivation körperliche Reaktionen wie Angstzustände hervorruft – selbst dann, wenn die Gefangenen sich darüber bewusst sind, dass sie weißer Folter unterworfen werden und dass diese darauf abzielt, Angst zu erzeugen. Wie hier dokumentiert ist, bewirkt weiße Folter eine radikale Desorientierung und Destabilisierung des Körpers, sie verursacht Angstzustände und seelischen Schmerz sowie neurologische und kardiologische Erkrankungen. In den 1950ern und 1960ern wurden an psychologischen Fakultäten vieler Universitäten in den USA Experimente auf diesem Gebiet durchgeführt, und es wurde gezeigt, dass sensorische Deprivation «komplexe Halluzinationen, einen Verlust intellektueller Fähigkeiten und der Wahrnehmungsfähigkeit sowie eine gesteigerte Empfänglichkeit für Propaganda» bewirkt.[25] Aus diesem Grund hat das islamische Regime den Einsatz weißer Folter neben Schlägen, Verhören und Einzelhaft institutionalisiert.

Ebenso wie andere Formen von Folter zielt weiße Folter darauf ab, Schäden zu hinterlassen, die auch über die Haft hinaus anhalten.[26] Menschen, die weißer Folter ausgesetzt waren, leiden nachhaltig unter gesundheitlichen Beeinträchtigungen und zudem unter dem Bewusstsein, dass Menschen fähig sind, derart barbarische Dinge zu tun. «Weiße Folter versetzt Menschen dauerhaft in einen Zustand, in dem sie allem und jedem misstrauen. Und die Leute draußen schenken den Worten der Opfer keinen Glauben. Das führt dazu, dass die Menschen sich in die Isolation getrieben fühlen, genau wie vom Regime beabsichtigt.»[27] Die sensorische Deprivation der weißen Folter bewirkt eine physiologische Kopplung von Sinnesreizen an die traumatische Erfahrung, sodass Geräusche, Geschmacksempfindungen und Erlebnisse in der Außenwelt den Schmerz aus der Haft wieder gegenwärtig machen.

Amir Rezanezhad, der das Buch ins Englische übersetzt und mit mir zusammen an diesem Text gearbeitet hat, beschreibt die Auswirkungen weißer Folter auf die Gefangenen nach der Freilassung. «Man möchte mit seiner Familie

25   John P. Zubek: *Sensory Deprivation: Fifteen Years of Research*, Appleton-Century, 1969.

26   Siehe Elaine Scarry: *The Body in Pain: The Making and Unmaking of the World*, Oxford University Press, 1988.

27   Amir Rezanezhad: «Reflections on the effects of incarceration and torture», unveröffentlichtes Manuskript, 2021.

und mit Freunden zusammen sein, aber zugleich ist das Zusammensein mit ihnen unerträglich. Stille ist eine Qual. Aber auch jede Stimme und jedes Geräusch quälen einen. Die Angst lauert immer im Hintergrund und raubt einem den Schlaf. In Albträumen sieht man sich selbst und den Verhörführer, sei es in der Einzelhaft, im Verhörraum oder sogar an dem Ort, an dem man jetzt lebt, wo immer das sein mag.»[28]

Menschen, die im Gefängnis waren, wissen, dass sie jederzeit wieder verhaftet werden können. Das ist bewusste Folter. Weiße Folter ist für das Regime einfach anzuwenden, und ihre Wirkung ist durchschlagend und schmerzhaft. Als Narges wegen Verschwörung gegen die nationale Sicherheit inhaftiert wurde, waren nach ihren Worten «der einzige Weg aus dieser Zelle ein Geständnis, Reue und Kooperation». Dem Regime geht es nicht darum, Informationen aus den Leuten herauszuholen, sondern darum, sie zu beherrschen, insbesondere Frauen. Man macht ihnen klar, dass ihre religiösen, ethischen oder politischen Überzeugungen eine Bedrohung darstellen und dass der Staat vor keinem Mittel zurückschrecken wird, um diese Bedrohung zu beseitigen.

Die Auswirkungen von Verfolgung, Haft und Folter bei Frauen sind anders als bei Männern. Frauen sind für die sozioökonomischen Folgen von Isolation anfälliger als Männer – Grund dafür ist der streng kontrollierte und besondere Status der Frauen am Arbeitsmarkt und in der

---

28   Rezanezhad, ebd.

Gesellschaft. Wegen ihrer Rolle als Mütter und Fürsorgende in ihren Familien sind Frauen in Haft auch angreifbarer für Folter.[29] Das soll nicht heißen, inhaftierte Männer würden nicht ebenfalls unter dem Wissen leiden, dass ihre Familien verfolgt werden, oder die Trennung von ihren Kindern sei für sie nicht schmerzhaft. Alle Gefangenen leiden, wenn ihnen der Kontakt zu geliebten Menschen verwehrt wird.

Aufgrund der sozialen Stellung der Frauen in der iranischen Gesellschaft setzt die Folter bei ihrer Rolle als wichtigsten Bezugspersonen ihrer Kinder an. Die Verhörführer beschuldigen sie, durch ihre angeblich verwerflichen Überzeugungen ihren Kindern Schaden zuzufügen, und natürlich hatten die Frauen diese Möglichkeit schon vor ihrer Inhaftierung vor Augen. Die Verhörführer legen es darauf an, diese Wunden zu vertiefen, indem sie das Schreckgespenst gesellschaftlicher Ächtung und Stigmatisierung heraufbeschwören. Außerdem macht das Regime inhaftierte Mütter weiter zu Opfern, indem es ihnen den Kontakt zu ihren Kindern verwehrt – ebenfalls eine Form der Folter. Wie Rahimipour Anaraki in ihrer 2019 verfassten Studie zum Strafvollzugssystem im Iran schließt: «Das Strafvollzugssystem benutzt die Kinder weiblicher Gefangener, um Kontrolle über die Mütter auszuüben.»[30]

29   Siehe Shahed Alavi: «Shocking Stories of Abuse, Harassment and Humiliation of Female Prisoners in Iran», *IranWire*, 24. Januar 2020, iranwire.com/en/features/6654 [abgerufen am 1. April 2022].

30   Rahimipour Anaraki: *Prison in Iran*, S. 167.

Narges wusste, dass die Leute, die sie verhörten, bereits alle benötigten Informationen über ihre Tätigkeit besaßen. Oft benutzten sie die Verhöre dazu, ihr Vorwürfe zu machen, sie habe ihre Kinder im Stich gelassen und ihnen geschadet. Die Verhörführer verlangten, dass sie ihre Arbeit für das Defenders of Human Rights Center aufgab. Als sie sich weigerte, wurde sie weiter der weißen Folter unterzogen, und das wöchentliche Telefonat mit ihrer Familie wurde ihr verweigert, um sie zum Aufgeben zu zwingen.[31] Dieses Buch zeigt die Stärke der Frauen, die beharrlich beides fordern: ihr Recht darauf, sich für Gerechtigkeit einzusetzen, und ihr Recht, ihre Kinder großzuziehen. Das islamische Regime setzt Gewalt und Folter ein, um sich an der Macht zu halten – es agiert in jeder Hinsicht unmoralisch.

Die vorliegenden vierzehn Berichte über weiße Folter machen deutlich, welche weitreichenden Maßnahmen im Strafvollzugssystem ergriffen werden, um Frauen zum Schweigen zu bringen. Diese persönlichen Erfahrungen liefern wertvolle Hintergrundinformationen zu den veröffentlichten Statistiken über Inhaftierung und die Verfolgung von Minderheiten im heutigen Iran.

Die Frauen, die in diesem Buch zu Wort kommen, sind derzeit entweder in Haft, oder sie wurden kürzlich entlassen, und gegen sie wurden bereits neue Vorwürfe erhoben.

---

31 Narges Mohammadi hat darüber gesprochen, wie das Regime Kinder zur Folterung von Müttern benutzt – siehe z.B. «Shocking report about mothers in prison in Iran», *Iran Focus*, 10. Februar 2017, www.iranfocus.com/en/women/31243-shocking-report-about-mothers-in-prison-in-iran [abgerufen am 2. April 2022].

Sie haben ihre Erfahrungen intensiver Folter im Gefängnis selbst in Worte gefasst. Das ist eine beeindruckende Leistung: Stimme, Intellekt und Emotionen zu vereinen, um eine Form der Folter zu analysieren und zu bezeugen, die gerade darauf abzielt, Menschen ebendieser Fähigkeit zu berauben. Da die Beiträgerinnen keine Möglichkeit hatten, ihre Berichte noch einmal durchzusehen und zu überarbeiten, haben Amir Rezanezhad und die Frauen, die den Text ins Deutsche übersetzt haben, ihre Arbeit durch eine wörtliche Übersetzung gewürdigt. Wer diese Worte liest, sollte dabei im Bewusstsein halten, unter welchem Druck die Urheberinnen standen, und aufmerksam für Details sein. Wenn Autorinnen bestimmte Einzelheiten in ihrem Text häufig wiederholen, so ist diese Wiederholung Ausdruck dafür, wie wichtig die betreffenden Details sind und wie traumatisch sie gewirkt haben. Die Übersetzungen sind eine ethische und intellektuelle Hommage an die einzigartige Kraft dieser Frauen, ihre Stimme gegen das Schweigen zu erheben.

Die traumatisierende Wirkung weißer Folter kann gar nicht stark genug betont werden. Frauen haben zu diesem Band beigetragen, während sie durch Richter, Geheimagenten und Gefängnispersonal des islamischen Regimes gefoltert wurden. Das macht das vorliegende Buch zu einem herausragenden und bedeutenden Beitrag.

Die Autorinnen berichten über die Grausamkeit weißer Folter und die Kraft, die sie aufbringen mussten, um sie zu überleben. Dies sind die Worte von Menschen, die die Ängste und Schwächen des Regimes besser verstehen als das Regime selbst, und sie dokumentieren, wie die Folter daran scheitert, ihnen ihre Menschlichkeit und ihren Glauben an Gerechtigkeit und Liebe zu nehmen. Dieser Band ist ein wortmächtiges Aufbegehren gegen die Macht und Gewalt des Staates. Diese Frauen bezeugen, wie der iranische Staat versucht, durch weiße Folter ihre Seele vom Körper zu trennen, und dadurch erschaffen sie etwas Größeres und Mächtigeres als das individuelle Überleben – sie erschaffen Netzwerke der Solidarität.

INTERVIEWS

NARGES MOHAMMADI

Übersetzung: Manijeh Erfani-Far

Mein Mann, Taghi Rahmani, wurde am 19. März 2001 zusammen mit den Mitgliedern der national-religiösen Fa'alan-e Melli Mazhabi[32] und Anhängern der iranischen Freiheitsbewegung verhaftet. Deshalb schloss ich mich, aus Protest gegen diesen illegalen Akt der Revolutionsgarden und der Justiz, den Familien seiner Mitgefangenen an. Wir versammelten uns vor dem Justizgebäude, vor dem Parlament oder vor dem UN-Büro, gaben in- und ausländischen Medien Interviews und schrieben Briefe an zuständige Behörden. Aufgrund dieser Aktivitäten wurde ich von der Abteilung 26 des Revolutionsgerichts, unter Vorsitz von Hassan Zareh-Hadad, vorgeladen. Im Gerichtssaal erschien zunächst ein Revolutionsgardist mit einem Stapel Zeitungen, die meine Interviews enthielten, stellte mir einige Fragen dazu und brachte mich nach diesem kurzen Verhör ins Büro der Abteilung 26. Dort wurde ein Haftbefehl gegen mich erlassen.

---

32 Showra-ye Fa'alan-e Melli Mazhabi (wörtl.: Rat der national-religiösen Aktivisten des Iran): iranische politische Gruppe, die als «gewaltfreie, religiöse Halbopposition» beschrieben wird; Anhänger hauptsächlich aus bürgerlichen, intellektuellen Kreisen.

Der Richter war nicht anwesend, der Gardist wies den Sachbearbeiter an, alles Nötige zu veranlassen. Dann bat man den Richter per Telefon, er möge ins Büro kommen, um den Haftbefehl zu unterzeichnen. Es verging fast eine Stunde. Als der Richter schließlich eintraf, unterschrieb er den Haftbefehl, ohne ein Wort mit mir zu wechseln oder mich zu befragen. Danach führte der Gardist mich auf den Hof des Gebäudes. Dort stiegen wir in einen Peugeot. Man wies mich an, den Kopf gesenkt zu halten, wir verließen das Revolutionsgericht durch die hintere Ausfahrt, passierten mehrere Straßen und gelangten schließlich an ein Tor, das in eine Umgebung führte, in der während der langen Fahrt kein Straßenlärm mehr zu hören war. Ich hatte das Gefühl, wir seien in eine abgelegene Festung gelangt. Mit verbundenen Augen stieg ich aus dem Wagen, betrat ein Gefängnisgebäude und wurde in eine kleine Zelle geführt.

Ich war zum ersten Mal in Einzelhaft. Was für ein seltsamer Ort, eine Box ohne Fenster und mit nur einem kleinen Oberlicht an der Decke, durch das kaum Licht hereinfiel. Eine 100-Watt-Glühbirne, oben in einer Aussparung in der Wand, brannte ununterbrochen. Ich hatte davon gehört, dass in der Zelle des bekannten politischen Gefangenen Hoda Saber[33], der in Haft umgekommen war, Tag und Nacht ein greller Scheinwerfer gebrannt hatte.

33 Hoda Rezazadeh Saber: iranischer Intellektueller, Wirtschaftswissenschaftler, Journalist und sozialpolitischer Aktivist, verbüßte seit 2000 mehrere Haftstrafen und starb während eines Hungerstreiks im Gefängnis; Mitglied der Redaktion der Zeitschrift Iran-e Farda (Iran von morgen), die von 1992 bis 2000 ver-

Alles, was ich draußen über die Einzelhaft gehört hatte, erlebte ich nun am eigenen Leib. Zellen, gerade so groß, dass man darin aufrecht stehen und beide Arme ausstrecken konnte. Zellen, in denen absolutes Schweigen herrschte und deren Tür nur drei- bis viermal pro Tag geöffnet wurde: für Toilettengänge und für die rituellen Waschungen vor dem Gebet. Als ich mich dann erinnerte, was ich über die Funktion der Zellen, über die sogenannte weiße Folter[34] und über Gehirnwäsche gehört hatte, bekam ich schreckliche Angst. Meine Angst wuchs noch, weil ich gehört hatte, welche Folgeschäden Einzelhaft haben kann. Ich wusste weder, wo ich war, noch was man mit mir vorhatte. Meine panische Angst und die Ungewissheit wirkten wie ein tödliches Gift. Ich fragte mich: Wie kann man Menschen so behandeln? Wo bleibt das Recht zu atmen, das Recht, unbehelligt zur Toilette zu gehen oder zu duschen, oder lediglich das Recht, Geräusche zu vernehmen und mit jemandem zu sprechen? Die Entbehrung dieser grundlegenden Menschenrechte empfand ich als viel verstörender als meine Gedanken an die Anklage, das Gerichtsverfahren oder gar meine Verurteilung. Stundenlang saß ich in dieser Zelle, bis ein Mann

öffentlicht wurde; Sabers Berufstrainingsprogramm half mehr als tausend unterprivilegierten jungen Menschen, der Armut ihres von Drogen dominierten Umfelds zu entkommen.

34 Unter dem Begriff weiße Folter werden solche Foltermethoden zusammengefasst, die zwar in ihrer Anwendung und ihrer unmittelbaren Wirkung schwer belegbar bzw. nachweisbar sind, jedoch die Psyche oder auch den Körper des Folteropfers angreifen und mitunter dauerhaft schädigen oder zerstören.

die Tür öffnete und mich aufforderte, herauszukommen. Ich zog meinen Mantel an, band mein Kopftuch um und legte die Augenbinde an. Erst jetzt, auf dem Zellengang, stellte ich fest, dass es sich hier um einen Männertrakt handelte und dass das gesamte Personal aus Männern bestand.

Aufgrund des Befehls des Gefängniswärters, aber auch aus eigenem Ungeschick hatte ich die Augenbinde so fest zugebunden, dass ich wirklich nichts mehr sah und nur mit Mühe gehen konnte. Der Wärter ging vor mir her und gab mir Anweisungen. Wir gingen ein paar Schritte, vorbei an einer weiteren Zellentür. Dann befahl der Mann mir, mich nach rechts zu wenden. Ich befolgte seine Anweisung und stieß gegen die Wand. Das schallende Lachen zweier Männer hinter mir machte mich nervös und ängstigte mich.

Ich wurde in ein kleines Zimmer gebracht, wo man Fotos von mir machte und mir erneut befahl, meine Augenbinde anzulegen. Dann führte man mich zurück in meine Einzelzelle. Dort angekommen, verursachte die mit einem lauten Knall zugeschlagene Zellentür einen Schmerz, den ich am ganzen Körper spürte.

Für Toilettengänge hatte man uns einen Bogen farbiges Papier gegeben, den wir bei Bedarf unter der Zellentür hindurchschieben mussten. Als ich mein Bedürfnis zu verstehen gab, erschien ein Wärter und befahl mir, zunächst die Augenbinde anzulegen. Ich weigerte mich und verwies auf die vorherigen Geschehnisse, wie ich ausgelacht, beleidigt und erniedrigt worden bin. Daraufhin schlug er die Zellentür zu und ging.

Mehrmals schob ich das farbige Papier unter der Tür hindurch, und mehrmals kam der Wärter wieder. Weil ich mich jedes Mal weigerte, die Augenbinde anzulegen, schlug er jedes Mal die Tür zu und ging. Als ich schließlich wütend wurde und laut schrie, tauchte ein besonders grober Wärter auf und herrschte mich an, mich von der Zellentür abzuwenden, damit mein Blick nicht auf die anwesenden Männer fiele. Ich wandte mich ab, und er sagte ein paar Worte. Er war hier offenbar einer der Verantwortlichen. Ich schilderte, was geschehen war und warum ich keine Augenbinde anlegen wollte. Sie hatten ein Radio mitgebracht und laut aufgedreht, damit man unser Gespräch in den Nachbarzellen nicht verfolgen konnte. Schließlich herrschte er mich an, mein Kopftuch bis unters Kinn zu ziehen und die Toilette mit gesenktem Kopf aufzusuchen! Einer der Gefängniswärter folgte mir bis zur Toilette. Bei der letzten Zelle am Ende des Gangs, direkt neben der Toilette, wurde mir klar, dass außer den Wärtern auch die Häftlinge Männer waren und dass es sich hier tatsächlich um einen Männertrakt handelte. Später erfuhr ich, dass hier auch Dr. Bani Asadi, Dr. Gharavi, Herr Tavassoli und Herr Sabbaghian und weitere Anhänger der iranischen Freiheitsbewegung einsaßen.

Als ich schließlich den Toilettenraum betrat, traute ich meinen Augen kaum. Hier war es so schmutzig, dass ich den Raum wieder verließ. Da ich hören konnte, dass der Wärter direkt nebenan wartete, protestierte ich und bat ihn, ein paar Schritte mehr Abstand zu halten. Er weigerte sich mit der Begründung, dass es mich nichts angehe, wo er stehe, ich solle mich um mein Geschäft kümmern, mir dann am Waschbecken die Hände waschen und wieder mitkommen. Ich wusch mir mit dem Stück matschiger Seife im Zement-waschbecken die Hände und kehrte zurück in meine Zelle. Auf dem Gang durfte ich kein Wort sprechen. Ähnlich ging es beim Duschen zu. Der Wächter holte mich ab, drückte mir Shampoo in die Hand, verfolgte mich bis zum Dusch-raum und blieb auch diesmal ganz in der Nähe stehen. Der Duschraum war verdreckt, doch was blieb mir anderes üb-rig? Ich vermied es, so gut ich konnte, die Wände zu berüh-ren, hielt selbst beim Haarewaschen die Augen offen, war ständig auf der Hut. Es hätte jederzeit jemand in die Dusche kommen können. Ich war ungeschützt, fühlte mich hilflos ausgeliefert. So sehr ich dem Wächter auch klarzumachen versuchte, wie erniedrigend die Toilettengänge und das Du-schen waren, meine Bemühungen waren vergeblich.

Es änderte sich nichts, ich musste alles hinnehmen.

An einem Septembertag 2001 konnte ich durch einen Spalt in meiner Zellentür beobachten, wie ein alter Mann, mit einem Handtuch auf dem Kopf, in Begleitung eines anderen Gefangenen von einem Bewacher nach draußen gebracht wurde. Es war unerträglich heiß, dem alten Herrn ging es offenbar außerordentlich schlecht. Später erfuhr ich, dass der alte Herr Taher Ahmadzadeh[35] war, sein Begleiter Herr

35   Taher Ahmadzadeh Heravi (1921–2017) war ein iranischer natio-
     nal-religiöser Politiker, der nach der Revolution als erster Gouver-
     neur der Provinz Chorasan amtierte.

Naiempour[36]. Als ich später, auf freiem Fuß, von meiner Beobachtung erzählte, begriff ich, was damals vorgegangen war.

Im Militärgefängnis Nr. 59 in Eshratabad waren die Wächter, die Häftlinge, das Personal und der Arzt sämtlich Männer. Ich war die einzige Frau dort. Später erfuhr ich, dass auch Firouzeh Saber[37] hier inhaftiert war. Sie erzählte mir, dass sie Herrn Rajai[38] gesehen hätte. Offenbar war also auch sie in der Sektion festgehalten worden, in der Mitglieder der National-Religiösen Partei inhaftiert waren. Auch wenn die Tage und Nächte vergingen, schien die Zeit stehengeblieben zu sein. Ich hatte keine Uhr. Mein Tagesablauf und mein Zeitverständnis waren durch die Gebetsrufe bestimmt, die dreimal täglich durch die Lautsprecher schallten.

Meine Zelle war nur drei Schritte lang. Mir wurde schwindelig, wenn ich auf dieser kurzen Strecke auf engstem Raum in Bewegung blieb, doch was hätte ich anderes tun können?

36 Name nicht zuzuordnen.

37 Firouzeh Saber: Hoda Sabers Schwester.

38 Alireza Rajai: iranischer Journalist, gilt als Mitglied des national-religiösen Bündnisses des Iran; erhielt bei den sechsten Parlamentswahlen im Jahr 2000 ausreichend Stimmen, um als Abgeordneter gewählt zu sein; nach der Auszählung wurde eine Großzahl der Stimmen aberkannt; wurde bei den Kommunalwahlen 2003 in den Teheraner Stadtrat auf Platz 21 gewählt und als alternatives Mitglied ausgewählt, nahm dieses Amt jedoch nie an.

Sobald ich für längere Zeit ruhig sitzen blieb, hatte ich das Gefühl, die Wände kämen langsam auf mich zu.

Jeden Abend vor dem Schlafengehen sang ich eine Übung aus dem Gesangsunterricht, den ich während meines Studiums genossen hatte. Der Wächter steckte jedes Mal den Kopf zur Zellentür herein, sagte, ich sei zu laut, und befahl mir, aufzuhören. Also summte ich nur leise vor mich hin.

Einmal erwischte er mich beim Beten ohne Mantel und Kopftuch. Nach kurzem Zögern führte er mich zu einem Verhör. Er rollte eine Zeitung, die er an einem Ende fasste, ich am anderen, bis wir das Verhörzimmer erreicht hatten. Da diese Verhörzelle sehr klein war, konnte ich oft hören, wie Männer sich nebenan unterhielten. Eines Tages war ich wieder in dieser engen Zelle, als die Tür aufging und mein Mann Taghi eintrat. Er sah verstört und nervös aus. Wir hatten kaum Zeit, ein paar Worte miteinander zu wechseln. Er konnte mir nur raten, Sport zu treiben. Dann brachten sie ihn wieder fort.

Die Verhöre fanden auch nachts statt. Während ich eines Nachts in der Verhörzelle wartete, erschien der Vernehmer kurz und verließ die Zelle wieder. Ein zweiter Mann kam herein und wies mich an, meinen Stuhl von der Wand wegzudrehen. Also setzte ich mich mit dem Rücken zur Wand und sah nun Richter Hadad mir gegenübersitzen. Er erklärte, dass er sich um die Gefangenen sorge und bemüht sei, ihr Leben zu retten. Am Morgen dieses Tages hatte man mich ins Baqiyatallah-Krankenhaus gebracht. Hadad erkundigte sich, ob ich nachts schlafen könne. Ich antwortete, dass ich sehr schlecht schliefe und mir die Haftbedingungen sehr zu schaffen machten. Ich schlief auf einer Decke, eine zweite diente mir als Kopfkissen. Die Decken waren rau und kratzig und äußerst unangenehm. Der Richter sagte noch ein paar Worte und ging. Herein kam wieder der Vernehmer und setzte das Verhör fort.

In der Zelle war es immer heiß und stickig, das Atmen fiel mir sehr schwer, sportliche Übungen waren unter diesen Bedingungen kaum möglich. Ich hatte keinen Appetit. Ich nahm das Essen, das mir gebracht wurde, zwar an, ließ es aber oft zurückgehen. Immer wieder bat ich den Wächter, die Zellentür zumindest einen Spalt weit offen zu lassen, weil ich die geschlossene Tür nur schwer ertragen konnte. Durch einen Psychologen lernte ich später, dass ich an Klaustrophobie leide. Deshalb also war die Zelle mir so unerträglich, manchmal so quälend, dass ich gar einen Herzinfarkt herbeisehnte, um ihr zu entkommen. Ich konnte mir beim besten Willen nicht vorstellen, was man von mir wollte. Sie fragten mich nicht konkret über meine Aktivitäten aus und stellten wohl auch keine Nachforschungen an. Trotzdem drohten mir die Mitarbeitenden unaufhörlich, dass sie meinen Mann hinrichten oder ihn auf unbestimmte Zeit inhaftieren würden. Ein Vernehmer sagte eines Tages, Taghi käme nie wieder, ich solle jetzt an mich selbst denken. Ich weiß noch, wie schwer dieser Satz mich damals traf, wie ich in Tränen ausbrach, hemmungslos weinte. So gern ich es vermocht hätte, es gelang mir nicht, mich vor ihnen zu beherrschen. In dieser engen, stickigen Zelle saß ich mit dem Gesicht zur Wand, den Vernehmer im Rücken.

Ich weiß noch, dass der Vernehmer mir mehrfach seine Kugelschreiberspitze in die Schulter gedrückt hat. Während des Verhörs sank plötzlich mein Blutdruck, ich berührte meine nackten, inzwischen auf doppelte Größe angeschwollenen Füße und spürte, wie kalt sie geworden waren. Der Vernehmer bemerkte, dass es mir nicht gut ging. Es war tief in der Nacht. Ich hatte nichts gegessen. Er brachte mir ein Glas Wasser mit Minzsirup. Ich trank es leer. Wann man an die frische Luft durfte, hing vom Vernehmer ab, einen genauen Plan gab es nicht.

Essen wurde in einer unansehnlichen Schüssel aus Stahl oder Aluminium serviert. Wasser gab es in abgegriffenen Plastikbechern. Außer drei Mahlzeiten am Tag gab es nichts. Das Essen war so schlecht, dass ich es nicht aß. In meiner Zelle hatte ich das Gefühl, die Welt sei stehengeblieben. Ich war unruhig, angespannt und hatte Angst. Ich kann nicht sagen, ob ich traurig oder depressiv war. Wie ein normaler Mensch fühlte ich mich jedenfalls nicht.

Die zweite Erfahrung: Juni 2010

Ali und Kiana waren dreieinhalb Jahre alt. Kiana war vor Kurzem operiert worden. Wir waren im Krankenhaus, zur Nachuntersuchung ihrer Bauchwunden. Gegen zehn Uhr abends kehrten wir nach Hause zurück. Ich brachte die Kinder gerade zu Bett, als es klingelte. Mehrere Beamte standen im Hof. Einige kamen nach oben und machten sich daran, unsere Wohnung zu durchsuchen. Die Kinder weinten, fanden keinen Schlaf, zumal Ali die Angewohnheit hatte, in meinem Schoß einzuschlafen. Als ich ihn auf den Schoß nahm, schlief er tatsächlich ein. Ich nahm Kiana in den Arm. Sie hatte Fieber und konnte nicht einschlafen. Aufgewühlt sah sie den Männern dabei zu, wie sie unsere Wohnung auf den Kopf stellten. Kiana klammerte sich an mich. Ich musste gehen. Mich von ihr trennen zu müssen, war eine der schwersten, herzzerreißendsten Erfahrungen meines Lebens. Kiana weinte in Taghis Armen: «Mama, geh nicht!» Die Agenten vom Geheimdienst hatten unsere Wohnung inzwischen wieder verlassen, standen draußen auf dem Treppenabsatz und mahnten mich zur Eile. Auf halbem Weg ins Erdgeschoss hörte ich Kianas schwache Stimme rufen: «Mama, gib mir noch einen Kuss.» Ich sah den Agenten an, der mich nach draußen begleitete. «Geh schon», sagte er. Ich stieg die Treppe hoch zu Kiana und gab ihr einen dicken Kuss. Sie hatte Fieber, ich brannte vor Trennungsschmerz. Ich wandte mich ab, stieg die Treppe hinab. Unten angelangt, versagten mir fast die Beine. Ich betete, um nicht zu sehr zu zittern. Ich stieg in den Wagen. Als die Autotür zufiel, blieb mein Herz zurück.

Es war Mitternacht, die Stadt war ruhig. Der Wagen vor uns und der, in dem ich saß, fuhren sehr schnell. Bald öffnete sich ein mächtiges Eisentor, und ich wurde dem Geheimdienst im Evin-Gefängnis in Trakt 209 übergeben. Schmutzige schwere Vorhänge hingen vor der Tür. Sofort wurde mir eine Augenbinde angelegt. Die Vorhänge wurden zurückgezogen, und ich betrat einen Raum. Eine Gefängniswärterin übernahm mich. Sie führte mich zu einer Zelle und forderte mich auf, mich auszuziehen. Ich fragte: «Wozu das? Meine Unterwäsche etwa auch?» «Ja», sagte sie. Es kam zu einem heftigen Streit. Doch sie war grob genug und wusste, was sie tat, als sie sich mit Gewalt durchsetzte. Sie ignorierte meine Einwände, meinen Protest. Ihre Unverschämtheit, diese Schamlosigkeit schockierten mich. Warum sie sich ihres Tuns nicht schämen, fragte ich mich. Sie schien so stolz und zufrieden über ihr Werk, als hätte sie eine besondere Leistung vollbracht. Sie reichte mir eine dunkelblaue Uniform aus Kunstfaser, die aussah wie Hose und Mantel zugleich, und befahl: «Anziehen!»

Als ich um bequemere Kleidung bat, hieß es: «Das ist und bleibt Deine Kleidung.» Zusätzlich musste ich ein schwarzes Kopftuch tragen, mit weißen Streublümchen, darüber den Tschador. Dann reichte sie mir eine Augenbinde, wies mich an, sie anzulegen, und führte mich direkt in den Vernehmungsraum, wo zwei Männer auf mich warteten. Einer saß vor mir, an einem Tisch, der andere stand hinter mir. Beide stellten mir belanglose Fragen, auf die ich nicht einging. Noch hatten sie nicht gesagt, was man mir vorwarf.

Der Vernehmer in meinem Rücken erhob bald den Vorwurf des moralischen Vergehens. Ohne jeden Anlass sprach er über die Unsicherheit, die im öffentlichen Raum, etwa in Parks, herrschte, kam dann auf Prostituierte zu sprechen und schließlich auf Menschenrechtsorganisationen und mich. Wie er über mich sprach, machte mich wütend, und ich verlor die Beherrschung. Ich stand auf, wandte mich um und protestierte. Ich schrie ihn an: «Schämen Sie sich nicht, eine Frau in Verruf zu bringen, die Sie mitten in der Nacht in Anwesenheit ihres Mannes und ihrer beiden Kinder verhaftet haben?» Er brüllte zurück und drohte mir: «Allein für dieses Verhalten krieg ich mindestens ein Jahr Haft für Dich durch.» Ich nahm ein DIN-A4-Blatt vom Tisch des Vernehmers und formulierte eine schriftliche Beschwerde. Der Mann verließ den Raum und kam Minuten später mit einem Blatt zurück, auf dem er wiederum seine Beschwerde über mein Verhalten notiert hatte. Ich sei aufgestanden, hätte mich umgedreht und so des Vernehmers Gesicht gesehen, hieß es da. Sein Kollege warf mir Spionagetätigkeit und Zusammenarbeit mit US-amerikanischen und britischen Geheimdiensten vor. Ich protestierte, führte an, man habe mir noch immer keine genauen Anklagepunkte vorgelegt: «Sie werfen mir hier alles Mögliche vor und stellen auch noch schriftliche Fragen dazu. Ich muss erst wissen, was man mir tatsächlich vorwirft. Danach kann ich entscheiden, ob ich antworte oder nicht.» Diese verbale Auseinandersetzung dauerte Stunden. Schließlich brachten sie mich in die Zelle zurück, die größer als die der Abteilung 59 in Eshratabad war. Cremefarbene Decke, Wände, Tür, Mauern aus Zement, eine seelenlose Atmosphäre. Trotz des alten Teppichbodens und der drei Militärwolldecken.

Mein Zellenbett gestaltete ich wie üblich: eine Decke am Boden, die zweite, zusammengefaltet, als Kopfkissen und die dritte zum Zudecken. Ich schlief ein. Am nächsten Morgen gab es einen Kunststoffbecher Tee, ein Stück Käse, ein Stück Brot. Anschließend ging's zum nächsten Verhör. Noch immer wusste ich nicht, was man mir vorwarf, und protestiere, sagte, ihr Verhalten sei illegal.

Eines Tages wurde ich dann tatsächlich ins Ardabili-Gericht gebracht, unter Vorsitz des Richters Kianmanesh. Hier erfuhr ich endlich, dass man mir Propaganda gegen das System vorwarf. Ich erklärte, dass man mich desselben Vergehens bereits einen Monat zuvor vor der vierten Kammer des Revolutionsgerichts angeklagt und gegen 50 Millionen Toman Kaution freigelassen hatte. Woraufhin Richter Kianmanesh forderte, ich solle der Staatsanwaltschaft diesen Sachverhalt schriftlich mitteilen. Ich verlangte also schriftlich, dass man meine ungesetzliche Verhaftung prüfen solle, da ich in derselben Sache bereits einmal inhaftiert war. Der Richter sagte zwar, er werde die Sache überprüfen, ließ mich aber trotzdem in die Zelle zurückbringen.

Die Verhöre gingen weiter. Meine Einzelhaft im Jahr 2010 erlebte ich völlig anders als die 2001 in Eshratabad. Das hatte vor allem damit zu tun, dass ich inzwischen Mutter geworden war. 2010 waren meine beiden Kinder noch sehr klein. Ich hatte sie gefüttert, gebadet, ihnen Geschichten vorgelesen, Spiele mit ihnen gespielt. Urplötzlich war all das aus meinem Leben verschwunden! Ich schien gar nicht mehr zu existieren! Die Trennung von Kiana und Ali, bisher unvorstellbar, war unerträglich. Ich war verzweifelt. Meine Verhöre wurden immer strenger, und mir wurde klar, dass eine Lockerung dieser Bedingungen oder gar meine Entlas-

sung meine Reue, mein Geständnis und meine Zusammenarbeit voraussetzten.

Ich wurde erneut vor Gericht gebracht. Der vorsitzende
Richter war diesmal nicht Herr Kianmanesh, der keinen
Haftbefehl gegen mich ausgestellt hatte, sondern Herr Mo-
hebbi, der einen juristischen Kniff anwandte und mit einer
neuen Anklage aufwartete, der Zusammenrottung und Verschwörung gegen die nationale Sicherheit. Ein weiteres
Manöver, um meine Haft zu verlängern. Als ich den Richter
fragte, worauf sich diese Anklage stütze, weshalb man mir
diese Gründe nicht schon am ersten Tag mitgeteilt habe
und warum der vorherige Richter, Herr Kianmanesh, diese
Gründe gar nicht vorgebracht habe, bekam ich zur Antwort:
«Ich habe mit diesem Herrn nichts zu tun und verfahre so,
wie ich es für richtig halte.»

Und wieder kam ich zurück in die Zelle, in der, trotz einer
kleinen ununterbrochen brennenden Glühbirne, ständige
Dunkelheit herrschte. An der Zellendecke befand sich zwar
eine Luke, doch die war durch ein Lochblech verdeckt, das
den Blick auf den Himmel verwehrte. Licht drang kaum
durch die Löcher, von Luftzirkulation ganz zu schweigen.

Meine Zelle, mit der Nummer 24, befand sich in der
zweiten Etage der Haftanstalt. Im gesamten Trakt herrschte
Totenstille. Ohne Licht, Luft, Gerüche, Geräusche und
ohne die kleinste Regung schien das Leben hier abwesend
zu sein. Man kam sich vor wie in eine Konservendose ein-
geschlossen. Die Zellentür und die Luke in der Tür waren
von außen verriegelt und blieben es auch. Selbst Luft, Licht

und Stimmen waren hinter Schloss und Riegel. Gefangene haben nicht nur keine Macht, die Schlösser zu öffnen, es fehlt ihnen auch jeder Wille dazu. Mich packte in diesem geschlossenen Raum die Angst. Ich versuchte, mich zu beruhigen: Es ist egal, ob die Tür oder die Luke offen sind oder zu. Es besteht keine direkte Gefahr. Deine Angst ist absolut unbegründet. Doch diese Beschwichtigungsversuche waren vergebens. Die Angst hatte mich vollständig im Griff.

Immer wenn ein Vernehmer oder ein anderer Gefängnisbeamter in unserem Trakt zu tun hatten, etwa, um einen Häftling zur Vernehmung zu führen, schrillte eine Alarmglocke durch den gesamten Trakt. Ich kann kaum beschreiben, wie sehr dieses Schrillen mir jedes Mal durch Mark und Bein ging und mich in Panik versetzte. Auch ohne den Signalton war die Situation nicht viel besser. Wenn die Schritte der Gefängniswärterin sich näherten, tack, tack, tack ..., und sie vor meiner Zelle stehen blieb, schreckte ich auf, weil wohl das nächste Verhör bevorstand. Ging sie an meiner Zelle vorbei, fragte ich mich, ob und weshalb man mich wohl vergessen hatte und wie lange ich noch würde hierbleiben müssen. Diese Schritte verfolgen mich noch lange nach meiner Freilassung. Im Schlaf und manchmal sogar, wenn ich wach bin, unablässig diese Schritte. Angst ist lähmend. So jedenfalls meine Erfahrung.

In der Haftanstalt bekam ich jeden zweiten Tag, Mantel und Kopftuch tragend, Hofgang, für fünfzehn Minuten, um frische Luft zu schnappen. Von hohen Mauern umgeben, mit Eisenstangen bedeckt, ohne einen einzigen Baum, wirkte der Hof sehr leblos. Duschen durfte ich auch alle zwei Tage. Toilettengänge waren nicht unbegrenzt möglich. Wer zu häufig danach verlangte, musste mit unangenehmen Reaktionen rechnen. Das Wachpersonal vermied jegliche Wortwechsel, nicht einmal einfache Begrüßungen gab es.

Ein Gefangener hatte seine Haft abzusitzen, in eine Zelle gesperrt, ohne die Stimme eines Menschen zu hören oder mit jemandem sprechen zu können.

Ich weiß noch, dass ich eines Nachts im Traum Kianas warme Lippen auf meinen Wangen spürte. Ein so vertrautes, lebendiges Gefühl. Meine Tochter hatte sich zu mir gebeugt, und ich hatte ihre Berührung so deutlich gespürt, dass ich sie niemals als Traum bezeichnen würde. Kiana war bei mir, ich konnte sie in die Arme schließen – doch als ich meine Arme öffnete, war da nichts als Leere. Meine Augen offen, die Arme offen, aber ich war nicht frei. Ich lag allein in einer Gefängniszelle. Ohne Kiana. In dieser Nacht vergoss ich bittere Tränen, die für immer in mein trauriges Herz eingebrannt sind.

Eines Tages bekam ich eine Orange. Ich schälte sie und aß jeden Tag nur einen Schnitz, um möglichst lange davon zu haben. Die Schale formte ich zu einer Kugel, machte einen Erdball daraus. Der Name Kiana bedeutet so viel wie Lebenselixier, und diese Orange war mein Lebenselixier. Ich ging in der Zelle auf und ab und betete für Kiana, die gerade erneut operiert worden war. Mehrmals hatte ich während des Verhörs gesagt, dass ich Kiana und Ali vermisste. Welch müßiges Eingeständnis!

Eines Tages brachte man mich mit einem Lastenaufzug zwei Etagen tiefer. Der Vernehmer erklärte, der Master sei eingetroffen, und ich betrat einen Raum, in dem eine Videokamera auf einem Stativ stand und Scheinwerfer aufgebaut waren. Ich erschrak! Im Raum saß ein Mann mittleren Alters, im Anzug, hochgewachsen. Wäre er mir in Freiheit begegnet, hätte ich ihn niemals für einen Vernehmer gehalten.

Tatsächlich aber war er ein Meister seines Fachs. Das Gesicht reglos, der Blick eiskalt. Auf meinen Hinweis, dass ich Mutter sei und sehr kleine Kinder habe, entgegnete er: «Sind die Mütter in Gaza[39] etwa keine Mütter?» Dieser Satz zeigte, wie er dachte, und mir war sofort klar, dass eine Diskussion mit ihm sinnlos war. Von Bazargan, dem ersten Ministerpräsidenten, bis Sahabi, einem Abgeordneten der Islamischen Republik, hielt er alle intellektuellen Strömungen für willkürlichen Theorienmix und deren Vertreter nicht für Muslime. Er redete ohne Pause. Ich kam schließlich so erschöpft aus dem Verhörraum, dass ich mich kaum bewegen konnte. Mir fiel ein, dass ich gehört hatte, einige

39 Gaza: eigentlich Gazastreifen, selbstverwaltendes palästinensisches Gebiet an der Ostküste des Mittelmeers; grenzt an Ägypten und Israel; unter Zuständigkeit der Palästinensischen Autonomiebehörde, aufgrund der israelischen und ägyptischen Grenzschließungen und der israelischen See- und Luftblockade steht es der Bevölkerung weder frei, den Gazastreifen zu verlassen oder zu betreten, noch Waren frei zu importieren oder zu exportieren; unter indirekter Kontrolle Israels u.a. über Luft- und Seeraum und sechs von sieben Landübergängen; ist in Bezug auf Wasser, Strom, Telekommunikation und andere Versorgungsunternehmen von Israel abhängig, wird daher als «indirekt besetzt» bezeichnet.

Vernehmer seien besonders darin geschult worden, Gefangene unter psychischen Druck zu setzen und ihnen so jede Kraft zu rauben. Obwohl die Anklage auf Zusammenrottung und Verabredung zur Propaganda gegen das System basierte, befragte man mich während der Verhöre nie zu meinen Aktivitäten am Zentrum zur Verteidigung der Menschenrechte, beim Nationalen Friedensrat, im Komitee zur Verteidigung freier, sicherer und fairer Wahlen oder im Rahmen der Kampagne *Stoppt die Hinrichtung von Kindern*. Auch meine Interviews erwähnte man mit keiner Silbe.

In der Nacht meiner Verhaftung konstruierten sie eine Unterstellung, an der sie bis zu meiner Freilassung festhielten. Ohne jeden Beweis wurde behauptet, das Zentrum zur Verteidigung der Menschenrechte sei auf Anweisungen westlicher Geheimdienste mit der Unterstützung von Shirin Ebadi[40] entstanden, und wir seien ihre Handlanger und Agenten. Die Beamten stellten merkwürdige Forderungen. Während eines Verhörs verlangten sie von mir, die Auflösung dieses Zentrums schriftlich bekannt zu geben. Da ich mich weigerte, diese Forderung zu erfüllen, versuchten sie, mir auf andere Weise beizukommen. Ich sollte meine Stelle als Vizepräsidentin des Zentrums aufgeben. Dafür hatten sie sich sogar etwas Besonderes ausgedacht: Der Vernehmer schlug vor, die bereits seit Jahren inhaftierten Anwälte Sol-

---

40   Shirin Ebadi: iranische Juristin, erste iranische Richterin und
      Menschenrechtsaktivistin. Sie erhielt 2003 als erste muslimische
      Frau den Friedensnobelpreis und lebt seit Ende 2009 im Exil in
      Großbritannien.

tani[41], Seifzadeh[42] und Dadkhah[43] herbeizurufen, in deren Gegenwart ich meinen Rücktritt bekannt geben könne. Auch diesen Vorschlag lehnte ich natürlich ab.

An einem anderen Tag forderten sie, ich solle mich von Shirin Ebadi distanzieren und dies öffentlich bekannt geben. Diese Forderung erhoben sie vor allem in den Vernehmungen, die in der Gegend von Sohravardi[44] stattfanden. Als Gegenleistung stellten sie diverse Erleichterungen seitens des Geheimdienstministeriums in Aussicht. Ich hätte beispielsweise ein Büro eröffnen, Auslandsreisen unterneh-

41   Abdolfattah Soltani: iranischer Menschenrechtsanwalt und -sprecher sowie mit Mohammad Seifzadeh und Shirin Ebadi Mitbegründer des Zentrums für die Verteidigung der Menschenrechte im Iran; Ebadi und Soltani vertraten zusammen mit anderen den inhaftierten Journalisten Akbar Gandschi während seiner Inhaftierung und seines langen Hungerstreiks sowie die Familie der ermordeten iranisch-kanadischen Fotojournalistin Zahra Kazemi, die angeblich im Juli 2003 im Evin-Gefängnis gefoltert und ermordet wurde.

42   Mohammad Seifzadeh: iranischer Anwalt, ehemaliger Richter, Menschenrechtsaktivist und Mitbegründer des Zentrums für die Verteidigung der Menschenrechte im Iran.

43   Seyed Mohammad Ali Dadkhah: iranischer Menschenrechtsanwalt, Mitbegründer des Zentrums für die Verteidigung der Menschenrechte im Iran; vertrat nach den umstrittenen Wahlen im Juni 2009 im Iran mehrere inhaftierte Aktivisten und Menschenrechtler; wurde im Juli 2011 zu neun Jahren Gefängnis verurteilt.

44   Sohravardi: Stadtteil im Zentrum Teherans, die Sohravardi-Straße (früherer Name: Farah-Straße) führt in Nord-Süd-Richtung direkt ins Zentrum, benannt nach dem Philosophen Schihab ad-Din Yahya Suhrawardi (1154–1191).

men, Versammlungen einberufen und sogar Seminare zum Thema Menschenrechte veranstalten dürfen, noch dazu mit ausländischen Gästen. Doch auch diese Angebote schlug ich aus. Zu guter Letzt versuchten sie, mich zu einem Reuebrief zu überreden. Eines Nachts wurde ich zum Verhör gerufen und eingestimmt: «Morgen ist es so weit. Morgen musst Du vor laufender Kamera Reue zeigen und Dich vom Zentrum zur Verteidigung der Menschenrechte distanzieren.» «Das werde ich nicht tun», erklärte ich.

Schweißgebadet kehrte ich in meine Zelle zurück. Ich bemühte mich nach Kräften, während all dieser Konfrontationen ruhig zu bleiben. Doch unter dem beständigen Druck fiel mir das schwer. Ich hatte das Gefühl, hinter der Tür des Trakts 209 gerieten jede Moral, jegliches Gewissen in Vergessenheit und alle Menschlichkeit sei entschwunden. Den Vernehmern war völlig egal, wer man war, ihr einziges Ziel bestand darin, ihre Opfer zu Personen zu machen, die ihren Vorstellungen entsprachen und ihren Zwecken dienten.

Ich war mir sicher, mein Vernehmer sah in mir weder eine Spionin noch eine Verräterin. Dennoch brachte er mich zur Verzweiflung, indem er verlangte, dass ich diesen Reuebrief schreibe, der beweisen würde, dass das Zentrum[45] unter westlichem Einfluss stehe.

Eines Tages sagte ein Vernehmer: «Frau Mohammadi, Sie sind Ingenieurin, Ihr Mann ist Schriftsteller. Als ich bei Ihnen war, habe ich gesehen, wie schäbig Sie eingerichtet

45   Zentrum zur Verteidigung der Menschenrechte, Defenders of Human Rights Center (DHRC).

sind. Ist Ihnen das nicht peinlich? Sieht so eine Ihnen an-
gemessene Wohnung aus?» Ich stand unter ständigem Be-
schuss meiner Vernehmer. Ich sollte mich Alis und Kianas
wegen rechtfertigen. Ein Mensch, dessen normaler Alltags-
ablauf gestört wird und dessen Grundbedürfnisse unbe-
friedigt bleiben, gelangt unter Umständen an den Rand von
Angst und Wahnsinn.

Wieder und wieder halten sie dir die vermeintlich
schwierige Lage vor, in die du dich durch deine Aktivitäten
gebracht hättest. Selbst wenn man sich vor der Haft mit seiner schwierigen Situation gut arrangiert hatte, oder gar mit
ihr zufrieden war, reden sie einem ein, alles sei nur schlecht
gewesen. Es ist erstaunlich, wie effektiv ihre Methoden sind.
Sie haben ihre Befragungstechniken durchaus professionell
angewendet.

Ingenieur Sahabi, so hatte ich gehört, war im Trakt 59 in
Eshratabad von jemandem vernommen worden, der sich
als kriegsversehrt und Opfer chemischer Bombenangriffe[46]
bezeichnete. Ein sympathischer Mensch, der Herrn Sahabi
für sich einzunehmen schien. Als man Herrn Sahabi über
seinen Tod informierte, ließ ihn das nicht unberührt. Doch
er war und blieb ein Vernehmer. So gingen sie auch mit mir
um. Ich war Mutter und vermisste meine beiden Kinder.
Entsprechend ging es in meinen Verhören unter anderem

---

46   Kriegsversehrter des ersten Golfkriegs, auch Iran-Irak-Krieg,
      1980–1988; beide Kriegsparteien werden beschuldigt, Giftgas ein-
      gesetzt zu haben.

um Ali und Kiana. So berichtete ein Vernehmer mir eines Tages, man habe meine Kinder von zu Hause weggebracht.

«Wohin?», fragte ich und stand von meinem Stuhl auf. «Raus aus Teheran, zu Deiner Schwiegermutter nach Qazvin», erklärte er. Ich stellte mir vor, dass Ali und Kiana nicht in ihren gewohnten Betten schliefen, nicht in ihrer vertrauten Umgebung waren, dass ihre Spielsachen ungenutzt in ihrem leeren Zimmer standen.

Der Gedanke brach mir das Herz. Mir kamen die Tränen. Damit ließ mich mein Vernehmer im Verhörraum allein. Ich saß dort auf dem Stuhl unter Schock. Minuten später erst bemerkte ich, dass ich allein in der Zelle war. Mit schweren Kopfschmerzen stand ich auf und verrichtete ohne Matte oder Gebetsteppich das Gebet. In solch schweren Momenten war allein Gott mein Zeuge.

Der Beginn meiner Krankheit

Es war der achte Tag meiner Verhaftung, und ich kam nach einer langen Vernehmung in die Zelle zurück. Meine Hände waren taub. Auch meine Beine fühlten sich etwas taub und unbeweglich an. Ich hielt es für angebracht, die Wärterin zu informieren. Sie kam, und ich beschrieb ihr meinen Zustand. Sie entfernte sich, kam bald zurück und sagte: «Zieh Deinen Tschador über, wir gehen in das Untersuchungszimmer.» In Trakt 209 gibt es ein Zimmer mit zwei Betten, einem EKG-Gerät und einigen medizinischen Hilfsmitteln. Wenn jemand krank wird oder jemandem etwas zustößt, bringt man diese Personen zunächst in dieses

Zimmer und informiert dann den Arzt. Ich erhob mich, warf mir den Tschador über und machte mich auf den Weg. Nach nur wenigen Schritten im Korridor stürzte ich. Ich wurde nicht ohnmächtig, war aber leicht verwirrt. Meine Beine, schwach und gefühllos, hatten ihren Dienst versagt. Ich hatte das Gefühl, gelähmt zu sein. Ich konnte meine Zunge nicht bewegen, konnte kein Wort sprechen. Was ich zu sagen versuchte, kam gedehnt und unverständlich aus meinem Mund. In der Zelle, vor der ich gestürzt war, schrie jemand. Vermutlich hatte jemand die Szene durch einen Türspalt oder ein Schlüsselloch beobachtet. Häftlinge starren oft stundenlang durch die Schlüssellöcher ihrer Zellentüren auf die Flure. Jedenfalls kamen drei Männer herbei, breiteten am Boden eine Decke aus, packten mich an Händen und Füßen, legten mich auf die Decke und trugen mich in das Untersuchungszimmer von 209. Es wurde ein EKG gemacht, ich bekam ein paar Spritzen. Die gab man mir von nun an regelmäßig. Aber mein Zustand verschlechterte sich von Tag zu Tag. Ein Arzt händigte den Wärterinnen Tabletten aus, die sie mir verabreichen sollten. Sie zwangen mich später, sie mit einem Glas Wasser einzunehmen.

Eines Tages führte mein Weg in einen Verhörraum über eine Treppe. Auf den Stufen wurde ich ohnmächtig und stürzte die gesamte Treppe hinunter, bis zur letzten Stufe. Mein Vernehmer, der vor mir hergegangen war, hatte den Sturz nicht verhindern können. Ich versuchte aufzustehen oder wenigstens meine Beine auszustrecken, vergebens. Ich hatte das Gefühl, mir fehlten Knochen und Nerven, um mich zu bewegen. Es war schrecklich. Die Situation machte mir Angst. Nicht weil ich Tod oder Krankheit fürchtete. Ich hatte Angst vor der Ungewissheit. Was geschah mit mir in diesen stillen, verlassenen Zellen? Wieder kamen Männer, breiteten eine Decke aus, packten mich darauf und trugen mich die Treppe hinauf zur medizinischen Untersuchung. Der Arzt sagte: «Wir müssen spritzen.» Ich protestierte. Ich wollte das Bett verlassen, stürzte jedoch, als ich es versuchte. Am Boden liegend, griff ich nach einem Fuß des Bettgestells und wollte mich hochrappeln. Plötzlich packte der Arzt meine Handgelenke und drückte mich mit aller Kraft auf die Fliesen des Krankenzimmers. Ich schrie auf, weil meine Handgelenke heftig schmerzten. Holt eine Kette, sagte der Arzt. Fesselt sie an Händen und Füßen. Der ebenfalls anwesende Krankenpfleger riet: «Geben Sie ihr eine Spritze, und schließen Sie sie an die Infusion an.» Ich blieb regungslos auf dem Boden liegen. Gegen ihre Übermacht konnte ich nichts ausrichten. Sie gaben mir Spritze und Infusion. Als ich Lärm machte, schloss man die Tür, damit kein Laut nach draußen dränge, denn das Gesundheitszimmer lag dem Männertrakt direkt gegenüber.

Eines Tages brach ich nach einem Toilettengang zusammen. Der gleiche brutale Arzt kam, reichte der Wärterin eine Ampulle und sagte: «Spritzen Sie dies.» Die Wärterin weigerte sich: «Ich übernehme keine Verantwortung. Das ist Sache des Pflegepersonals.» Daraufhin gab der Pfleger mir die Spritze. Die Bemerkung der Wärterin hatte mich beunruhigt. Wie konnte ich dem Arzt, dem Pfleger, den Medikamenten, die sie mir täglich verabreichten, trauen? Wenn sie sogar einander misstrauten? Wenn Angst und

Zweifel herrschten? Wie sollte ein schutzloser, kranker Häftling hier Vertrauen und Zuversicht erlangen? Während der Pfleger die Ampulle injizierte, standen beiden über mich gebeugt. Der Arzt sagte laut: «Stirb nur, Frau Mohammadi, aber nicht hier! Fahr zur Hölle! Aber bürde dem System nicht die Kosten dafür auf! Bloß keine zweite Zahra Kazemi[47].» All das aus dem Munde eines Arztes, der einen Eid abgelegt und damit die Verantwortung übernommen hatte, Menschenleben zu retten. Ich lag am Boden, sah den Mann ohne ein Wort der Erwiderung an. Ich bezweifelte, dass er ein Arzt war. Und überhaupt kommen viele Fragen auf, wenn ich bedenke, was mir hier alles angetan wurde. Durch die Berichte meiner Ärzte waren die medizinische Abteilung in Evin und auch meine Vernehmer über meinen Gesundheitszustand informiert. Aus Untersuchungen, den Blut- und Gerinnungswerten, ging klar hervor, dass ich während der Entbindung meiner Zwillinge eine Lungenembolie erlitten und wie durch ein Wunder überlebt hatte. Aufgrund meiner körperlichen Verfassung wurden Ali und Kiana schon vor dem achten Monat geboren. Eine Kernspintomografie nach der Entbindung hatte ergeben, dass meine Lunge beschädigt worden war.

47 Zahra «Ziba» Kazemi-Ahmadabadi (1948–2003), freiberufliche Fotografin mit iranischer und kanadischer Staatsbürgerschaft, starb in Haft, nach Angaben der iranischen Behörden aufgrund eines Schlaganfalls; Kazemis Leiche soll Anzeichen von Folter zeigen, Schädelbruch, gebrochene Nase, Vergewaltigung und schwere innere Blutergüsse. Ihr Tod erregte internationale Aufmerksamkeit.

Ich war zwei Jahre lang mit Heparinspritzen und Warfarin[48] behandelt worden. Laut einer Bestätigung meines behandelnden Arztes hätte ich mich gar nicht in geschlossenen Räumen mit wenig Bewegungsfreiheit und schlechter Luft aufhalten dürfen. Darauf wurde hier nicht geachtet. In der Zelle litt ich an starker Atemnot und hatte oft Schmerzen im Brustbereich. Wenn ich in meiner Zelle war, legte ich Nase und Mund oft an den Spalt der Zellentür, um zumindest ein wenig mehr Luft zu bekommen.

Als ich eines Tages kraftlos am Boden meiner Zelle lag, kam ein Wärter und führte mich auf den kleinen überdachten Hof hinter der Toilette. Ich habe wiederholt darum gebeten, meinen behandelnden Arzt konsultieren zu dürfen. Man verweigerte mir das mit der Begründung, man habe hier selbst einen Arzt. Einen Arzt, der sich brutal wie ein Vernehmer verhielt. Am Folgetag meiner Freilassung musste ich ins Krankenhaus, so schlecht ging es mir. Nach ersten Untersuchungen verordneten die Ärzte die Behandlung mit Heparin und Warfarin. Sprich: Nach meiner Einzelhaft in Trakt 209 war dieselbe Therapie erforderlich wie nach meiner Lungenembolie während der Entbindung! Warfarin musste ich über längere Zeit hinweg einnehmen. Noch lange nach meiner Freilassung hatte ich Sprachstörungen, konnte mich nur stockend verständlich machen. Meine Familie bangte um mich.

48   Blutgerinnungshemmer.

Während meiner Zeit im Trakt 209 waren auch Sarah Shourd und zwei junge Amerikaner[49] dort. Sie waren monatelang in Haft. Ich konnte Sarah manchmal hören, hörte auch, dass sie weinte. Einmal hörte ich zwei junge Männer über unseren Korridor zum Hofgang gehen. Sie riefen nach Sarah. Sarah antwortete. Ihr Verlobter berührte ihre Zellentür. Ein Wärter herrschte ihn an: «Weitergehen, nicht stehen bleiben, Hände weg von der Tür!» Sarahs Verlobter rief: «Ich liebe Dich.» Ich hörte ihre zitternde Stimme und wurde tieftraurig. Sarah tat mir schrecklich leid. Ich weinte.

An manchen Tagen suchte ich meine Zelle stundenlang nach Zeichen ab. Unter dem Teppich, auf dem Teppich, an den Wänden, in allen Ecken. Was gab es sonst zu tun? An den Wänden fanden sich tatsächlich ein paar Kritzeleien. Shiva Nazar Ahari[50], zum Beispiel, hatte sich zu ihrem eigenen Geburtstag beglückwünscht. Ein Schriftzug von Badr-al-Sadat Mofidi [51] besagte, dass sie hier inhaftiert gewesen ist. Später berichtete sie, dass sie ihren Namen mit einem Nagelknipser in die Wand geritzt hatte. Die Tage vergingen sinnlos. Ich

---

49 Am 31. Juli 2009 wurden drei US-Bürger, Joshua Fattal, Sarah Shourd und Shane Bauer, bei einer Wanderung im irakischen Kurdistan, im iranisch-irakischen Grenzgebiet, von iranischen Grenzschutzbeamten in Gewahrsam genommen.

50 Shiva Nazar Ahari (geb. 1984): iranische Menschenrechtsaktivistin und Gründungsmitglied des Komitees der Menschenrechtsreporter, war mehrmals in Haft.

51 Badr-al-Sadat Mofidi: iranische Journalistin und Vorsitzende des Iranischen Journalistenverbands.

wusste nicht, wie es Ali und Kiana ging, die Trennung von ihnen setzte mir so stark zu, dass ich bisweilen ans Sterben dachte. Im Grunde aber wollte ich leben, wollte in einer gesunden, sicheren Umgebung atmen. Ich wollte selbstverständlichen Alltag, wollte die Sonne sehen, in den Himmel schauen, Blätter fallen sehen, streunende Katzen wahrnehmen, Düfte, Geräusche – selbst ohrenbetäubend unangenehme –, wollte mit Freunden reden – alles, was sonst als Lebenszeichen galt, war mir verwehrt. Diese Entbehrungen zu erleben, war schier unerträglich. Es ist tatsächlich kaum zu glauben, wie der Durchhaltewillen eines Menschen gebrochen wird, weil er die Sonne nicht sehen, einen Windhauch auf der Haut, eine frische Brise in den Haaren nicht spüren und nicht hören darf, wie eine Stimme Schweigen oder Stille bricht. Die permanenten Verhöre in engen Zellen verfolgen das Ziel, ihre Opfer durch dauernden psychischen Druck von ihren Grundbedürfnissen zu entfremden. Die wichtigsten identitätsbildenden Aspekte und Facetten menschlichen Lebens sollen abgekapselt, isoliert und durch erdrückende Leere ersetzt werden. Diese Strategien und Taktiken hinterlassen tiefe Spuren in Geist, Seele und Alltagsleben der Menschen. Psychologen sprechen bei diesen Spuren und deren Folgen von weißer Folter.

Ich teilte meine Zelle einige Tage mit einer jungen Frau namens Zeynab Jalalian[52]. Sie stammte aus Kurdistan. Als

---

52 Zeynab Jalalian (geb.1982), kurdische Iranerin, wegen angeblicher Zugehörigkeit zur kurdischen militanten Gruppe PJAK der Muharaba (Verbrechen gegen die islamische Staatsordnung) angeklagt und zum Tode verurteilt, wurde auf lebenslange Haft reduziert.

ich die tiefe Narbe an ihrem Kopf sah, fragte ich sie, wo die herrühre. Sie erklärte, dass sie mehrere Monate – ein halbes Jahr lang vielleicht? – in Kurdistan inhaftiert gewesen ist. Kurz nach ihrer Verhaftung hatte man sie in eine Zelle gebracht, in der ein Ermittler ihr diese Wunde mit einem Eisenrohr beigebracht hatte.

Sie wurde im Krankenhaus behandelt. Dann brachte man sie in die Zelle zurück. Sie beschrieb ihre Zelle als einen Raum ohne Fenster, ohne Glühbirnen. Es habe absolute Dunkelheit geherrscht. Einmal putzte sie sich die Zähne, um dann schlafen zu gehen. Ihrer Einschätzung nach sei es Mitternacht gewesen. Als ein Wärter sie unverhofft zum Hofgang rief, stellte sie verwundert fest, dass strahlender Sonnenschein herrschte.

Die Gespräche mit Zeynab in diesen wenigen Tagen waren ein Segen für mich. Man hatte sie aus Kurdistan in Trakt 209 verlegt, weil sie gestehen sollte, am bewaffneten Kampf beteiligt zu sein. Sie bestritt die Anschuldigung und war nicht bereit zu lügen. Was sie mir während ihrer Zeit in Trakt 209 über mehrere Gefangene schilderte, lieferte mir aufschlussreiche Details, die mich in meiner Interpretation der Einzelhaft bestärkten. So erzählte sie beispielsweise von einer widerstandsfähigen, resoluten Frau, die auch unter stärkstem Druck nicht bereit war, einen Brief gegen die Führer der Grünen Bewegung[53] zu unterschreiben. Infolge des psychischen Drucks erkrankte sie körperlich, was ihre

53 Proteste nach der iranischen Präsidentschaftswahl 2009 mit dem Vorwurf des Wahlbetrugs der damaligen Regierung unter Ahmadinedschad.

Widerstandskraft beeinträchtigte. Zeynab und ihr immens starker Wille zum Widerstand zeigten mir einen weiteren Aspekt menschlicher Grundsubstanz, die sich aus Willensstärke und tiefster Überzeugung speist und sich offenbar nicht beeinflussen lässt. Während der drei Phasen meiner Einzelhaft habe ich Frauen und Männer erlebt, die trotz ungemein hoher psychischer Belastung, von ihrer Sache zutiefst überzeugt, fest entschlossen allem Druck widerstanden haben. Selbst körperliche und geistige Beeinträchtigungen infolge der Behandlungen, die man ihnen zuteilwerden ließ, brachten sie nicht von ihren Überzeugungen ab.

Nach meiner Freilassung auf Kaution musste ich ins Krankenhaus. Bemerkenswert dabei war, dass Geheimdienstler meine Krankenakte anforderten, nachdem ich das Krankenhaus verlassen hatte. In Verhören während späterer Haftzeiten fragte ich nach den Gründen für diese Vorgehensweise und erhielt von einem Ermittler die Antwort: «Auch in unserem Ministerium haben wir Ärzte, die erfahrener sind als Deine.»

Diese Worte hatten für mich besondere Bedeutung. Und natürlich wurde meine entsprechende Vermutung bei der späteren Haftzeit in 209 bestätigt. Mein Hauptvernehmer kannte meine Interessen, er war mit meinen Stimmungen vertraut, und er wusste, was mir Unbehagen bereitete. Er kannte meine Essgewohnheiten, meine Art zu schreiben, er wusste, wie ich zu meinen Freunden in der Iranian Engineering Inspection Company stehe, kannte sogar Details aus meiner Beziehung zu meinem Mann.

Grund genug für ihn, sich auch detailliert über meine Krankengeschichte zu informieren, über meine Medikamente, meine Behandlungen, meine physischen und mentalen Schwächen. Sie seien noch nicht fertig mit mir, betonte er später.

Dritte Erfahrung, Mai 2012

Zwei Monate nachdem mein Mann Taghi den Iran verlassen hatte, zog ich mit den Kindern, Ali und Kiana waren jetzt fünfeinhalb Jahre alt, von Teheran nach Zandschan.[54] Die Bedrohung durch den Geheimdienst hatte mich zu diesem Schritt gezwungen. Eines Morgens tauchten Sicherheitsbeamte in Zivil zu Hause bei meinen Eltern auf. Ohne Haftbefehl. Sie nahmen mich mit, um mir ein paar Fragen zu stellen. Mein Vernehmer hatte mich eine halbe Stunde zuvor von Teheran aus angerufen und mir befohlen, mich unverzüglich im Ministerium einzufinden. Da ich mich geweigert hatte, seinem Befehl nachzukommen, hatten Sicherheitskräfte des Geheimdiensts in Zandschan den Auftrag erhalten, mich abzuholen. Sie brachten mich in ein unbeschildertes Gebäude und hielten mich dort vier Stunden fest, bis zwei Männer und eine Frau eintrafen. Gemeinsam fuhren wir nach Teheran. Schon als die Zivilbeamten des Geheimdienstministeriums mich bei meinen Eltern abholten, hatte ich eine Erklärung verlangt: «Ich will

---

54 Zandschan: Stadt im Nordwesten des Iran; Sitz der Verwaltung der Provinz Zandschan.

die Wahrheit wissen! Verhaften Sie mich hiermit?» Als ich meine Frage wiederholte, erwiderte die Frau in der Runde: «Nein, keinesfalls.» Sie schwor, dass es lediglich darum gehe, mir ein paar Fragen zu stellen. Ali und Kiana hatten die schreckliche Atmosphäre gespürt, als die Männer mich abholten, und verhielten sich seltsam. Ali holte rasch seine Spielpistole, kam zurück zu mir und klammerte sich an einen Zipfel meines Mantels. Auch Kiana, in ihrem wunderschönen Rock, klammerte sich an mich: «Mama, lass uns nicht allein», flehte sie, «lass uns mitkommen!» Meine Kinder zurückzulassen fiel mir noch schwerer als früher. Der Trennungsschmerz war kaum auszuhalten. Ich brachte es nicht übers Herz, mich nach ihnen umzudrehen und ihnen in die Augen zu schauen. Ich habe sie zum Abschied weder umarmt noch geküsst.

Inzwischen waren wir in Evin angekommen. Man brachte mich in Trakt 209. Die Frau, die geschworen hatte, dass ich lediglich ein paar Fragen beantworten müsse und dann wieder nach Hause könne, erschien zur Abendessenszeit dort. Ich sagte: «Du hast auch Kinder.» Während der Fahrt hierher hatte ich ihr Telefonat mitgehört, in dem sie ihrem Kind versprach, abends wieder zu Hause zu sein. Ich fragte: «Als ihr bei uns vor der Tür gestanden habt, hast Du meine Kinder doch gesehen. Warum hast Du gelogen?» Und ich gestand ein: «Wenn Du die Wahrheit gesagt hättest, hätte ich zwar nichts ausrichten können, aber ich hätte wenigstens meine Kinder zum Abschied umarmt und geküsst. Ich hätte nicht versprochen, bald zurückzukommen.»

Meine dritte Erfahrung begann in der Zelle. Niemand kam zu mir. Am zweiten Tag brachten sie mich zunächst in die Gemeinschaftszellen, führten mich aber unverzüglich zurück in Trakt 209. Vor Monaten, als ich noch in Teheran war, Taghi noch nicht außer Landes, empfahl mir der Geheimdienst in Sohrevardi, den Iran illegal zu verlassen. Ich hatte das abgelehnt. Nachdem Taghi das Land verlassen hatte, erhöhten sie den Druck auf mich. Sie wollten mich unbedingt dazu bringen auszureisen. Ich wollte das jedoch nicht. Einmal erklärte ich: «Ich habe zwei kleine Kinder, die Berge in Kurdistan sind unsicher, und ich bin nicht gut zu Fuß.» Mein Vernehmer fragte: «Wer sagt, dass die Berge unsicher sind? Du fährst mit dem Auto, und Kurdistan hat wunderschöne Natur.» Jedenfalls war mir bewusst, was der Grund für ihre neuerlichen Schikanen war.

Eines Tages kam ein Hauptvernehmer, ein Mann mittleren Alters, der vermutlich vor der Grünen Bewegung 2009 im Ausland tätig gewesen ist und in jenem Jahr offenbar unter ungewissen Umständen in den Iran zurückgekehrt war. Er drohte mir nun, er werde nicht zulassen, dass ich meine Haft in den Gemeinschaftszellen absitze. «Sei sicher, dass ich Dich in ein normales Gefängnis in einer kleinen Stadt stecke, dann wirst Du schon spüren, was Frauen- und Menschenrechte bedeuten.» Ich war zu sechs Jahren Gefängnis verurteilt, aber die Verlegung in eine andere Stadt war nicht vorgesehen. Ich nahm die Sache nicht ernst. Die Einzelzelle und ihre Atmosphäre waren nichts Neues für mich. Ich hatte sie ja bereits zweimal erlebt. Die Eisentür schloss sich, meine Welt wurde dunkel. Doch selbst jetzt, zum dritten Mal in 209, sozusagen in vertrauter Umgebung und Atmosphäre, hatte ich dieselben Empfindungen wie zuvor. Ich fühlte mich in eine Situation geworfen, der ich nur zu gern entkommen wäre. Raus aus dieser Zelle. Nichts anderes wollte ich. Nur raus aus diesem unseligen Raum, egal wohin, nur weg von hier.

An Ali und Kiana mochte ich gar nicht denken. Sobald mir ihre Namen in den Sinn kamen, stand ich auf und hastete durch meine Zelle. Wenn ich sitzen blieb, hatte ich das Gefühl, meine Trauer würde mich komplett überwältigen. Überzeugt, dass die Situation auch für die Kinder nur schwer erträglich war, bat ich Gott, mich aus ihren Gedanken und ihren Herzen zu entfernen. Ich habe gebetet, sie mögen das Wort Mama vergessen. Ich, die ich Tag und Nacht mit Kiana und Ali verbracht hatte, befand mich jetzt in einer Lage, an der mir allein der Gedanke an sie, die Erinnerung an ihre Namen, Angst machte. Bei meiner ersten Inhaftierung, in Eshratabad, hatte ich mit mir gehadert: Ich hielt meinen Glauben, meine Überzeugung für schwach. Wenn diese stark genug wären, wäre das alles nicht geschehen, sagte ich mir damals. Bisweilen hielt ich die Tatsache für das Problem, dass ich ein extrovertiertes, soziales Wesen habe, ein fröhlicher Mensch bin. Ich machte mir Vorwürfe. Wenn ich das Einsamsein geübt hätte, wäre das Gefangensein nicht so schwer. So weit hatten sie mich also schon gebracht: Ich machte mich selbst, meine persönlichen Interessen, Vorlieben und Wünsche für die innere Ablehnung meiner Haft verantwortlich. Nichtsdestotrotz behielt ich meine politischen Überzeugungen und Positionen, erachtete meine Aktivitäten für richtig und bereute nichts.

Auch meine zweite und dritte Inhaftierung empfand ich zwar als so fürchterlich wie die erste in dieser engen Zelle, doch ich focht weniger innere Kämpfe mit mir aus. Nach meiner zweiten Entlassung suchte ich einen Psychiater auf. Er hatte in der Zeitschrift Aftab einen bemerkenswerten Artikel über Einzelhaft und weiße Folter veröffentlicht, in dem er die Ansicht vertrat, man müsse Glauben und Überzeugung unbedingt vom Aspekt der physischen Stärke und Krankheit getrennt betrachten. Er stellte fest, dass unterschiedliche Charaktere auf weiße Folter und Einzelhaft unterschiedlich reagieren. Vielleicht hat mich das dazu gebracht, mich selbst weniger in Frage zu stellen. Tatsache war, dass mein ziviler Ungehorsam gegen die Einzelhaft aus meiner innersten Überzeugung herrührte, die sich nicht mit Wissenschaft oder Logik erklären lässt. Mein Körper aber stellte sich quer. Über Stunden hinweg spürte ich Druck in der Herzgegend, ein schwerer schwarzer Gegenstand schien mein Herz zu umgeben. Ich hatte oft heftiges Herzklopfen, auch wenn ich mich manchmal gar nicht schnell bewegte, weil mir das Gehen schwerfiel. Ebenso langes Sitzen oder Stehen. Meine Atemnot hatte sich verstärkt. Mehrmals täglich nutzte ich mein Asthmaspray. Vergebens. Es wurde immer drückender und heiß in den Zellen, und eine Klimaanlage gab es nicht.

Eines Nachts machte ich mich bettfertig und ging schlafen. Meine Medikamente hatten sie mir noch nicht verabreicht. Mein ganzer Körper fühlte sich taub an. Ich konnte nicht aufstehen. Schmerzen hatte ich nicht. Schlimmer aber war, dass ich Angst hatte. Das war schwerer erträglich als Schmerz. Die Wärterin kam, um mir meine Medikamente zu geben. Als sie sah, in welchem Zustand ich war, holte sie drei Männer, die eine Decke am Boden der Zelle ausbreiteten, mich an Händen und Füßen packten, auf die Decke legten und mich in die medizinische Abteilung in 209 trugen. Ein Arzt untersuchte mich. Wie viele Spritzen man mir gegeben hat, weiß ich nicht. Ein Pfleger drängte mich, aufzustehen und zu gehen. Sein Drängen machte mich fassungslos. Hatte er auch nur die leiseste Ahnung von Krankheiten, Medizin, geschweige denn Empathie für kranke Menschen? Sein Verhalten war widerwärtig. Er drangsalierte mich, wollte, dass ich mich zunächst auf die Bettkante setzte, um dann aufzustehen. Ich schaffte es beim besten Willen nicht. Er aber beharrte darauf. Ich sei dazu in der Lage, beteuerte er. Ich müsse es nur wirklich wollen. Das Verhalten dieses sogenannten Pflegers war unmenschlich, und das in einem Moment, in dem ich Ruhe benötigte. Man hatte mir wohl ein Beruhigungsmittel gespritzt. Und er, der Provokateur, war sich seiner Rolle und Aufgabe sehr wohl bewusst. Es gibt einen bemerkenswerten Unterschied zwischen jenen Ärzten, die privat praktizieren oder in einem Krankenhaus arbeiten, und denen, die in einer Haftanstalt des Geheimdienstes tätig sind. Einige von ihnen sind besonders sadistisch veranlagt. Ihr Verhalten ist Bestandteil der destruktiven Wirkung einer Gefängniszelle. Das dort arbeitende Personal gehört zur Definition und Funktion einer solchen Zelle.

Eines Tages brachte eine Wärterin mich zu einem weiteren Verhör. Damals kamen im Verhörraum auch Ali und Kiana zur Sprache. Als ich die Zelle nach dem Verhör verließ, hörte ich eine Wärterin sagen: «Komm mal kurz zu mir», als riefe sie eine Bekannte zu sich. Ich wandte mich zu ihr um, und ich – ich kann nicht sagen, warum – fragte sie: «Hast Du Kinder?» Bis heute kann ich nur schwer fassen, wie sehr der eiskalte Ton mich erschütterte, in dem sie mir zuwarf: «Es geht Dich nichts an, ob ich Kinder habe oder nicht!»

Die Einzelhaft in einem Sicherheitstrakt ist nicht bloß eine Zelle, ein Ort, eine geografische Gegebenheit. Sie hat auch psychologische und menschliche Aspekte, die ihre ganz speziellen Funktionen in diesem Gefüge erfüllen. Und die die Wirkung der Einzelhaft garantieren. So etwa der eiskalte, seelenlos grobe Tonfall der Wärter, die toten Kakerlaken auf den staubigen Fliesen, verdreckte, dunkle Vorhänge, der Zwang, eine Augenbinde zu tragen, sobald man eine Zelle verlässt, sei es nur, um zur Toilette zu gehen, übergroße Hausschuhe, in denen man ohne Socken gehen muss, billige Kleidung in Einheitsgröße, Lochbleche hinter Dachluken, die Fenster ersetzen, langes Sitzen in Verhörzellen, das Gesicht zur Wand, Vernehmer im Rücken, und ihre wütenden, unterschiedlich lauten Stimmen, mal dicht, mal etwas entfernt von dir, die Gleichgültigkeit der Ärzte in Bezug auf das Befinden der Häftlinge, mit kurzem Knall schwer in ihre Schlösser fallende Zellentüren …

Eines Morgens stand ich auf, nahm etwas Brot und Tee zu mir und wollte anschließend ein paar Runden in meiner Zelle drehen. Nach zwei, vielleicht drei Runden verlor ich das Bewusstsein. Als ich die Augen aufschlug, war ich von Männern und Frauen umringt, von Wärterinnen, dem Leiter des Trakts 209, einem Arzt und mehreren Krankenschwestern. Was ich bis heute nicht recht begreife: Warum war ich damals nicht erstaunt, verwundert, als ich die Augen aufschlug und meine Umgebung sah? Ich fragte mich nicht, was die Menschen um mich herum zu bedeuten hatten oder warum ich am Boden lag. Ich zeigte keinerlei Reaktion. Nicht einmal an meine Ohnmacht oder daran, das Bewusstsein wiederzuerlangen und wieder zu Kräften zu kommen, dachte ich. Ich hatte nicht einmal Angst. Ich setzte mich einfach auf. Der Arzt maß meinen Blutdruck und meinen Puls. Die Leute um mich herum unterhielten sich und verließen die Zelle bald darauf.

Als die Wärterin mir am Abend zuvor meine Tabletten gebracht hatte, war mir ein zusätzliches Medikament aufgefallen: «Was ist das?», wollte ich wissen. «Vom Gefängnisarzt verordnet», blaffte die Wärterin, «einnehmen!» Und sie erläuterte: «Es soll verhindern, dass Dir das passiert, was vor ein paar Nächten im Bett passiert ist.» Ich nahm auch diese Tablette ein. Und kann wirklich nicht sagen, was damals meine Bewusstlosigkeit verursacht hat. Denn man hat mich weder in 209 noch außerhalb dieses Trakts untersuchen lassen.

Hofgang in Trakt 209 bekam man alle zwei Tage für fünfzehn bis zwanzig Minuten. Auch Duschen war jeden zweiten

Tag vorgesehen. Außer den Hauptmahlzeiten gab es nichts. Es war knapp einen Monat her, dass ich von Kiana und Ali getrennt worden war. Regelmäßige Besuchszeiten oder Telefonate sind in 209 nicht vorgesehen. Es hängt vom Gutdünken jedes Vernehmers ab, ob er dich telefonieren lässt. Er muss es nicht tun. Ich schrieb unablässig Protestbriefe: Wenn ich zu sechs Jahren Gefängnis verurteilt wurde, warum soll ich die in Einzelhaft verbringen? Man muss mich in den Gemeinschaftstrakt verlegen. Das Vorgehen des Ministeriums für Staatssicherheit ist illegal.

Eines Abends, zur Gebetsstunde, brachte ein Geheimdienstagent mich zum Moghaddas-Gericht. Das Gebäude war menschenleer und still. Weder der Agent noch Herrn Reshteh Ahmadis Sekretär betraten den Raum, in dem Herr Reshteh Ahmadi[55] an seinem Schreibtisch saß. Der Leiter der Staatsanwaltschaft hörte sich meinen Protest an, bekräftigte meine Einwände und sagte: «Ich überweise Sie hiermit in den Gemeinschaftstrakt der Haftanstalt.» Er fing an zu schreiben. Sein Handy klingelte, er nahm das Gespräch an: «Ja, ich habe sie herbringen lassen.» Sekunden später: «Sie lösen damit etwas aus, das Folgen für mich haben kann.» Er beendete das Gespräch, reichte mir sein Schreiben und verlangte, dass ich es unterschrieb. Ich, als Angeklagte, sollte die Anweisung des Generalstaatsanwalts

55 Seyyed Bahram Reshteh Ahmadi: Leiter des Bezirksgerichts Teheran, wurde 2013 als Leiter der Staatsanwaltschaft von Shahid Moghaddas (Evin) entlassen und zum Leiter der Staatsanwaltschaft des Distrikts 1 ernannt.

unterschreiben? Der Staatsanwalt erklärte: «Immerhin geht das Schreiben auf Ihr Gesuch zurück.» Ich schlussfolgerte daraus: Herr Reshteh Ahmadi ist Justizbeamter, und ich befinde mich im Gerichtsgebäude. Er ist nicht irgendjemand. Auch ist kein Sicherheitsbeamter anwesend, noch befinden sich hier geheime Gefängniszellen des Geheimdienstes. Ich vertraute ihm und unterschrieb das Dokument. Es erwähnte meine sechsjährige Haftstrafe und wies meine Verlegung aus Trakt 209 in den Gemeinschaftstrakt der Frauen an. Auf meine Frage hin, um welchen Gemeinschaftstrakt es sich handele, deutete er nach draußen: «Diesen hier, hier.» Zunächst aber brachte man mich in meine bisherige Zelle zurück.

Zwei Tage später wurde ich um sechs Uhr früh geweckt. Ich stieg, gemeinsam mit zwei Beamten, in ein Auto. Wir hatten kaum auf der Rückbank Platz genommen, schon drückten die beiden Männer meinen Kopf unter den Vordersitz, und der Wagen fuhr mit Vollgas davon. Nach stundenlanger Fahrt wurde ich zuerst ans Gericht von Zandschan, später ins Frauengefängnis einer nicht für politische Häftlinge vorgesehenen Haftanstalt überstellt. Welch ein Schock! Warum tat man mir das an? Gefangen, in eine Decke gepackt, in ein Auto verfrachtet, von Zelle zu Zelle, von Trakt zu Trakt, von Stadt zu Stadt gekarrt. Ich war zutiefst verunsichert. Nichts war mehr vertrauenswürdig oder vorhersehbar. In keinem Moment. Die Unsicherheit, der Druck, den sie ausübten, verwirrten mich. Ich betrat das Zandschan-Gefängnis. In die Isolierung. Der Raum war dunkel und schmutzig. Und es stank. Ich ging zur Toilette. Dort gab es weder Seife noch andere Reinigungsmittel, weder Handtuch noch Taschentücher. Auch im Duschraum weder Seife noch Shampoo, keine saubere Unterwäsche, kein Handtuch. Es gab nur drei nach Erbrochenem stinkende Decken. Mehr nicht. Zum Mittagessen gab es Reis mit Gemüse, der so schlecht schmeckte, wie er roch. Ich aß nichts davon, trank nur etwas Wasser aus dem Hahn. Mehr gab es nicht zu essen. In der Zelle neben mir saß eine Schmugglerin, zu fünf Jahren Haft verurteilt. Da sie gerade von ihrem Hafturlaub zurückgekehrt war, musste sie einige Tage in Einzelhaft bleiben. Als ich eine Mädchenstimme hörte, fragte ich: «Wie alt bist Du? Was machst Du hier?» Die junge Frau antwortete, sie habe sich mit dem Sohn eines Nachbarn eingelassen, ihr Vater habe das bei der Polizei gemeldet, die gekommen sei und sie verhaftet habe. Das hübsche Mädchen nannte mich von diesem Tag an Tante Narges, wenn ich es in die Arme schloss und mütterlich küsste. Da ich nun im Gemeinschaftstrakt war, hatte ich keinen Raum mehr für mich. Ich schlief im Gebetshaus am Boden, das Mädchen immer an meiner Seite. Verängstigt hielt es meine Hände umklammert. Ich sprach mit dem Kind, küsste beruhigend seinen Kopf, sein Gesicht.

In Zandschan begriff ich: Der Grund für meine Verlegung aus dem Evin-Gefängnis Trakt 209 ins Frauengefängnis von Zandschan lag im Schreiben von Herrn Reshteh Ahmadi, das ich in seinem Büro unterschrieben hatte. Später sah ich den Brief wieder. Nachdem ich sein Zimmer damals verlassen hatte, hatte er das Schreiben um einen irreführenden Satz ergänzt. Der lautete: Ali und Kiana sind in Zandschan. Gemeinsam mit dem Geheimdienstministerium legte man diesen Satz als Gesuch der Angeklagten aus und überführte mich, gesetzeswidrig und überdies unmoralisch, in die Haftanstalt von Zandschan. Was mir da geschah, hat mir schweres Leid beschert, endlose Schmerzen, die sogar heftige Krampfanfälle während meines Aufenthalts im Valiasr-Krankenhaus auslösten. Dort wurden die Berichte über meinen Gesundheitszustand auf Anordnung des Geheimdienstministeriums versiegelt. Die Wundblasen aus meiner Einzelhaft platzen immer noch gelegentlich, oft infizieren sie sich und brennen sehr schmerzhaft. Bisweilen läuft Angst durch meine Adern. Die Wunden sind noch lange nicht geheilt.

NIGARA AFSHARZADEH

Übersetzung: Niloofar Beyzaie

*Nigara Afsharzadeh (geboren 1978) stammt aus Turk-
menistan. Ihr wurde im Jahr 2014 Spionage vorgeworfen, anschließend wurde sie zu fünf Jahren Haft
verurteilt. Nigara verbrachte eineinhalb Jahre ihrer
Gefängnisstrafe in der Einzelzelle der Station 209 im
Evin-Gefängnis und wurde danach ins Frauengefängnis verlegt.*

Wann und wie wurdest Du verhaftet?

Ich wurde am 5. Januar 2014 von zwei Männern und einer
Frau in der Stadt Maschhad verhaftet, zusammen mit meinen beiden Kindern (damals sechs und acht Jahre alt). Ich
war in den Iran gereist, um meine Tochter zu besuchen,
nachdem ich mich von ihrem Vater getrennt hatte. Eines
Tages rief er mich an und sagte: «Komm her und hole Deine
Tochter zu Dir.» Als ich von ihm zurückkam, begriff ich,
dass sein Anruf eine Falle gewesen ist. Ich wurde auf offener
Straße verhaftet, obwohl ich meine beiden Kinder bei mir
hatte. Als sie meine Kinder dann von mir trennten, wusste

ich nicht, was mit ihnen geschehen würde. Die Vernehmer teilten mir später mit, sie seien in einem Waisenhaus untergebracht worden.

Wohin wurdest Du nach der Verhaftung gebracht?

Ich wurde in eine dunkle Zelle gebracht, in der ich nur eine Decke hatte. Ich wurde einen Tag und eine Nacht dort festgehalten. Am nächsten Tag brachten sie mich von dort weg. Zuerst versuchten sie, mir einen Sack über den Kopf zu ziehen, aber ich leistete Widerstand und ließ es nicht zu. Als wir in ein Auto stiegen, drückten sie meinen Kopf auf meine Beine, damit ich nichts sehen konnte. Während ich in dieser Zelle war, bekam ich nichts zu essen. Später im Flugzeug bekam ich Essen, aber ich konnte nichts zu mir nehmen.

Wo wurdest Du hingebracht, als Du in Teheran ankamst?

Ich trug eine Augenbinde. Ich konnte nicht erkennen, wohin sie mich brachten. Als ich meine Augen öffnete, war ich in einer Zelle. Über meinem Kopf leuchtete eine Lampe. Es gab drei Decken, der Boden war mit einem dünnen Teppichboden ausgelegt. Ich war im dritten Gang in der Zelle Nummer 32, Abteilung 209, des iranischen Geheimdienstes. Als ich in diese Zelle gebracht wurde, war niemand im Korridor. Es herrschte absolute Stille. Weder ging jemand vorbei, noch waren Schritte oder Stimmen zu hören. Keine Tür, die auf- oder zugeschlagen wurde. Keine Geräusche.

Die einzigen Lebewesen in diesem Korridor waren große fürchterlich aussehende Schaben.

Was machtest Du in Deiner Zelle?

In so einer Zelle bleibt die Zeit stehen. Ich war absolut einsam. Es gab eine kleine Luke an der Zellentür, durch die die Wächterinnen ab und zu einen Blick hineinwarfen. Ich hielt mein Gesicht stundenlang an diese Luke, um den Korridor einzusehen, falls sie kommen würden, um die Tür aufzuschließen. Die Zelle war still, man konnte rein gar nichts hören. Ich ging auf und ab, um irgendetwas – wie zum Beispiel eine Ameise – zu finden, und jedes Mal, wenn ich eine fand, passte ich auf, dass sie nicht wieder verschwand. Ich sprach stundenlang mit der Ameise, ich weinte, ich verzweifelte. Ich betete auch stundenlang. Ich hatte das Gefühl, den einen oder anderen der Propheten zu sehen. Im Schlaf hatte ich seltsame Träume, und nach dem Aufwachen war ich häufig verwirrt. Tagsüber lief ich sehr lange herum. Ich lief so lange, bis ich nicht mehr imstande war weiterzulaufen. Beim Mittagessen zerkleinerte ich den Reis und überschüttete den Boden damit, um die Ameisen anzulocken und mich mit ihnen zu beschäftigen. Wenn eine Fliege in meine Zelle kam, freute ich mich unendlich und passte auf, dass sie nicht davonflog, wenn die Zellentür aufging. Ich folgte der Fliege in meiner Zelle und sprach mit ihr.

In welchen zeitlichen Abständen durftest Du zum Hofgang, und wie lief es mit Toilettengängen oder Duschen?

Egal für welchen Anlass, jedes Mal, wenn ich meine Zelle verließ, musste ich eine Augenbinde tragen. Mit Augenbinde durfte ich mehrere Male am Tag auf die Toilette gehen. Falls es vorkam, dass ich seitlich der Augenbinde etwas sah, und sei es die Wand, wurde ich sofort angeschrien. Einmal in der Woche durfte ich duschen. Wenn ich versuchte, mich auf der Toilette notdürftig zu waschen, wurden die Wächterinnen sauer und schrien: «Komm raus!» Ich sagte: «Mein Körper stinkt», und sie antworteten: «Ist doch egal! Soll er stinken! Hättest Du mit deinen Vernehmern zusammengearbeitet, würde es Dir besser gehen.» Zum Hofgang durfte ich zweimal die Woche jeweils für zwanzig Minuten. Im Hof gab es weder Blumen noch Pflanzen. Nur sehr hohe Wände.

Wie war es mit der Gesundheitspflege oder Behandlungen bei Krankheit?

Ich aß fast nichts. Die Wächter sagten zu mir, dass ich noch sehr lange ihr «Gast» sein werde, aber ich hatte einfach keinen Appetit. Ich nahm ziemlich schnell ab. Bei der Verhaftung wog ich siebzig Kilo, in den ersten Monaten im Gefängnis bald nur noch dreiundfünfzig. Nach einiger Zeit im Gefängnis floss immer wieder eine dunkle Flüssigkeit aus meinen Brustwarzen, dieses Problem habe ich immer noch. Schon in den ersten Wochen litt ich an Schlafstörungen und Nervosität, und es ging mir schlecht. Sie brachten mich in einen Raum und sagten mir, dass sei die Behandlungsstation der Abteilung 209.

Jemand war dort, der mir Medikamente verschrieb. Vom ersten Tag an bekam ich täglich sieben bis acht Tabletten und man sagte mir, ich solle sie einnehmen, damit es mir besser gehe. Aber dennoch konnte ich nachts nicht schlafen und blieb stundenlang wach. Wenn das Morgengebet zu hören war, lag ich immer noch wach, und da ich allein war und nichts zu tun hatte, wurde ich nervös. Ich drückte mehrmals in der Nacht auf den Knopf, den ich immer drückte, um auf die Toilette gebracht zu werden. Wenn die schläfrigen Wächter dann kamen, stellte ich belanglose Fragen wie: «Wie kocht man einen Eintopf?» Oder: «Nach welchem Rezept kann ich dieses und jenes Essen zubereiten?» Sie wurden dann richtig sauer und schrien: «Es ist drei, vier Uhr morgens, warum schläfst Du nicht und lässt uns schlafen?» Dann knallten sie die Tür zu und gingen. Ich wunderte mich, warum sie alle schliefen. Ich hatte das Zeitgefühl verloren. Ich drückte den Knopf einfach, um irgendjemanden zu sehen. Ich war eineinhalb Jahre im Gefängnis. Ich schlief auf harten Militärdecken, musste eine Decke als Kopfkissen benutzen und eine über mich ziehen. Mein Rücken und die Seiten meines Körpers waren voller Wunden, die sich entzündeten. Jedes Mal, wenn ich die Wächter darauf ansprach, passierte nichts weiter. Zum Anziehen bekam ich einen Pullover und eine Hose und nach jedem Duschen frische Kleidung. Die Decken waren sehr grob, und wenn ich mich seitlich hinlegte, taten meine Knochen weh, aber ich hatte keine Wahl.

Wie verliefen die Vernehmungen?

Am ersten Tag, als ich in Teheran zur Vernehmung gebracht wurde, gab es zwei Vernehmer. Einer war jung, der andere älter. Die beiden sagten zu mir: «Hier ist für Dich Ende. Stell Dir vor, das hier ist ein Grab. Stell Dir vor, Du bist tot, und wir zwei sind Nakir und Munkar[56].»

Ich verstand überhaupt nicht, wovon sie sprachen. Ich fragte mich, wer von den beiden Nakir und wer Munkar sein sollte. Sie stellten Fragen, die ich nicht zu beantworten wusste. Sie sagten: «Geh und komm erst zurück, wenn Du die Antworten weißt.» Ich befand mich in keinem stabilen psychischen Zustand, weil ich mir Sorgen um meine Kinder machte. Sie sagten, dass sie meine Kinder in ein Waisenhaus bringen mussten, weil sie sonst auf der Straße geblieben wären. Ich wusste nicht, was ich machen sollte. Ich rührte mein Essen nicht an. Sie kamen und wurden wütend. Sie fragten mich, ob ich streike, woraufhin ich sie nach der Bedeutung des Wortes Streik fragte.

Ich erkrankte an mehreren Krankheiten. Es kam so weit, dass sie mir Psychopharmaka verschreiben mussten. Eines Tages kam der Vernehmer zu mir und sagte: «Wir werfen Dir Spionage vor. Du musst uns sagen, was Du alles im Iran gemacht hast.» Bei den Vernehmungen trug ich eine Augenbinde und hörte nur die Stimmen meiner Peiniger. Wenn

---

56 Zwei Todesengel, deren Aufgabe darin besteht, im Grab die Toten nach Gott, dem Propheten, der wahren Religion und der Gebetsrichtung zu befragen und Ungläubige auf Gesicht und Rücken zu schlagen.

sie mich ihre Wut spüren lassen wollten, bewarfen sie mich mit Teepackungen und anderen Sachen. Einmal trat einer von ihnen von hinten gegen meinen Stuhl und beschimpfte mich als Lügnerin. Manchmal waren nur diese zwei Vernehmer anwesend, manchmal auch mehrere Personen. Einmal gaben sie mir ein Glas Wasser und sagten: «Verschütte es auf dem Boden.» Anschließend sollte ich es wieder aufschöpfen. Nach meinen kläglichen Versuchen schrien sie mich an: «Verschüttetes Wasser lässt sich nicht aufsammeln!» Ich verstand nicht, was sie meinten. Eines Tages putzte ein Vernehmer seine Nase mit einem Taschentuch und warf es auf den Boden. Er sagte daraufhin: «Frauen sind wie Taschentücher. Man benutzt sie und wirft sie dann weg.»

Manchmal dauerte eine Vernehmung von morgens bis abends. Die Vernehmer aßen zu Mittag und zu Abend und gaben mir auch zu essen. Aber ich konnte nichts runterbringen. Ein Vernehmer bedrohte mich die ganze Zeit. Er sagte: «Du bleibst so lange im Gefängnis, bis Deine Haare so weiß sind wie Deine Zähne. Wir ziehen Dir die Haut ab. Du wirst hingerichtet, und ich werde persönlich den Hocker unter Deinen Füßen wegziehen.» Einmal kam der Vernehmer und sagte: «Deine Großmutter kam in den Iran, um nach Dir zu suchen, und wir haben auch sie verhaftet, weil auch sie eine Spionin ist wie Du.» Ein anderes Mal sagten sie mir, dass meine Großmutter tot sei. Ich liebte sie unendlich. Ich weinte viel und vollzog in meiner einsamen Zelle an ihrem vermeintlichen Todestag die Trauerzeremonie.

Eines Tages rief mich der Vernehmer zu sich und sagte, dass Eldar, mein sechsjähriger Sohn, sehr krank und ins Krankenhaus gebracht worden sei. Er sagte: «Eldar braucht eine Niere und liegt im Sterben.»

Ich war fassungslos vor Trauer und konnte es nicht mehr ertragen. Mein Handy war im Besitz der Vernehmer. Sie hatten ein Foto von ihm ausgedruckt und eine weiße Fläche, wie ein Schild auf seine Brust, und etwas wie ein Seil um seinen Hals gemalt. Als sie es mir zeigten, wurde mir schlecht. Sie wollten, dass ich auf dieses Schild das Wort «Erbärmlich!» schreibe. Sie zwangen mich, es zu schreiben. Sie hatten die Fotos meiner beiden Kinder ausgedruckt und stellten sie jedes Mal bei Vernehmungen vor mich, damit ich sie sehen konnte. Eines Tages kamen sie und sagten, dass sie gleich nach Maschhad fahren wollten. Als ich nach dem Grund fragte, sagten sie, meine Mutter sei dorthin gekommen, um die Kinder mitzunehmen, und dass sie vorhätten, sie zu verhaften und ins Gefängnis zu bringen. Glauben Sie mir, ich habe wirklich gedacht, dass meine Mutter auch in der Abteilung 209 ist. Ich bildete mir sogar ein, ihre Stimme zu hören.

Bei den Vernehmungen wusste ich absolut nicht, was ich aufschreiben soll. Sie legten mir ein Stück Papier vor und wollten, dass ich alle meine Bekanntschaften mit Jungen und Männern seit meiner Kindheit namentlich aufschrieb. Einmal wurde einer der Vernehmer sauer, zog seine Waffe und bedrohte mich. Bei Vernehmungen schimpften sie die ganze Zeit und benutzten beleidigende Wörter. Sie wollten, dass ich über meine sexuelle Beziehung mit Herrn Kh.

schrieb. Nicht einmal, auch nicht zweimal, sondern mehrmals verlangten sie von mir, meine Beziehungen in Einzelheiten zu erzählen. Dieser Teil der Vernehmungen war sehr beleidigend. Die Vernehmer brachten mich mehrmals in ein Hotel und filmten mich. Sie brachten mir einen Schal und einen Mantel und verlangten von mir, die Sachen anzuziehen. Dann filmten sie mich. Sie verlangten von mir – ohne zu erwähnen aus welchem Land ich komme – zu sagen, dass wir «Frauen in anderen Ländern» die Bediensteten der Islamischen Republik Iran zu sexuellen Beziehungen verführen würden. Sie sagten, ich solle sie warnen und erzählen, dass wir Frauen sie in Versuchung führen würden, um sie zu beschmutzen und auszuspionieren. Ich habe dieses Interview mehrmals machen müssen.

Als ich verhaftet wurde, hatte ich mein Handy dabei, und nun war es in ihren Händen. Sie schauten sich alle meine Fotos an. Dann fragten sie mich zu Einzelheiten. Die Fotos waren sogar in die Hände des Richters geraten, und ich protestierte, dass sie privat seien. Zum Beispiel hatte ich ein Foto zusammen mit meinem Mann und meinen Kindern am Meer. Ich fragte, warum diese Fotos in ihrem Besitz sind.

Hattest Du die Möglichkeit, Deine Familie zu kontaktieren?

In den ersten sechs Monaten hatte ich absolut keinen Kontakt, weder zu meiner Mutter noch zu meinen zwei kleinen Kindern. Ich bin beinahe verrückt geworden. Der Vernehmer sagte, dies sei ein Grab. Ich hatte wirklich geglaubt, mich in einem Grab zu befinden. Nach sechs Monaten gaben sie mir ein Telefon, und ich rief meine große Tochter an, die im Iran lebte. Sie sagten, dass meine Tochter mich besuchen darf. Sie kam dann, und ich fragte nach meinen kleinen Kindern, und sie sagte, meine Mutter sei aus meinem Land hierhergekommen und habe sie mitgenommen. Nach acht Monaten konnte ich mit meiner Mutter telefonieren. Ich hatte geglaubt, dass meine Großmutter tot ist, meine Kinder im Waisenhaus sind und mein Mann mich verlassen hat. Später erfuhr ich, dass das alles gelogen war.

Wie oft wurdest Du vernommen?

Am Anfang zwei- bis dreimal die Woche. Anschließend kamen die Vernehmer einmal die Woche. Später dann entweder gar nicht oder in großen zeitlichen Abständen. Sie ließen mich in meiner Zelle allein. Ich war ja gar keine Spionin. Der Vernehmer sagte zu mir: «Wir wissen auch, dass Du nicht spioniert hast, aber Du musst mitarbeiten und alles, was wir Dir sagen, in Deinen Interviews wiederholen. Wenn Du mitmachst, geben wir Dir Geld, um Deine Kinder hierherzuholen und mit ihnen zusammenzuleben. Wenn Du in Dein Land zurückkehrst, kriegst Du dort großen Ärger. Es ist besser für Dich, hierzubleiben.» Ich dachte bei mir, warum bieten sie mir anstelle einer Strafe Geld und Unterkunft an und wollen mich in ihrem Land behalten, wenn sie mich wegen Spionage verhaftet haben?

Wie veränderten sich Deine seelische und körperliche Verfassung in diesen eineinhalb Jahren?

Ich konnte nichts essen. Dadurch wurde ich sehr schwach und dünn. Das Schlafen auf dem harten Boden verursachte starke Rückenschmerzen, und da ich in der kleinen Zelle wenige Bewegungsmöglichkeiten hatte, funktionierte meine Verdauung sehr schlecht. Ich hatte ständig Verstopfung, und das beeinträchtigte mich sehr. Ich bekam nur ein bis zwei Stücke Obst in der Woche. Auch im Winter musste ich in der Zelle ausharren. Auf dem Boden lagen ein sehr dünner Teppichboden und unter mir eine Militärdecke. Mir wurde sehr kalt, und egal, was ich machte, mein Körper wurde einfach nicht warm. Ich trank Wasser aus der Leitung. Erst später habe ich erfahren, dass das Wasser im Evin-Gefängnis nicht zum Trinken geeignet ist. Körperlich wurde ich sehr schwach, und seelisch fühlte ich mich sehr schlecht. Ich weinte so viel, dass meine Augen wehtaten. Ich bekam starke Zahnschmerzen, aber es wurde keine medizinische Behandlung veranlasst. Als sie mich nach acht Monaten zum ersten Mal ins Gefängniskrankenhaus brachten, sah ich mich im Aufzug das erste Mal wieder im Spiegel. Ich war so dünn geworden, dass ich mich vor mir selbst erschrak.

Was unternahmst Du, um Dich zu beschäftigen?

Die eineinhalb Jahre Einzelhaft waren schrecklich. Sobald ich die Klingel im Korridor hörte, wurde mir schlecht. Die

laut weinenden und schreienden Stimmen von Frauen und
Männern im Korridor verstörten mich. Einmal hörte ich
einen jungen Mann schreien und betteln, der geschlagen
wurde. Er bat sie, aufzuhören, er sagte, er sei krank. Ich
weinte so viel, dass ich Kopfschmerzen bekam. Die Einsamkeit verstörte mich so sehr, dass ich merkwürdige Dinge
machte. Zum Beispiel legte ich ein Stück Brot in meinen
Mund und kaute es, bis es weich wurde. Ich bastelte für
meinen Sohn eine Puppe und ein Kreuz daraus. Aber sobald
ich vom Toilettengang zurückkam, sah ich, dass die Wächter meine ganze Zelle auf den Kopf gestellt und die Puppe
kaputt gemacht hatten.

Was störte Dich besonders in Deiner Zelle?

Mir vorzustellen, dass meine Kinder in einem Waisenhaus untergebracht gewesen sein sollen, war schrecklich
für mich. Das trieb mich in den Wahnsinn. Sie waren noch
klein, und ich war gezwungen worden, sie allein zu lassen.
Meine Tochter hatte geweint und geschrien: «Geh nicht!»
Ich habe meine Kinder bis heute nicht mehr gesehen. Die
Vernehmungen, Beleidigungen und Erniedrigungen haben
mich kaputt gemacht. Ein Teil meiner Vernehmungen betraf meine sexuellen Kontakte. Ich konnte nicht glauben,
dass sie einer Frau solche Fragen stellten. Einmal sagte der
Vernehmer zu mir: «Erzähle, wie Du mit dem Mann (mit
dem ich eine Ehe auf Zeit[57] eingegangen war) Sex hattest.»

57   Eine im Iran nicht unübliche Praxis.

Ich habe alles versucht, damit sie diese Frage zurückziehen, aber es nützte nichts. Am Ende sagte ich: «Herr Haji, genau so, wie Sie es mit Ihrer Frau machen.» Er sagte: «Nein, Du musst es beschreiben und zeigen.» Ich musste auf dem Stuhl alles nachmachen. Er fragte: «Habt ihr auch islamische Waschung gemacht?» Als ich das bejahte, befahl er: «Bringt diese Frau und den Mann in eine Zelle und macht das Waschungsritual.» Ich wusste in solch einer Situation nicht, was ich machen sollte, aber sobald ich in meine Zelle zurückkam, betete ich. Einmal habe ich achtzigmal gebetet, bis ich keine Kraft mehr hatte. Ich rief alle Propheten und bat sie, mir zu helfen. Am schlimmsten waren die Einsamkeit und die Stille, die mich verrückt machten. Es war eine schreckliche Zeit.

ATENA DAEMI

Übersetzung: Parastou Forouhar

Atena Daemi, Menschen- und Kinderrechtsaktivistin, wurde am 14. Oktober 2014 vom Geheimdienst der Revolutionsgarden verhaftet. Sie wurde in die Abteilung 2A des Evin-Gefängnisses verlegt. Dieser Teil der Haftanstalt steht unter Aufsicht der Revolutionsgarden.

Sie wurde unter anderem der Beleidigung der Führung, der Blasphemie, der Zusammenrottung und Gefährdung der nationalen Sicherheit sowie der Vernichtung von Beweismitteln beschuldigt. Neunundachtzig Tage befand sie sich in Einzelhaft, anschließend kam sie in die Gemeinschaftszelle der Frauen. Atena wurde vom Gericht wegen Verschwörung zu fünf Jahren und wegen Beleidigung des Führers zu zwei Jahren Gefängnis verurteilt.

Was passierte nach Deiner Verhaftung, und wie war der Zustand Deiner Zelle?
Auf meine Verhaftung folgte eine sechsstündige Durchsuchung der Wohnräume meiner Familie und zur gleichen

Zeit das Verhör meiner Person. Dann wurde ich in das Evin-Gefängnis gebracht. Ein Ort, den ich vorher nicht kannte. Ich wurde durch einige Gänge des Gefängnistraktes und am Ende in eine Zelle geführt. Sie war etwa zwei mal drei Meter groß. Das Fenster, in unerreichbarer Höhe, war schwer vergittert. Tageslicht und die blaue Farbe des Himmels waren kaum zu sehen. Die Zelle hatte zwei Lampen, eine gab warmes und die andere kaltes Licht. Nachts wurde nur das kalte Licht ausgeschaltet. Die Wände waren vom Boden bis in Kopfhöhe aus Stein, der Rest war in beige gestrichen. Die Tür war aus Eisen und hellgelb. Im unteren Teil der Tür gab es einen Schlitz. Wenn die Gefangenen zur Toilette mussten, steckten sie einen Papierstreifen durch diesen Schlitz. Der Boden war mit dünnem Teppichboden ausgelegt. Ich hatte zwei Decken, um darauf und darunter zu schlafen. Eine weitere Decke diente mir als Kopfkissen. Ich verbrachte dreißig Tage in dieser Zelle.

Und Deine nächste Zelle?

Sie war größer, fast doppelt so groß. Die Spuren an den Wänden ließen mich vermuten, dass hier einmal zwei Zellen zusammengelegt worden sind. Dort hatte ich eine Toilette. Sie war direkt durch eine Tür von meiner Zelle aus zu erreichen. In dieser Zelle fand ich zwei kleine Behälter mit Salz und Zucker. Es gab drei Lampen anstatt zwei. Das Fenster, das auch hier direkt unter der Decke war, öffnete sich zu einem Gang, dem Gang von Trakt 2A, der zu verschiedenen Verhörzimmern führte. Hier schimmerte

ATENA DAEMI

kein Himmel durch das vergitterte Fenster, es gab nur Dunkelheit.

In welcher seelischen Verfassung warst Du?

Ich war auf der Straße verhaftet worden. Dann sind die Wohnräume meiner Eltern, meine Schwester und auch mein Arbeitsplatz in meiner Anwesenheit durchsucht worden. Anschließend wurde ich in die Zelle gebracht. Als die Tür hinter mir geschlossen wurde, nahm ich in voller Härte wahr, dass ich völlig entrechtet worden war: ein unerträglicher Zustand.

In meiner Zelle herrschte absolute Stille. Ich starrte auf die geschlossene Tür. Es kam mir so vor, als ob ich in einer Streichholzschachtel eingesperrt wäre. Ich wusste, dass diese Tür sich nie öffnen würde, außer wenn mein Vernehmer sich dazu entschied. Nach jedem Verhör fragte ich mich, ob ich auch am folgenden Tag zum Verhör gehen musste. Ich war hin- und hergerissen, ob ich die Verhörsitzung oder die geschlossene Tür bevorzugen sollte. In der ersten Nacht schreckte ich auf, als die Lichter erloschen, und rief laut: «Was macht ihr?» Eine Stimme antwortete: «Nachtzeit, schlaf!» Die ganze Nacht lag ich hellwach da, bis ich kurz vor der Morgendämmerung den Gebetsruf hörte. Ich konnte nicht schlafen. Die Umgebung war mir fremd und sehr unangenehm. Es war die erste Nacht, in der ich nicht bei meinen Eltern war. Ich wusste nicht, wie es ihnen ging, was sie machten. Ich wusste nicht, was mich erwartete. Ich wollte rauchen, mir wurde aber keine Zigarette gegeben.

Ich hatte nichts, um mich zu beschäftigen und abzulenken. Ich war vollkommen isoliert, und mir schien alles unklar. Das Warten war extrem anstrengend. In Einzelhaft kann man nur denken. Ich dachte über das Verhör nach, über meine Reaktionen auf meinen Verhörer. Und wenn ich alles zu Ende gedacht hatte, wusste ich nicht, was ich noch tun könnte. Ich wünschte mir Schlaf, um nicht nachdenken zu müssen, nicht an die bittere Wahrheit erinnert zu werden.

Was konnte Dich, zumindest kurzfristig, auf andere Gedanken bringen?
Oft dachte ich an Dinge, die mir vor meiner Verhaftung unwichtig vorgekommen waren und die ich vermisste. Ich suchte akribisch in meinem Gedächtnis. Ich versuchte mich an die Bücher, die ich gelesen, und die Lieder, die ich gehört hatte, zu erinnern. Während der ersten Tage in meiner Zelle dachte ich, niemand höre mich. Bis ich eines Tages ein Klopfgeräusch hörte. Auch wenn es ein vages Geräusch war, immerhin war da eins. Da war jemand, der dieses Geräusch machte und die Stille durchbrach. Ab diesem Moment habe ich versucht, meine Mitgefangenen zu erreichen, Wege zu finden, um mit ihnen zu kommunizieren, Spuren zu hinterlassen. Das war unterhaltsam und brachte mir Freude, auch wenn sie von kurzer Dauer war. Nachts, in der Stille meiner Zelle, hörte ich manchmal laute Männerstimmen. Ich wusste nicht, wieso sie schrien. Ich stellte mir vor, dass sie gefoltert wurden. Dann überwältigten mich Angst, Sorge und Unbehagen. Es war, als ob meine Zelle noch un-

heimlicher wurde. Später habe ich erfahren, dass es die Soldaten waren, die sich auf ihren Wachtposten Dinge zuriefen. Manchmal, wenn ich mit dem Kopf auf dem Boden lag, hörte ich leise einen Mann weinen. Einmal klopfte ich auf den Fußboden, um ihm zu zeigen, dass er nicht allein sei. Er klopfte zurück und hörte auf zu weinen. Der Gebetsruf in unserem Trakt war mir fremd und klang sehr seltsam. Er kam mir vor wie ein Todessignal und versetzte mich in schlechte Stimmung. Die Zeit meiner Einzelhaft lag im Monat Muharram, in dem viele religiöse Trauerzeremonien gefeiert werden. Die Klagelieder, die ständig aus den Lautsprechern kamen, machten mich nervös.

Wie war das Essen?

Zum Frühstück gab es Brot und Käse mit Tee. Manchmal gab es um elf Uhr ein Glas Milch oder Obst und dann Mittagessen. In unserem Trakt gab es zweimal täglich Ausgang zum Hof: vormittags und nachmittags. Es war kalt, und ich ging nur nachmittags raus. Nach diesem Hofgang gab es Tee und gegen sechs Uhr das Abendbrot. Ich hatte oft keinen Appetit, aß aber trotzdem. Um elf Uhr nachts wurden die Lichter ausgemacht.

Wurdest Du bei deiner Verhaftung darüber unterrichtet, was genau Dir vorgeworfen wurde?

An dem Tag meiner Verhaftung wurde ich zum Verhör gebracht, nachdem ich meine Kleidung durch die Gefängnisuniform ersetzen musste und mir meine Zelle zugewiesen wurde. Ich wusste noch nicht, was mir vorgeworfen wird. Die Verhörzelle war so klein, dass es nur für einen Stuhl reichte. Vor dem Stuhl war eine Glasscheibe, durch die ich nichts sah, aber gesehen werden konnte. Als die Tür geschlossen wurde, versank alles in Stille. Dann begann mein Verhör.

Ich erkannte die Stimme meiner Freundin S. Ich sollte wissen, dass sie auch meine Freunde verhaftet hatten. Am Tag danach wurde ich zur Staatsanwaltschaft gebracht und in einem Gebetsraum festgehalten. Sogar mein Mittagessen habe ich dort bekommen. Bis spät am Abend war ich dort. Gegen zehn Uhr wurde ich zum Büro eines Staatsanwalts namens Khorshidi gebracht. Mein Verhörer und ein anderer Justizbeamter waren ebenfalls anwesend. Der Verhörer sprach mit einen starken nordiranischen Dialekt. Der Staatsanwalt las die Anklagepunkte gegen mich vor und reichte mir das Blatt Papier. Ich glaube, es waren achtzehn, ja sogar zwanzig Anklagepunkte: Sabotage gegen die nationale Sicherheit, Teilnahme an konspirativen Versammlungen, Blasphemie ... Während ich das Papier las, wurde mir wiederholt die Todesstrafe angedroht. Ich habe auf das Blatt geschrieben, keinen der Anklagepunkte anzuerkennen. Meine Hand zitterte, meine Stimme auch. Ich hatte einen Kloß im Hals. Mit aller Kraft versuchte ich, mich zu kontrollieren. In diesem Gebäude war ich allein mit diesen Männern. Sie logen mich an, sie bedrohten mich, sie machten mir Angst. Sie sagten sogar, dass sie meine Schwestern verhaftet hätten. Sie wollten mich zu einer Aussage zwingen. Ich sollte die Anklagepunkte zugeben. Wenn ich gestehe und kooperiere, könnte ich der Todesstrafe vielleicht entkommen, sagten sie. Ich glaube, ihnen war bewusst, dass sie zu weit gingen. Am Schluss brachte mir einer von ihnen ein Glas Wasser. Gegen Mitternacht geleiteten sie mich zu einem Auto. Während der Fahrt sprach der Mann im Gilaki-Dialekt[58] in einer vertraulichen Art zu mir, als ob er alle meine Angehörigen kenne. Ich gab keine Antwort.

Wie hast Du Deine Zeit in der Zelle gestaltet?

Morgens, als ich aufwachte, habe ich meinen Tee so langsam wie nur möglich getrunken. Dann sammelte ich meine Haare vom Teppich auf und auch die Brotkrümel. Ich habe langes, dichtes, lockiges Haar. Jeden Tag verbrachte ich viel Zeit mit dem kleinen Kamm, den ich zur Verfügung hatte, um mich zu kämmen. Manchmal lehnte ich mich an die zusammengerollten Decken, betrachtete eine der Wände und versuchte, im Stein des Wandsockels Muster und Formen zu entdecken. Ich fütterte die Ameisen in meiner Zelle mit Brotkrümeln, zeichnete mit dem Löffel auf meinem Teller. Da ich wegen der Kälte oft Schmerzen in den Beinen hatte, machte ich mit Hilfe von Wasserflaschen Übungen. Ich ging in meiner Zelle immer die Wände entlang. Davon wurde mir schwindlig. Ich hatte das Gefühl, die Wände näherten sich mir. An einer der Wände klebte ein kleiner Zeitungs-

---

58 Gilaki, eine nordwestiranische Sprache, gesprochen in der Provinz Gilan, Nordiran.

ausschnitt. Unzählige Male habe ich ihn gelesen. Was auf die Wände geschrieben war – Namen, Gedichte und Notizen –, habe ich immer wieder gelesen. Ich kannte sie alle auswendig. Als ich nach fünfzig Tagen einen Stift bekam, habe ich die Wände mit meinen Lieblingsgedichten vollgeschrieben.

Wie war es mit der Körperhygiene?

Alle zwei Tage gab es die Möglichkeit zu duschen. In einem kleinen Waschraum befanden sich vier Duschkabinen. Zwei davon waren den Gefangenen zugewiesen. Der Waschraum wurde durch eine Kamera videoüberwacht. In der Duschkabine fürchtete ich, beobachtet und aufgenommen zu werden. Unsere Duschzeit war auf zwanzig Minuten beschränkt. Ich benötigte aber bestimmt eine halbe Stunde, allein, um meine Haare zu waschen. Ich hatte kein gutes Shampoo und keine Haarspülung zur Verfügung, was die Haarpflege zusätzlich erschwerte. Während meiner Zeit in der ersten Zelle, von der aus ich keinen freien Zugang zur Toilette hatte, musste ich immer warten, bis ein Wärter die Tür öffnete und mich zur Toilette begleitete. Manchmal haben sie mich mehrere Stunden warten lassen. Nachts habe ich nie Wasser getrunken, da uns der Gang zur Toilette nachts versagt war.

ATENA DAEMI

Wie war die Atmosphäre
während der Verhörsitzungen?

Die beiden Beamten, die mich verhörten, hatte ich bereits bei meiner Verhaftung gesehen. Einer, der mir die Fragen aufschrieb, gab sich ruhig. Der andere übernahm die Rolle des Aggressiven. Die Verhörräume waren kalt. Ich habe schon am Anfang meiner Verhörphase gesagt, dass ich von meinem Recht zu schweigen Gebrauch machen möchte. Sie beschimpften und bedrohten mich immer wieder und erschreckten mich mit plötzlichen lauten Geräuschen. Einmal stand ich, als Reaktion auf ihre Beleidigungen, auf und bestand darauf, dass sie mich in meine Zelle brachten. «Wir werden Dich nicht mehr zum Verhör rufen. Wir werden Dich in Unwissenheit und Unsicherheit lassen», drohten sie mir. Zwei Tage bin ich nicht zum Verhör geholt worden. Als es wieder anfing, verweigerte ich erneut die Aussage. Es wurde ein weiterer Beamter hinzugezogen, den die anderen beiden Sardar[59] nannten. Er sprach höflich zu mir. Ich erklärte, dass ich keine Aussagen machen werde, solange die Verhörbeamten mich beschimpfen und beleidigen. Der Mann kritisierte die Beamten, sagte jedoch, dass meine Aussagen nicht länger nötig seien, da sie genügend Beweise gegen mich hätten.

Am siebzehnten oder achtzehnten Tag der Verhörphase wurde ich zu einem anderen größeren Verhörraum gebracht. Darin standen mehrere Stühle mit Blick zur Wand. Der Raum hatte ein Fenster auf der linken Seite. Ein Tisch

59   Offizier der Revolutionsgarde.

stand auf der rechten Seite. Zuerst war ich allein in diesem Raum. Dann sah ich, wie sie eine meiner Bekannten hereinbrachten und befragten, wie sie antwortete und den Raum verließ. Sie brachten eine weitere Bekannte von mir, befragten sie und führten sie hinaus.

An diesem Tag gaben sie mir zum ersten Mal seit meiner Verhaftung eine Zigarette. Es wurde mir auch erlaubt, zu telefonieren. Ich war schockiert. Sie hatten mich mit ihrer Strategie zutiefst traumatisiert. Dennoch reagierte ich mit Sarkasmus und Ironie. Dadurch fühlte ich mich stabiler. Ihre Wut auf mich nahm ebenfalls zu. Sie versuchten weiterhin, uns gegeneinander auszuspielen. Mehrmals konfrontierten sie uns miteinander und befragten uns gemeinsam. Ich akzeptierte weiterhin keinen ihrer Vorwürfe. Sie wollten, dass ich die Zugangsdaten zu meinem Laptop und zu meinen Social-Media- und E-Mail-Accounts rausgab, was ich bis heute verweigert habe. Wegen meiner Verweigerung der Aussage wurde mir Vertuschung der Beweismittel vorgeworfen.

Wie lange dauerte diese Verhörphase?
Annähernd fünfundvierzig Tage. Sogar während der religiösen Feiertage von Ashura und Tasua[60] wurde ich verhört. Die Sitzungen dauerten lange. Mein Essen, mittags, aber auch immer wieder abends, wurde mir im Verhörraum

60   Neunter und zehnter Tag des Monats Muharram, an denen Schiiten des Todes des für sie dritten Imams Hussein in der Schlacht von Kerbela gedenken.

gegeben. Der Freigang zum Hof wurde mir während der Verhörtage oft untersagt. Nach der Verhörphase hatte ich das Privileg, Stift und Zeitung zu erhalten. Später bekam ich auch einen Fernseher in meine Zelle. Nach zwanzig Tagen wurde ich in eine weitere Zelle verlegt, die ich mit einer Mitgefangenen, Mahdieh Golroo[61], teilte. Die ersten fünfzig Tage meiner Haftzeit, bevor ich zu diesen Privilegien kam, war meine Situation außerordentlich schwer zu ertragen. Danach wurde es etwas besser. Ich war nicht länger allein mit den Wänden meiner Zelle.

Wie waren Deine Besuchs- und Telefontermine geregelt?

Den ersten Anruf durfte ich erst am achtzehnten Tag meiner Haftzeit tätigen, danach hatte ich einmal in der Woche je vier Minuten. Der erste Besuch war am fünfundzwanzigsten Tag nach meiner Verhaftung. Anschließend hatte ich jeden Donnerstag eine Stunde Besuchszeit von jeweils drei Mitgliedern meiner Familie. Die Treffen fanden in einem kleinen Raum statt, während der Wärter hinter der Tür stand.

---

61 Iranische Journalistin und Menschenrechtsaktivistin.

Was bedeutete der Besuch Deiner Familie für Dich?

Ihre Besuche waren extrem wichtig für mich. Wenn ich sie ohne Begründung nicht sehen durfte, wurde ich sehr unruhig. Ihre Besuche brachten mir Sicherheit. Und darüber hinaus konnte ich mich durch sie über den Stand der Ermittlungen gegen mich informieren.

Besuche sind lebensnotwendig für die Gefangenen. In unserem Trakt hatten wir keinen Spiegel. So kam es, dass ich nur über die Beschreibungen meiner Mutter erfahren konnte, wie ich aussah. Das war eine neue Erfahrung. Nach der Verhörphase konnte meine Familie bewirken, dass ich medizinisch untersucht wurde. Ich hatte Schwindelanfälle und auch Taubheitsgefühle in meinen Gliedern. Zu weiteren Untersuchungen wurde ich ins Baghiyyatollah-Krankenhaus gebracht. Leider bin ich, bevor die Ergebnisse vorlagen, zurück zum Gefängnis gebracht worden, in eine Gruppenzelle, in der eine große Anzahl Gefangener ihre Haftzeit verbrachte. Hier hat sich mein Gesundheitszustand, aufgrund des Mangels an Tageslicht und frischer Luft, körperlich, aber auch seelisch verschlechtert. Später erfuhr ich, dass viele Inhaftierte diese Leiden mit mir teilten.

Was denkst Du über die Einzelhaft?

Die Einzelzelle ist wie eine geschlossene Box. Man ist der Enge dieser Box und der eigenen Isoliertheit ausgeliefert. Das Warten pocht in dieser Zelle wie ein Hammerschlag.

Nur die anderen, die Wärter, haben die Macht, die Tür zu öffnen. Während der Tage in Einzelhaft habe ich es vermieden, meinen Blick auf diese geschlossene Tür zu werfen.

ZAHRA ZEHTABCHI

Übersetzung: Niloufar Rahi
und Maliheh Sharifzadeh

Zahra Zehtabchi (geboren 1969) ist Soziologin. Sie wurde vom Geheimdienst am 16. Oktober 2013 auf der Straße verhaftet. Von diesem Tag an bis August 2014 befand sie sich in Einzelhaft und wurde regelmäßig verhört. Die Gerichtsverhandlung dieser Gesellschaftsaktivistin fand im darauffolgenden Jahr, am 1. August 2015, statt. Im Anschluss an ihre Festnahme wurden zudem ihr Ehemann Seyyed Javad Khoshniat-Nikoo und die beiden Töchter Narges und Faezeh für einige Tage inhaftiert. Zahra Zehtabchi befindet sich seither im Gefängnis. Bis heute verwehrt man ihr jeglichen Ausgang. Sie wurde bereits zuvor, im Jahr 2009, im Zusammenhang mit einer Umfrage für die studentische Vereinigung Universitärer Jihad[62] der Universität Teheran zu den Ergebnissen der Präsidentschaftswahlen im

---

62   Jehad Daneshgahi (Jehad: Anstrengung, Kampf, Bemühung, Einsatz, im religiösen Sinne, auf dem Wege Gottes): Forschungseinrichtung für Wissenschaft und Technologie, dem Obersten Rat der iranischen Kulturrevolution unterstellt.

133

Iran kurzzeitig festgenommen. Zahra Zehtabchi wurde
wegen eines Fotos ihres Vaters, Ali Asghar Zehtabchi,
der als Befürworter der Mudschahedin in den 1980er-
Jahren hingerichtet wurde, angeklagt, Verbindungen
zu dieser Organisation zu haben. Sie wurde durch den
Richter Salavati zu zehn Jahren Haft verurteilt.

Wann und wie wurden Sie verhaftet?

Am 14. Oktober 2013 wurde ich auf der Straße verhaftet. Ich kam umgehend in eine Einzelzelle. Sie brachten mich in den Zellentrakt 209 des Geheimdienstes im Gefängnis Evin. In den ersten dreiunddreißig Tagen hatte ich zu niemandem Kontakt. Als ich festgenommen wurde, erfuhr ich, dass auch mein Ehemann verhaftet worden war. Er nahm und nimmt an keinerlei Aktivitäten teil. Der Chef der Strafverfolgung trat mir mit einem Durchsuchungsbefehl entgegen, und wir gingen zu unserer Wohnung. Niemand war zu Hause. Sie haben die Wohnung durchsucht und meine privaten – und auch andere Gegenstände entnommen. Von dort brachten sie mich zur Wohnung meiner Mutter. Es war ein Feiertag, und meine Töchter waren bei meiner Mutter. Als wir schließlich im Gefängnis Evin ankamen, war es einundzwanzig Uhr. Die Gefängnisbeamten hatten im Haus meiner Mutter zudem meine Schwester und meine älteste Tochter festgenommen.

Ich erfuhr, dass mein Ehemann, meine Schwester und meine Tochter im Zellentrakt 209 inhaftiert waren. Sobald ich dort ankam und mich umgezogen hatte, brachten sie mich zum Verhör. Javad, meine Schwester und meine Tochter befanden sich in den anliegenden Zellen und wurden ebenfalls verhört. Ich konnte ihre Stimmen hören. Dreiunddreißig Tage lang hatte ich keine Erlaubnis zu irgendeinem Kontakt.

Wie lange wurden Sie verhört?

Während der vierzehn Monate Einzelhaft wurde ich drei Monate lang verhört. Ungefähr alle zehn Tage kam ein Vernehmungsbeamter. Das Verhör begann zwischen neun und zehn Uhr morgens. Zur Mittagszeit blieb ich, bis die Beamten ihr Mittagessen zu sich genommen hatten und zurückkamen, in die Verhörzelle. Meistens dauerte das Verhör bis drei oder vier Uhr nachmittags. Während der Verhöre hatte ich nicht viel zu sagen.

Ab wann durften Sie telefonieren?

Nach drei Monaten endeten die Verhöre, und ich durfte sonntags zu Hause angerufen. Als ich das erste Mal anrief, sagte mir meine Mutter, dass mein Mann nach zwanzig Tagen, meine Schwester nach zehn Tagen und meine Tochter nach einem Tag freigelassen worden waren. Ich hatte von ihnen nichts mehr gehört. Alle fünfzehn Tage durfte mich jemand besuchen. Später erfuhr ich, dass sie meinen Mann geschlagen hatten, obwohl er weder aktiv war, noch Interesse an politischer Arbeit hatte.

Wie beschäftigten Sie sich nach dem Ende der Verhöre im Gefängnis?

Nach drei Monaten, also nach den Verhören, gaben sie mir täglich eine Zeitung und später auch ein Fernsehgerät, das ich zwischen neun Uhr morgens und zehn Uhr abends anschalten durfte.

Erzählen Sie mir von den Gegebenheiten in der Gefängniszelle.

In den ersten drei Monaten war ich in einer Zelle, die sehr weit oben ein Fenster mit Eisenrahmen hatte, aber das Fenster war mit einer gelochten, metallenen Platte abgedeckt, die das Licht kaum durchließ. Ich war auf dem dritten Gang. Diejenigen, die im Zellentrakt 209 waren, wissen, je höher die Nummer des Ganges ist, desto dunkler sind die Zellen und desto schlechter ist die Luft darin. Ich war in der letzten Zelle auf dem Gang. Es war Winter und sehr kalt. Wegen der Kälte wickelte ich die Decke fest um mich und hoffte, dass mir etwas wärmer würde. Ich betete, dass die Sonne auf das Dach der Zelle scheine, damit die Wärme der Sonne das Innere der Zelle erreiche. Es war so kalt, dass ich nicht aufstehen konnte, um in der Zelle auf und ab zu gehen. Bis zum Nouruz-Fest war ich auf dem dritten Gang. Dann wollten sie den dritten Gang mit Männern belegen und brachten mich auf den ersten Gang. Ich war die einzige Person dort. In den ersten drei Monaten gab es viele Einschränkungen. Das Essen hat mir nicht geschmeckt. Sogar kaltes Wasser zum Trinken wurde mir verweigert und ich sollte Wasser aus dem Hahn trinken. Sie gaben mir nicht einmal einen Besen, um meine Zelle zu fegen. An drei Tagen in der Woche durfte ich für zwanzig Minuten in den Gefängnishof gehen. An drei Tagen in der Woche durfte ich mich im Waschraum waschen. Freitags durfte ich weder nach draußen noch duschen.

Wie war die Sicherheitslage während der Einzelhaft?

Ich hatte keine Toilette in meiner Zelle und musste jedes Mal eine Augenbinde tragen, wenn ich meine Zelle verließ, um zur Toilette zu gehen, obwohl die Toilette nur ein paar Schritte von meiner Zelle entfernt war. Stellen Sie sich vor, ich war vierzehn Monate lang in dieser Zelle, und jedes Mal, wenn ich zur Toilette gehen wollte, musste ich die Augenbinde tragen. Für lange Zeit wurde ich sowohl beim Austreten aus als auch beim Eintreten in die Zelle durch eine Gefängnisbeamtin körperlich durchsucht. Ich fragte: «Weder in meiner Zelle noch im Waschraum ist außer mir irgendjemand, und ich besitze keinerlei Gegenstände, weshalb also untersuchen Sie meinen Körper?» Sie beantworteten meine Frage nicht und fuhren mit der Durchsuchung fort. Einmal kam der Chef des Zellentraktes 209 und fragte, ob das Essen gut sei. Allerdings hatte er mir diese Frage schon mehrfach gestellt. Ich antwortete: «Ich bin doch kein Schaf, dass Sie mich ständig fragen, wie das Essen war. Sehen Sie sich meine Situation an! Seit Monaten lebe ich alleine in dieser Zelle, und sobald ich aus dieser Zelle austrete, um zur

Toilette zu gehen, werde ich körperlich untersucht. Was soll diese Belästigung?» Allerdings wusste ich, dass die Durchsuchungen auf Befehl durchgeführt wurden und er sie befolgen musste.

Wie waren Ihre gesundheitliche Situation und die medizinische Versorgung?

Einmal brach mir ein Zahn ab. Ich wollte zur Krankenstation gebracht werden, doch sie ließen mich nicht. Mein Zahn entzündete sich, und mein Gesamtzustand verschlechterte sich. Trotzdem brachten sie mich nicht auf die Krankenstation. Eine Gefängniswärterin gab mir, ohne dass ich auf der Krankenstation war und ohne Rezept eines Arztes, ein paar Tabletten und sagte, sie hemmen die Entzündung. Ich hatte keine andere Wahl, als die Tabletten der Gefängniswärterin einige Tage lang zu nehmen. Nach einiger Zeit führte der Chef des Zellentraktes 209 seinen Kontrollgang durch. Ich habe ihm gesagt, dass mein Zahn abgebrochen sei und dass ich Probleme beim Essen und Schmerzen habe. Außerdem hatte sich der Zahn entzündet. Er erwiderte: «Ich werde den Befehl geben, sich darum zu kümmern.» Daraufhin wurde ich in den Keller des Zellentrakts 209 gebracht. Ich kam in einen Raum, in dem eine Tischtennisplatte und ein Stuhl standen. Ich setzte mich auf den Stuhl. Es kam ein älterer Mann, der sich meinen Zahn anschaute und sagte, dass nichts getan werden könne. Ich müsse es aushalten. Er gab mir eine Packung Zahnseide und ging. Bis zum Ende meiner Einzelhaft hatte ich einen abgebrochenen Zahn.

ZAHRA ZEHTABCHI

Wie verbrachten Sie Ihre Zeit in der Gefängniszelle?

Einmal, als der Vorgesetzte der Vernehmungsbeamten zu mir kam, habe ich ihn gefragt, ob ich nicht zumindest einen Kugelschreiber und ein Heft bekommen könne. Ich hatte nur einen Koran und eine Mafatih[63], nicht einmal eine Nahdsch al-Balagha[64] hatte ich. Nach einigen Monaten beantragte ich diese, bekam sie und las darin. Für die vierzehn Monate in Einzelhaft hatte ich mir einen Plan aufgestellt. In der Zeit las ich den Koran vierzehn Mal. Täglich las ich einen Dschuz[65] aus einem Koran mit Interpretationen. Als ich die Nahdsch al-Balagha erhielt, habe ich sie in mein tägliches Leseprogramm aufgenommen. Morgens schlief ich nicht weiter, nachdem ich zum Morgengebet aufgestanden war, sondern machte Sport. Zweimal täglich tat ich das: einmal morgens und einmal nachmittags. Wenn sie nach dem Sport morgens eine Tasse Tee in einem Einweg-Plastikbecher brachten, aß ich mein Frühstück. Normalerweise bestand es aus einem Stück Brot mit etwas Marmelade und Butter. Freitags gab es zusätzlich noch ein Ei. An manchen Tagen, z.B. an Samstagen, war das Essen sehr schlecht, und ich aß es nicht. Jede Woche montags und donnerstags fastete ich. Die Tage meiner Haft markierte ich täglich mit einem Strich

---

63 Koranexegese.

64 Nahdsch al-Balagha ist eine Sammlung der Predigten, Aussprüche, Ratschläge, Verfügungen, Briefe und Maximen des Befehlshabers der Gläubigen, Ali ibn Abi Talib (a.), dem Cousin und Schwiegersohn des Propheten Mohammeds.

65 Dschuz: Maßeinheiten (ein 30. Teil) des Korans.

an der Wand. Ich versuchte, nicht zu viel zu schlafen. An der Wand stand das Geschriebene der früheren Gefangenen, was ich immer wieder durchlas. Aus diesem Grund wurden die Zellen alle paar Monate gestrichen. Im Verlauf des Tages lernte ich Verse des Korans auswendig. Drei Suren[66] habe ich auswendig gelernt. Manchmal schrieb ich etwas an die Wand. Als ich einmal vom Waschraum zurück in meine Zelle ging, sagte die Gefängniswärterin zu mir, dass sie die Wände für mich gereinigt habe.

Wie wurde gerechtfertigt, dass Sie so lange in Einzelhaft gehalten wurden?

Ich wurde am 15. Oktober 2013 verhaftet. Drei Monate lang wurde ich verhört. Anschließend wurde ich in meiner Zelle in Ruhe gelassen. Meine erste Gerichtsverhandlung fand am 8. April 2014 und die letzte am 7. Dezember des gleichen Jahres statt. Der Richter in meinem Fall war Salavati. Die Sitzungen der Verhandlung wurden ohne ernsthafte Begründung verschoben. Als ich zur ersten Sitzung zum Gericht ging, wartete ich stundenlang auf den Richter. Sie sagten mir, dass er gerade bei Neujahresbesuchen und noch nicht gekommen sei. Ich wurde gefragt, ob ich einen Anwalt habe. «Nein, ich wurde auf der Straße festgenommen und war bis jetzt in meiner Zelle, ohne Kontakt zu jemandem aufnehmen zu dürfen.» Sie wiesen mir einen Pflichtverteidiger zu. Nachdem ich einige Monate sinnlos in der

66   Sure: Kapitel des Korans.

Zelle verbracht hatte, bin ich erneut in das Dezernat 15 gebracht worden. Die Gerichtsverhandlung fand wieder nicht statt. Mein Vernehmer, Herr Alavi, sagte: «Deine Taten sind schwerwiegend, und Dich erwartet die Todesstrafe. Der Pflichtverteidiger hat die Akte gelesen und Angst bekommen. Er hat Deine Akte nicht angenommen und ist gegangen.» Meine Mutter ist lange Zeit zu jedem Dezernat und zu verschiedenen Angestellten der Staatsanwaltschaft gegangen, bis die erste Gerichtsverhandlung stattfand. Ich wurde am 8. Dezember 2014 in den allgemeinen Zellentrakt für Frauen des Gefängnisses Evin versetzt. Am 10. Januar 2015 erhielt ich mein Urteil. Ich wurde zu zwölf Jahren Haft verurteilt. Im Berufungsgericht wurde das Urteil von zwölf Jahren Haft bestätigt, und nach Absatz 134 sind davon mindestens zehn Jahre abzusitzen.

Sie waren vierzehn Monate lang allein in einer Zelle eingesperrt. Hätten Sie gedacht, dass Sie eine solche Folter aushalten können?
Bis sechs Monate vor meiner Festnahme war ich noch nicht aktiv und während der sechs Monate auch nur wenig. Allerdings habe ich einen Beruf und innerhalb des Berufsfelds gearbeitet. In Bezug auf die Ereignisse des Jahres 2009 arbeitete ich an einem Projekt zur Meinungsumfrage im Auftrag des Büros des Revolutionsführers. Wir verteilten an öffentlichen Orten wie der Metro, auf den Straßen usw. Fragebögen an die Menschen und ließen sie ausfüllen. Eine Art Feldforschung, in deren Zuge Fragen wie «Haben Sie an den

Wahlen teilgenommen?», «Glauben Sie, dass die Aussagen über das Foltern und Töten der Menschen wahr sind?»[67] gestellt wurden.

Eines Tages bemerkte ich, als ich an der Metrohaltestelle Haft-e Tir[68] dieser Arbeit nachging, dass ein Herr neben mir stand. Er wirkte etwas verdächtig auf mich. Da ich legal arbeitete, machte ich mir jedoch keine Sorgen. Ich gab auch ihm den Fragebogen und sah, dass er in die Richtung der Station der Sicherheitskräfte am Haft-e-Tir-Platz ging. Er kam mit einem Polizeibeamten zurück, und sie nahmen mich mit. Wir fuhren nach Vozara[69], wo ich erklärte, dass ich meiner Arbeit offiziell nachgehe.

Unser Chef hatte allen Mitarbeitern der Studie im Vorfeld gesagt, dass wir ihn sofort anrufen sollen, wenn es Probleme gebe, jedoch wurde mir kein Anruf erlaubt, und ich wurde dortbehalten. Ich blieb eine Nacht in Vozara.

Dort ging es sehr schwierig zu. Morgens war es noch leer, aber ab nachmittags wurde es voll. Es wurden viele drogenabhängige Frauen hergebracht, und ich teilte den Raum mit einer Frau, die eine Zeitehe[70] eingegangen ist, und einer, die in einem Schneeballsystem aktiv war. Die sanitären Anla-

---

67 Bezieht sich auf die in der Einleitung genannte Umfrage im Namen der Jehad-Daneshgahi-Organisation.

68 Haft-e-Tir-Platz: bedeutende Kreuzung im zentralen Geschäftsviertel von Teheran.

69 Stadtteil in Teheran mit einem bekannten Haftzentrum.

70 Ein möglicher Hinweis auf eine Prostituierte, die, um der iranischen Gesetzgebung zu entsprechen, mit ihren Kunden eine kurzfristige legale Zeitehe eingeht.

gen waren stark verschmutzt. Das Essen kam in einem Aluminiumtopf, und die drogenabhängigen Frauen haben sich daraufgestürzt. Mein schlechtes Bild vom Gefängnis wurde dort geprägt. Die Nacht, die ich 2009 in Vozara verbracht habe, war bis dahin meine erste und einzige Erfahrung im Gefängnis.

Bei meiner nächsten Verhaftung im Jahr 2013 war die erste Nacht in der Zelle im Zellentrakt 209 sehr schwierig, und ich hatte ein sehr anstrengendes Verhör. Sie brachten mich von der Frauenabteilung in den Flur. Dort stand ich, als mich mein Vernehmer fest am Tschador packte und in die Zelle zog. Er fing an, mir zu drohen und mich zu beschimpfen. Er sagte, in ein paar Tagen würden sie noch zehn weitere Personen meiner Familie hierherbringen. Er beschimpfte meine Schwiegermutter und den Rest der Familie. Es herrschte eine Atmosphäre der Bedrohung und Beschimpfung. Der Vernehmer sagte: «Ich habe Dein Todesurteil schon vor einiger Zeit erhalten.» Ich durfte nichts erwidern. Sobald ich ansetzte, um etwas zu sagen, schrie er mich an, ich hätte kein Recht zu sprechen. Die ganze Nacht ging das so weiter. Er sagte: «Besorg Dir ein Leichentuch.» Plötzlich warf er einen Beutel vor mich. Als ich ihn öffnete, fand ich darin einige Banner. Auch das von mir eingerahmte Foto meines Vaters, der in den 1980ern hingerichtet wurde, hatten sie mitgenommen. Er fragte mich, ob ich jemanden aus dem Camp Ashraf[71] kenne. Ich verneinte und sagte, mein

71 Seit 1986 in Irak bestehende Ansiedlung von Anhängern der Organisation der Volksmudschahedin Iran.

Vater und meine Schwester wurden umgebracht. Aus meiner Wohnung hatten sie meinen Laptop, meinen Drucker und meinen Computer beschlagnahmt. Ich erinnere mich, dass ich am ersten Tag meiner Festnahme gegenüber der Tür des Evin-Gefängnisses stand, bis der Gefängnisbeamte kam und wir zur Durchsuchung meiner Wohnung fuhren. Die Vernehmungsbeamten sprachen so laut miteinander, dass ich sie hören konnte: «Der Soundso (der Vernehmer) schlägt die Angeklagten vor dem Verhör so lange, bis ...»

Ein Vernehmungsbeamter kam auf mich zu und gab mir einen Telefonhörer. Herr Alavi, der Vorgesetzte der Vernehmer, war am Telefon. Alavi vernimmt die Angehörigen der Organisation[72]. Er hat eine besondere Verhörmethode. Er beschimpft einen nicht. Er wollte meine E-Mail-Adresse haben, und ich sagte ihm, ich habe keine. Dann fuhren wir zu meiner Wohnung.

Erzählen Sie mir von Ihren Verhören. Haben die Vernehmer Sie tatsächlich zu Ihren Aktivitäten befragt?
In der ersten Nacht, nachdem sie mich in den Zellentrakt 209 gebracht hatten, fing umgehend das Verhör an. Javad, meine Schwester, Narges und ich wurden in getrennten Zimmern verhört. Ich hörte die Stimme meines Ehemannes. Vierunddreißig Tage lang diskutieren wir nur.

---

72 Hier ist die Organisation der Volksmudschahedin Iran gemeint (pers. sazman-e mujahedin-e khalq-e Iran).

Einmal sagte mein Vernehmer, dass ich schon zehn Tage vor meiner Festnahme unter ihrer Beobachtung gestanden habe und an dem Tag meiner Verhaftung, ab dem Zeitpunkt, an dem ich aus der Tür hinausgetreten bin, gefilmt worden sei. In den Gesprächen ging es eher um Ideologien, und ich hatte das Gefühl, dass sie mir etwas vorspielten und das richtige Verhör mir noch bevorstand.

Herr Alavi hat nicht viele Fragen gestellt, sondern eher diskutiert. Er sprach über verschiedene Themen, vor allem über die Organisation.[73]

Ich fragte bewusst nicht, ob meine Tochter und meine Schwester freigelassen worden sind. So kamen sie zu dem Schluss, dass sie mich, indem sie meine Familie bedrohen, nicht unter Druck setzen können. Aber umgekehrt hatten sie meine Familie mit Botschaften über mich unter Druck gesetzt. Die Vernehmer hatten eines Tages bei mir zu Hause angerufen und Narges gesagt: «Weißt Du, dass Deine Mutter hingerichtet werden soll?» Das war für meine Familie und für meine Töchter zermürbend. Meine Mutter ging zu den Richtern und beklagte sich. Als ich zu Hause anrief und von dem, was meine Familie durchmachen musste, erfuhr, setzte mich das natürlich unter Druck. Ich entschied mich zum Beispiel, keinen Widerstand mehr zu leisten und zu schweigen. Ich kannte meine Rechte nicht. Sie wollten mich der Muharaba[74] anklagen.

73 Organisation der Volksmudschahedin Iran.

74 Muḥaraba gilt im islamischen Strafrecht als eines der größten Verbrechen gegen die islamische Staatsordnung und gegen die

**Wenn sie keine speziellen Nachforschungen
anstellten, was denken Sie dann,
was sie suchten oder was sie wollten?**

Im Gericht habe ich Herrn Salavati gesagt, dass ich, sobald
ich aus dem Gefängnis entlassen werde, keinen Aktivitäten
mehr nachgehen würde. Salavati erwiderte, ich solle mit
dem Gutachter sprechen. Herr Alavi kam. Er sagte: «Wenn
Du es nicht bereust, musst Du schreiben und an einer Befragung teilnehmen.»[75] Im nächsten Schritt forderten sie, dass
ich gegen die Organisation aussage. Ich antwortete: «Der
Beweggrund für meine Aktivitäten in diesen sechs Monaten
war der, dass mein Vater zu Unrecht hingerichtet wurde, als
ich ein elfjähriges Kind war. Ich war nur elf Jahre alt, aber
es hat sich als eine bittere Erfahrung in meinem Gedächtnis festgesetzt. Genauso wird sich mit meiner Festnahme
und meiner Haft sowie der meines Ehemannes und meiner
Tochter eine schlechte Erfahrung im Gedächtnis meiner
jüngsten Tochter einprägen, die jetzt elf Jahre alt ist, so wie
ich damals. An dem Tag, an dem ihr das Haus meiner Mutter wegen mir durchsucht habt, habt ihr für meine Tochter eine bedrohliche Situation erzeugt, was mich an mich
selbst mit elf Jahren erinnert hat. Ich war euch gegenüber
nicht feindlich gesonnen, aber ihr hattet meinen Vater zu
Unrecht getötet. Ich hatte diese Aktivitäten wegen der und

soziale Sicherheit ihrer Bürger. In der Islamischen Republik Iran
wird der Terminus in Bezug auf Regimegegner angewendet.

75 Hier ist gemeint: einen Antrag auf Begnadigung schreiben und ein
ausführliches, im Fernsehen übertragenes Geständnis während
einer Befragung ablegen.

gegen die Ungerechtigkeit, die mir widerfahren ist, durchgeführt. Als ich elf Jahre alt war, habt ihr meinen Vater hingerichtet, meine Mutter festgenommen und meinen sechzehnjährigen Bruder wegen eines Flugblatts verhaftet und zu fünf Jahren Haft verurteilt. Davon saß er vier Jahre ab und wurde dann durch die Begnadigung des Ajatollahs Montazeri[76] entlassen. Ich habe nach vielen Jahren lediglich innerhalb von sechs Monaten ein paar Flugblätter verteilt, bis ich festgenommen wurde.»

Damit wollte ich mich über die Ungerechtigkeit beschweren, die mir und meiner Familie widerfahren ist. Ich hatte tatsächlich nichts getan, weshalb sie mich hinrichten lassen könnten oder mich wegen Muharaba hätten anklagen können, daher sagte ich: «Wenn es zu einer Befragung kommt, werde ich alles von Anfang an erzählen: von den 1980ern und von allem, was man mir genommen hat.» Am gleichen Tag, an dem Herr Alavi mit mir gesprochen hatte, rief er meine beiden Töchter an, einundzwanzig und elf Jahre alt, und vereinbarte mit ihnen ein Treffen im Park. Es war verabredet, dass er mich nach dem Gespräch zu meinen Töchtern führen würde. Als meine Mutter von dem

76 Hossein Ali Montazeri: iranischer schiitischer Geistlicher und Großajatollah, unter dem Regime Schah Mohammad Reza Pahlavis war er einer der bekanntesten iranischen Regimekritiker; nach der Islamischen Revolution 1979 enger Mitarbeiter Khomeinis; galt von 1985 bis 1989 als dessen designierter Nachfolger; seine öffentliche Kritik an Menschenrechtsverletzungen der iranischen Regierung führte 1989 zu einem Zerwürfnis mit Khomeini, der ihn dann kurz vor seinem Tod entmachtete.

Treffen der Mädchen mit Herrn Alavi erfuhr, erlaubte sie ihnen nicht, allein in den Park zu gehen, sondern begleitete sie. Zunächst ging meine Mutter vor und sprach mit ihm. Sie beschwerte sich unter anderem darüber, dass er ihre Tochter seit einem Jahr in Einzelhaft sperre. Es kam zu einem Streit. Aus diesem Grund hatte Herr Alavi gar nicht mit meinen Töchtern gesprochen. Am darauffolgenden Tag kam er in den Zellentrakt 209 und sagte: «Ich ging, um mit Deinen Töchtern zu sprechen, aber Deine Familie hat mich davon abgehalten.»

Später erfuhr ich, dass sie mit meinen Töchtern eine Befragung hatten durchführen und sie dabei filmen wollen. Auch von mir wollten sie eine Befragung aufzeichnen und dann von den Aufnahmen, ihren eigenen Vorstellungen entsprechend, Gebrauch machen, aber nach dem Zwischenfall haben sie das nicht weiterverfolgt. Ab diesem Tag behaupteten sie jedoch einige Monate lang, dass meine Akte verschwunden sei. Jedes Mal, wenn meine Mutter zur Gerichtsverwaltung, zur Staatsanwaltschaft oder zu jeder anderen Stelle ging, um nachzuforschen, behaupteten sie, die sei Akte verloren gegangen. So blieb ich in Einzelhaft, ohne zu wissen, wie es weitergeht. Nach einigen Monaten bat ich um ein Gespräch mit Herrn Alavi. Er kam, und ich fragte ihn, wo meine Akte sei. Meine Gerichtsverhandlung komme so nicht voran. Herr Alavi beschwerte sich über den Tag im Park und über den Umgang meiner Mutter. Nachdem wir gesprochen hatten, gab er mir eine Telefonnummer und ging. Jedenfalls tauchte meine Akte nach diesem Gespräch wieder auf.

Wurden Sie bedroht?

Als ich mich im Zellentrakt 209 befand, war der Druck auf meine Familie größer als der Druck auf mich. Mir wurde mehrmals von Herrn Alavi mit Hinrichtung gedroht. Während des Verhörs äußerte ich einmal den Wunsch, dass meine Familie und insbesondere meine Töchter während meiner Urteilsverkündung im Gericht anwesend sind. Herr Alavi sagte: «Nein, denn Dir steht ein Todesurteil bevor. Es ist besser, wenn Deine Töchter nicht dabei sind.» Auf meiner Familie lastete viel Druck. Meine Mutter hatte damit Erfahrung, aber meine Töchter waren jung. Sie waren sehr ängstlich und hatten große Sorgen. Sie sagten immer wieder: «Mama, wir wollen nicht das gleiche Unglück erleben, das Dir widerfahren ist.» Für meine Kinder war das sehr schwierig.

Wie vertraut waren Sie mit Ihren Rechten als Angeklagte?

Ich hatte keinerlei Kenntnis über meine Rechte. Ich konnte niemanden kontaktieren, auch nicht einen Anwalt. Ich hatte in den Zellen nur mit den Vernehmern zu tun. Ich hatte nicht einmal Kontakt zu Justizbeamten. Eines Montags, als ich fastete, nahmen sie mich mit zum Verhör. Sie legten mir meine Akte vor und sagten, dass ich jede Seite meiner Akte zu kommentieren und zu unterschreiben hätte. Ich habe von morgens bis abends alle Seiten unterschrieben und kommentiert. Ich wusste nicht, ob ich das tun musste oder nicht. Sie sagten, es sei für das Gericht und den Richter.

Haben Sie noch etwas über die Einzelhaft zu sagen?

Trotz aller Schwierigkeiten versuchte ich, die Zelle als Chance und nicht als Qual zu betrachten. Ich habe dort Dinge gelernt, die ich sonst nirgends hätte lernen können. Wenn ich nach meinem Verhör in meine Zelle kam, fragte ich mich, woher die Argumente kamen, die ich während des Verhörs vorgebracht hatte. Ich war völlig isoliert von der Außenwelt. Man zieht sich in solch einer Situation in sich selbst zurück, und ich habe das Gefühl, dass auch ich introvertierter wurde. Ich hatte den Koran schon rezitiert, als ich noch draußen war. Damals las ich jeden Tag zwei Seiten eines Korans mit den Interpretationen. Mit einer Gruppe von Freunden traf ich mich zum Studium des Korans. Ich hatte auch einen Jahresplan zum Koranlesen, jedoch las ich während meiner Einzelhaft den Koran in einem Jahr vierzehn Mal konzentriert, dazu die Interpretationen, was enorme Auswirkungen auf meinen Widerstand hatte. Mein Leben und mein Widerstand entstammten meinen religiösen Überzeugungen.

Während der Einzelhaft versuchte ich, nicht an die Freiheit und die Außenwelt zu denken. Ich brach komplett mit ihr. Der letzte Tag meiner Gerichtsverhandlung war der 7. Dezember 2014. Nach der Verhandlung ging ich zurück in meine Zelle. Am nächsten Tag fastete ich. Um 10:30 Uhr wurde ich gerufen. Ich ahnte nicht, was mir bevorstand. Ich verließ die Einzelzelle. Sie sagten mir nichts, und ich kam unerwartet in den allgemeinen Zellentrakt für Frauen des Gefängnisses Evin in einem anderen Gebäude, und die vierzehn Monate meiner Einzelhaft nahmen ein Ende.

NAZANIN ZAGHARI-RATCLIFFE

Übersetzung: Mahwash Sallehy

Nazanin Zaghari-Ratcliffe (geboren 1357[77] in Teheran) ist eine iranisch-britische Staatsbürgerin. Sie reiste im März 2016 für einen Besuch zum Neujahrsfest in den Iran ein und wurde bei ihrer Ausreise am 3. April 2016 im Flughafen Teheran verhaftet. Bei der Verhaftung hatte sie ihre zweiundzwanzig Monate alte Tochter Gabrielle dabei, im Interview wird sie Gisoo genannt. Im Flughafen wurde ihre Tochter von ihr getrennt und den Eltern Zaghari-Ratcliffes übergeben, auch der Reisepass ihrer Tochter wurde konfisziert.

Nazanin Zaghari-Ratcliffe wird nach der Verhaftung Spionage und Teilnahme am sogenannten Sanften Umsturz der Iranischen Islamischen Republik durch Zusammenarbeit mit ausländischen Instituten und Firmen vorgeworfen, und sie wird zu fünf Jahren Haft verurteilt. Anschließend transportiert man sie in die Stadt Kerman im Südwesten Irans am Rande der Lut-Wüste, etwa tausend Kilometer von Teheran entfernt,

---

77   Nach iranischem Kalender 1978.

und sperrt sie in eine Einzelzelle. Später wird sie in das
Evin-Gefängnis in Teheran verlegt. Richard Ratcliffe,
ihr Ehemann, und die Journalisten-Stiftung von Thom-
son Reuters[78], mit der sie zusammenarbeitete, bestreiten
die Anschuldigungen.

Woran erinnern Sie sich
zum Zeitpunkt Ihrer Verhaftung?

Am ersten Abend nach der Verhaftung wusste ich gar nicht,
wo ich war. Ich erinnere mich nicht, was passiert war und
was ich tat. Ich war geschockt und wusste nicht, was vor
sich ging. Niemand erklärte mir etwas, niemand sagte mir,
warum sie so mit mir umgingen. Warum nahmen sie mir
mein Kind weg? Am nächsten Tag verlegten sie mich nachmittags nach Kerman. Ich habe das später erfahren, dort hat
mein Verhör angefangen.

Wie war das Kerman-Gefängnis?
Waren Sie in Einzelhaft?

Im Zentralgefängnis von Kerman befanden sich vierhun-
dertzwanzig gefangene Frauen. Für all diese Frauen gab

---

78 Thomson Reuters Foundation, eine in London ansässige gemein-
    nützige Organisation von Thomson Reuters, einem kanadischen
    Nachrichtenkonglomerat. Die Stiftung ist in den USA und im Ver-
    einigten Königreich als gemeinnützig anerkannt und hat ihren
    Hauptsitz in Canary Wharf, London. Quelle: https://de.qaz.wiki/
    wiki/Thomson_Reuters_Foundation.

es sogenannte Einzelhaft. Mich haben sie am Anfang auch dorthin gebracht. Dabei handelte es sich um einen Raum mit einem schweren Eisentor und einem großen Schloss, das immer zugeschlossen wurde. Ein Fensterrahmen war in das Tor eingeschweißt. Die Größe des Raumes war etwa zwei mal zehn Meter. Es existierte auch eine halbhohe Mauer, hinter der eine Toilettenschüssel im Boden eingelassen war, daneben waren das Waschbecken und ein Mülleimer. Es gab auch einen Ventilator. Das Zimmer hatte kein natürliches Licht. Eine sehr helle Lampe, die Tag und Nacht brannte, war in der Mitte der Decke angebracht.

Hatten Sie Kontakt nach draußen und zu den vierhundertzwanzig Frauen?

Den ganzen Tag hörte ich die Stimmen der Frauen, und der Lärm hallte in meinem Kopf, aber ich hatte keinen Kontakt.

Wie war die Einrichtung in der Zelle?

Der Boden war aus Stein. Sie gaben mir eine schmutzige Decke als Unterlage und eine für die Jahreszeit ungeeignete Decke als Überwurf. Das Wetter war kühl, und ich schlief mit Hose, Manto[79] und einer Jacke.

---

79   Mantel oder lange Tunika, vorschriftsmäßige Alternative zum Tschador, der obligatorischen Bedeckung der Frauen in der Öffentlichkeit oder im Beisein männlicher Fremder bzw. ihnen, nach dem islamischen Gesetz, nicht als direkte Verwandte zugeordneter männlicher Personen.

Wie waren die hygienischen Verhältnisse
in der Zelle?

Die Hygiene war katastrophal. Ich hatte Glück, unbeschadet aus der Zelle herausgekommen zu sein. Wir hatten keine geeigneten Waschmittel. Es gab einen vollen Einwegbecher mit Handwaschmittel, um Becken, Toilette, Hände und Körper zu waschen. Manchmal gaben sie mir auch Kalkentferner. Wenn ich alleine war, hatte ich die Flüssigseife für mich allein, aber wenn sie noch andere Frauen in die Zelle brachten, um einige Tage mit mir dort zu verbringen, wurde die Situation ganz übel. Die Neulinge hielten sich nicht an die Hygieneregeln. Stellt euch vor, in dem Raum waren die Toilette und das Waschbecken. Wir aßen dort, wuschen uns und schliefen dort.

Wie war die Situation des Bades?

Ich ging nicht ins Bad, ich hatte ein Becken und eine Schüssel, und sie sagten: «Wasch Dich hier.»

Wie fühlten Sie sich dort?

Die erste Woche konnte ich kaum die Augen zumachen. Wenn ich den Kopf auf die Decke legte, hatte ich das Gefühl, dass mein Herz raste und mein Gehirn zerplatzte. Mithilfe eines kleinen hereinfallenden Lichtscheins konnte ich erahnen, ob es Tag oder Nacht war. Beim Ruf des Muezzins betete ich und wusste, ob es morgens, mittags oder abends war. Um zehn Uhr abends war dann Ruhezeit, und überall wurde es still. Nachts konnte ich kaum schlafen, und am Morgen wachte ich durch das Gezwitscher der Spatzen auf und wusste, dass ein neuer Tag begann.

Wie war das Essen?

Sie brachten uns drei Mahlzeiten: Frühstück, Mittagessen und Abendessen. Dazu gab es jedes Mal eine Flasche Wasser. Wenn ich außerhalb der Mahlzeiten Wasser wollte, verweigerten sie es mir. Sie sagten: «Du hast deine Ration schon erhalten.» Die Qualität des Essens war schlecht. Ich aß nur Brot, Käse und Marmelade. Die Temperaturen waren sehr hoch. Tagsüber war es heiß, und nur abends kühlte es ab. Tagsüber wurde die Luft in der Zelle sehr heiß und schlecht. Es gab keine Klimaanlage oder Kühlung. Die Toilette roch furchtbar übel. Wenn die arbeitenden Gefangenen oder die Wärterinnen uns das Essen brachten, hielten sie sich die Nase zu. Es war sehr beleidigend. Ein paarmal wurde mir sehr schlecht. Ich hatte Atemnot, und in der Zelle gab es keine frische Luft. Dort war es schon alleine furchtbar genug, aber wenn sie andere Gefangene dazubrachten, wurde es noch schlimmer. Einige Male brachten sie Süchtige hinein. Die Anwesenheit mehrerer Menschen und dazu noch Süchtige in einer so kleinen Zelle mit offener Toilette war sehr schwer auszuhalten.

Wie waren die Verhöre?

Vom ersten Tag an gingen die Verhöre los. In der ersten Woche wurde ich täglich verhört. Ab der zweiten Woche vier Mal in der Woche und danach drei Mal die Woche. Außer zu den Verhören konnte ich nicht raus, und ich hatte kein einziges Mal Ausgang. Als ich in Kerman war, habe ich sieben Kilo Körpergewicht verloren.

Wie war es mit Besuch?

In den sechs Tagen, in denen ich in Kerman war, hatte ich nur ein Mal Besuch und dann am einunddreißigsten Tag wieder. Das Treffen hat in einem Gasthaus stattgefunden. Ich traf meine Mutter, meinen Vater, Gisoo und meine Schwester. Nach dem Treffen ging es mir schlecht. Gisoo hatte sich verändert, sie hatte Zähne bekommen und mich nicht erkannt. Im ersten Moment, als sie hereinkamen, saß Gisoo auf dem Schoß meines Vaters, und ich habe sie auch nicht erkannt. Ich war so schwach, dass ich nicht stehen konnte. Gisoo klammerte sich an mich, und für Minuten bewegte sie sich nicht. Sie sah mal zu mir, mal zu meiner Mutter. Ich merkte, dass sie sich verändert hatte. Sie hatte Zähne bekommen, und sowohl ihre Haare als auch sie selbst waren gewachsen. Der Vernehmer hatte ihr eine Puppe mitgebracht, da sie in zwei Wochen Geburtstag hatte. Gisoo hat sich über die Puppe gefreut. Die Vernehmer haben uns gewarnt, dass in dem Zimmer ein Aufnahmegerät und eine Kamera installiert seien und wir nur über uns reden dürften.

Hatten Sie telefonischen Kontakt?

Der Telefonkontakt war nicht regelmäßig. Ob man telefonieren durfte, hing davon ab, wie zufrieden die Vernehmer mit einem waren. Wenn sie zufrieden waren, haben sie es genehmigt, sonst nicht. In der ersten Woche hatte ich die Genehmigung, aber danach nicht mehr.

Wie hoch war der Druck während des Verhörs?

Die Vernehmer drohten mir, dass ich ein schweres Urteil bekommen würde. Sie wollten von mir, dass ich die Spionage eingestehe. Sie sagten mir, ich würde meinen Mann nicht gut kennen und er wäre ein Spion und dass er mich bezüglich seines Arbeitsplatzes belogen hätte. Ich zeigte ihnen die E-Mails meines Mannes, die von der Arbeit gesendet worden waren, aber sie akzeptierten es nicht. An den Tagen, an denen sie mich überzeugen wollten, dass mein Mann ein Spion sei und auch ich für die Geheimdienste arbeiten würde, verschlechterte sich meine Situation drastisch, nachdem ich alles abgestritten hatte. Ich war vierzig Tage in Einzelhaft und achtzehn Tage in der Gemeinschaftszelle untergebracht. Die Vernehmer drohten mir damit, dass sie Gisoo nach London schicken würden, wenn ich nicht nach ihren Vorstellungen kooperiere. Sie sagten immer wieder: «Du hast deine Arbeit verloren, und wenn das hier länger dauert, wird Dich Dein Mann auch verlassen.» Diese Aussage störte mich und beunruhigte mich sehr. Sie wollten von mir, dass ich Informationen über meine Freunde und ihre Arbeitsprojekte liefere. Ich hatte drei Wochen fast nicht geschlafen, mein Kind nicht gesehen und stand unter enormem Druck. Manchmal sagte ich unter Druck Sachen, die nur unter diesen Umständen zustande kommen konnten. Der Vernehmer brachte sein iPad und zeigte mir auszugsweise das Verhör von Richard oder ließ es mich anhören. Ein Mal habe ich so viel geweint, dass ich ohnmächtig geworden bin. Ein anderes Mal ist mir während des Verhörs unter dem Druck schlecht geworden, und ich fiel vom Stuhl herunter. Der Vernehmer in Kerman misshandelte mich seelisch und psychisch. Ich litt sehr unter seinen Blicken und seinem Umgang mit mir. Ich hatte Angst vor ihm.

Wie war Ihr seelischer Zustand dort?
In Kerman ging es mir furchtbar, ich weinte, ich schrie. Ich las viel im Koran. Ich habe den Koran an die sieben Mal zu Ende gelesen. Ich sprach mit Gott und verlor dabei das Bewusstsein. Wenn ich zu mir kam, sah ich, dass Gebetsperlen in meiner Hand waren und ich auf dem Gebetsteppich lag. Vermutlich war ich lange ohne Bewusstsein gewesen. In Kerman wollte die Zeit nicht rumgehen, sie verging nur sehr schleppend. Hier[80] hatte ich diese Erfahrung nicht gemacht. Meine Tage wurden nicht zur Nacht und die Nächte nicht zum Morgen. Wenn das Verhör gut lief, fragte mich der Vernehmer, welches Essen ich mag, bestellte es, und es wurde mir gebracht.

80   Gemeint ist im Gefängnis in Teheran.

Wie war die Atmosphäre in dem Verhörraum?

Sie brachten mich von der Einzelhaft zu dem Ort, an dem die Verhöre stattfanden. Nach drei bis fünf Minuten Autofahrt legten sie mir eine Augenbinde um, sodass ich den Rest des Weges nichts sehen konnte. Dann kamen wir in ein Wohngebiet und fuhren zu einem Haus. Nachdem wir es betreten hatten, nahm ich die Augenbinde herunter. Ich betrat es ohne Schuhe und nur mit Socken. Die Eingangstür wurde immer von einem Herrn aufgeschlossen. Nebenan gab es ein Zimmer, in dem eine Person das Tippen und die Übersetzungen erledigte. Ich nahm meine Augenbinde ab und saß dort, bis der Vernehmer kam. Manchmal saß ich stundenlang dort, bevor er erschien. Sobald er da war, bereiteten sie die Kamera vor. Dann stellten sie eine Ledertasche davor, damit ich nicht sehen konnte, was er schrieb. Sie stellten eine weitere Tasche auf, um Video und Ton aufzunehmen. Während dieser Vorbereitungen musste ich wieder die Augenbinde anlegen. Einmal habe ich die Linse der Kamera gesehen. Wenn die Vorbereitungen zu Ende waren, nahm ich die Augenbinde wieder ab, und das Verhör begann. Manchmal gab es dazu Tee und Kuchen.

Als Sie in Kerman waren, wie waren Ihr seelischer und psychischer Zustand insbesondere in Bezug auf Gisoo?

Ich war enorm ängstlich und beunruhigt. Ich fragte mich dauernd, warum sie mir mein Kind weggenommen hatten, das ich bis vor Kurzem noch gestillt hatte. Morgens, wenn ich meine Augen aufmachte, suchte ich nach ihr. Ich hatte ein Bild von ihr vor Augen, wie sie sich im Schlaf die Haare aus dem Gesicht streift. Ich dachte, ich träume. Ich konnte nicht glauben, dass ich von ihr getrennt worden bin. Ich vermisste sie sehr. Ich vermisste es, sie zu baden und in den Schlaf zu wiegen.

Zurückblickend kann ich nicht genau sagen, an was ich genau gedacht habe. Ich erinnere mich nicht mehr an alles im Kerman-Gefängnis. Die Atmosphäre dort war so bedrückend, dass ich es einfach nur vergessen wollte. Ich und Gisoo waren vorher außer einer einzigen Nacht nie voneinander getrennt gewesen. Und nun hatten sie mein Kind von meinem Schoß gerissen. Ich dachte, sie hätte vielleicht Fieber. Sie hatte die Angewohnheit, ihre Hände auf mein Gesicht, auf meine Brust oder auf meine Hand zu legen.

Und ich überlegte, was sie wohl gerade macht, wie sie isst und wie sie schläft. Ich befand mich in einem extremen Angstzustand. Ich dachte, dass es nur noch ein oder zwei Tage dauern könnte. Mir war nicht klar, dass es so lange werden würde. Drei Tage nach der Verhaftung kamen drei Leute aus Teheran nach Kerman. Sie stellten mir verschiedene Fragen, unter anderem zu meiner Person. Außerdem sagten sie zu mir: «Sende Deinem Mann über ein Mobiltelefon eine Nachricht, dass Du am Samstag nach Hause kommst. Sag auch Deinen Eltern, es habe ein Missverständnis gegeben und dass Du am Samstag nach Hause kommen wirst.» Am Samstag nahmen sie mich dann wieder zum Verhör, und der Vernehmer sagte mir, ich würde nicht freigelassen. Man hätte dies an dem Tag positiv gesehen, wäre jetzt aber

wieder zu einer negativen Einschätzung gekommen. Ich
war wütend und protestierte und fragte, warum sie mir und
meiner Familie so viel Leid antun. Ich hatte einen so hohen
Puls und zitterte so stark, dass ich Angst bekam.

Inwieweit hat die Einzelhaft den psychischen Druck auf Sie und die Angst erhöht?

Sehr stark. Während der Einzelhaft hatte ich Panikattacken.
Sie war für mich wegen meiner Angst vor geschlossenen
Räumen und vor dem Alleinsein reinste Folter. Ich sagte
zu den Wächterinnen: «Lasst die Tür bitte nur einen Spalt
offen, damit ich euch sehen kann.» Ich würde mich dann beruhigen. Ich könnte dann zumindest einschlafen. Sie sagten
aber, es sei Vorschrift, die Tür und das darauf verschweißte
Fenster zu schließen. Neben den Angstzuständen in der
Haft hatte ich auch Depressionen, Sehnsucht und große
Sorgen. Ich sorgte mich um Richard und Gisoo, was machten sie nun? Die ersten dreißig Tage, in denen ich in Kerman
war, wusste niemand, wo ich war. Beim Telefonieren wurde
die Nummer unterdrückt, und ich durfte nicht über meinen
Verbleib sprechen.

Bei so viel psychischem Druck und anderen Krankheiten – suchten Sie den Gefängnisarzt auf?

Ich wurde wegen meiner Krankheiten nicht zur Gesund-
heitsversorgung gebracht. Ich litt unter Eisen- und Vitamin-
D-Mangel. Vor der Verhaftung wurde ich medikamentös

behandelt. Im Gefängnis verweigerten sie mir meine Tabletten. In der Haft verschlimmern sich die Krankheiten gewöhnlich, weil dort kein normaler Zustand herrscht. Die Einzelhaft war sehr schwer. Das Fenster, das an die Tür geschweißt war, hatte einen kleinen Spalt, und ich versuchte, aus ihm nach draußen zu sehen. Ich rief die Wächterinnen, die ich durch ihn sehen konnte. Ich klopfte an die Tür. Sie reagierten nicht. Sie knabberten Kerne[81], plauderten und tranken Tee. Wenn ich an die Tür klopfte, klopften sie zurück. Es bedeutete, sei still. Es hieß, wir helfen nicht. Das alles war Folter.

Wenn Sie sagten, Ihnen geht es schlecht und Sie bräuchten Hilfe, wurde sich um Sie gekümmert?
Wenn ich sagte: «Ich habe Hunger, gebt mir bitte ein wenig Brot mit Käse», oder wenn ich rausgehen wollte, antworteten sie nicht.

Wie verbrachten Sie oder füllten Sie die Zeit in der Zelle aus?
Ich hatte nicht die Kraft, mich zu bewegen oder Sport zu treiben. Ich war so unter Schock, dass ich nicht mal in der Zelle ein paar Schritte ging. Ich murmelte unentwegt: «Gott, hilf mir.» In der Zelle gab es einen Koran. Ich las andauernd darin. Die Atmosphäre in der Zelle war angsteinflößend.

---

81   Gemeint ist: Kürbis-, Wassermelonen- oder Sonnenblumenkerne.

Dort war ein Gegenstand ähnlich einem Rohr, circa zehn Zentimeter von der Wand entfernt, installiert. Er störte mich sehr. Ich wusste nicht, was das war. Bis die Leute, die in die Zelle kamen, mir erzählt haben, er wäre für die zu Tode verurteilten Gefangenen oder für die Bestrafung der Häftlinge angebracht. Sie hätten die Häftlinge an das Rohr gebunden. Es war furchtbar. Ich hatte große Angst. Ich fragte mich, wie viele Menschen ihre letzte Nacht an das Rohr gebunden hier verbracht haben mochten.

Ich hatte das Gefühl, ich würde die Menschen reden hören. In der Zelle gab es nichts außer einer Toilette, einem Eimer, zwei Decken, einem Koran und einer Mafatih[82].

Wie fühlten Sie sich, nachdem Sie Gisoos Stimme am Telefon gehört hatten?
Die Gespräche waren zu kurz. Was für eine Wirkung kann ein Drei-Minuten-Telefonat haben? Ich wollte mit Gisoo sprechen, aber sie ließen es nicht zu. Ich war im Schock, ich konnte es nicht glauben.

Das Telefonieren, Baden, Essen etc.: Änderte es Ihre Gedankenwelt oder Ihren seelischen Zustand?
Nein, ich genoss gar nichts, es hatte keinen Einfluss auf mich.

82   Koranexegese.

Hinter was waren die Vernehmer her?
Wonach suchten sie?

Sie versuchten mir etwas zu suggerieren, das nicht der Wahrheit entsprach. Sie sagten, sie hätten streng vertrauliche Informationen, dass ich für das Parlament[83] und gegen den Iran gearbeitet hätte. Ich war mir sicher, dass dies nicht der Wahrheit entsprach. Aber sie wiederholten es so häufig, dass ich nach der Rückkehr in die Zelle anfing, an mir selbst zu zweifeln. Ich fragte mich zum Beispiel: Haben wir nicht damals, als ich im Außenministerium war, über den Iran gesprochen? Eigentlich betrafen meine Projekte andere Länder. Stundenlang überlegte ich, ob meine Projekte, an denen ich gearbeitet hatte, überhaupt etwas mit dem Iran zu tun gehabt haben. Dann sagte ich mir: Ich bin mir hundertprozentig sicher, dass sie nichts mit ihm zu tun hatten. Aber nach jedem Verhör vergegenwärtigte ich mir wieder mehrere Male die Geschehnisse. Obwohl ich mir sicher war, zweifelte ich immer wieder, was auf die Beharrlichkeit der Vernehmer zurückzuführen war.

Ich litt durch die lange Zeit in der Haft an Amnesie. In der Zelle überlegte ich stundenlang, aber ich konnte mich nicht einmal mehr an die normalen und tagtäglichen Dinge erinnern. Ich erinnerte mich nicht an die Namen der Ausbildungskurse. Ich hatte jeden Tag für die Kurse gearbeitet, aber dort erinnerte ich mich nicht an sie. Die Vernehmer nannten Namen, die mir irgendwie bekannt vorkamen, aber ich konnte mich nicht erinnern, um wen es sich handelte.

83   Gemeint ist das britische Parlament.

Ich musste stundenlang über ganz normale und unproblematische Dinge, mit denen ich auf der Arbeit zu tun hatte, Aussagen machen.

Fünfundvierzig Tage in Einzelhaft und achtzehn Tage in der Gemeinschaftszelle in Kerman quälte ich mich mit solchen Themen. Die Wahrheit ist, dass das, was die Vernehmer behaupteten, in der Realität gar nicht existierte. Es gab überhaupt keine wichtige Angelegenheit, aber ich wurde stundenlang und tagelang für nichts und wieder nichts verhört.

Was ist nach sechzig Tagen in Kerman passiert?
Sind Sie wieder in die Einzelhaft verlegt worden?
Ich bin am 5. Juni 2016 nach Teheran verlegt worden. Erst haben sie mir gesagt, ich würde freigelassen. Ich rief meine Mutter an und sagte: «Mama, ich traue den Vernehmern nicht. Ich fürchte, dass sie mich nicht freilassen werden, sondern an einen anderen Ort verlegen wollen.»

In Kerman haben sie mich zu einem Gebäude gebracht, das der Sepah[84] gehörte. Wir traten in ein Zimmer ein, in dem rundherum Stühle standen. Ich habe in einer Ecke eine Kamera bemerkt. Ich sagte: «Ich soll doch verlegt werden, warum habt ihr mich hierhergebracht?» Sie sagten, dass mich hier jemand besuchen werde. Sie hatten sehr gutes

84 Sepah (Sepah-e Pasdaran-e Enqelab-e Eslami, Armee der Wächter der Islamischen Revolution): iranische Revolutionsgarde, paramilitärische Organisation, die mit der regulären Armee die Streitkräfte des Iran bildet, sogenannte Revolutionswächter.

Essen bestellt. Ich entgegnete: «Ich esse nicht.» Die Kamera lief, damit sie mich beim Verzehr eines festlichen Mittagessens aufnehmen konnten. In der Quarantäne hatten sie mir selbst ein wenig Käse mit Brot verweigert. Ich erinnere mich daran, dass ich an diesem Tag sehr wütend war und geschrien habe: «Ihr seid alle gleich.» Ein Mann kam herein, und auch er fing an zu schreien. Ich forderte, sie sollten meinen Vernehmer holen, damit ich mit ihm reden könnte. Ich wollte, dass sie die Kamera abschalteten, sie taten es aber nicht. Am Ende haben sie mich in ein anderes Gefängnis der Sepah nach 2A in Teheran verlegt. Ich wurde dorthin geflogen. Vom Flughafen haben sie mich einen Teil des Weges mit einem Auto gefahren, dann haben sie das Auto gewechselt. Ich habe den Fahrer gebeten, mir zumindest zu erlauben, meine Mutter anzurufen, um ihr zu sagen, dass ich nicht nach Hause kommen werde. Der Fahrer sagte: «Sie bleiben heute bei uns, damit der diensthabende Richter im Gericht mit Ihnen spricht, nachher werden Sie freigelassen.» Ich sprach mit dem Vernehmer in Teheran, und er fragte mich: «Wer hat Ihnen erzählt, Sie würden freigelassen, Sie sind nur von Kerman nach Teheran verlegt worden.» Sie hatten von mir die Telefonnummer meiner Familie erhalten und notiert, angeblich, um sie zu informieren, aber sie taten es nicht. Sieben Tage später habe ich selbst meine Familie angerufen und ihnen Bescheid gesagt.

Wo waren Sie dann?

Sie haben mich in die Zellen des Sicherheitstrakts 2A gebracht, der der Sepah gehört. Die Zellen waren kleiner und hatten keine Fenster. Eine weiße Lampe leuchtete von der Decke. Es gab Teppichboden und innen eine Toilette. Ich hatte drei Decken. In Kerman hatte mich ein seltsames Gefühl der Fremdheit und Isoliertheit befallen. In Teheran hatte ich das Gefühl nicht mehr. Ich fühlte, dass ich in meiner Stadt war, in der meine Familie lebte.

Haben Sie Ausgang gehabt?

Zwei Mal am Tag, morgens und abends.

Wie war es mit Telefonieren und Besuch?

Am Anfang gab es keine Telefongespräche. Nach zwei Monaten durfte ich zwei Mal in der Woche telefonieren. Es gab zwei Ausnahmen. Einmal nach dem Verlegen und einmal, als der Staatsanwalt Hajiloo in meine Zelle kam. Ich stellte mich vor. Er fragte, ob ich meine Tochter gesehen habe. Nach zwei Stunden hat er mir die Genehmigung erteilt, ein Telefongespräch zu führen, und für den Tag danach einen Besuch angeordnet. Ich hatte sonst jede zweite Woche Besuch.

Wie war das erste Treffen mit Gisoo und Ihren Eltern?

Acht Tage nach dem Verlegen nach Teheran und dem Treffen mit Hajiloo habe ich Gisoo wiedergesehen. Am siebzigsten Tag meiner Verhaftung hat unser zweites Treffen stattgefunden.

Das zweite Treffen war besser als das erste. Es war in Teheran, und ich fühlte mich meiner Familie viel näher. Kerman war sehr schwer und hart. Meine Familie musste eine lange Fahrt und hohe Kosten auf sich nehmen, um meine kleine Tochter zu Besuch zu bringen. Das störte mich sehr. An dem Besuchstag hatte meine Mama mir Obst mitgebracht, sie hatte für mich gekocht. Das Essen meiner Mutter nach so langer Zeit wieder zu essen, gab mir ein gutes Gefühl. Der Besuchsraum war mit Teppich ausgelegt. Gisoo brachte Spielzeug mit, und ich spielte mit ihr. Diese familiäre Atmosphäre und die Nähe taten mir gut. Gisoo hatte akzeptiert, dass ihre Mama in einem Zimmer wohnte, und sprach auch davon. Jedes Mal, wenn sie gehen musste, weinte sie. Es tat mir weh. Wenn ich nach dem Besuch in die Zelle zurückkehrte, roch ich nach Gisoo, das war hart für mich. Jedes Mal verlangte sie von mir, mit ihr zu Mamani[85] zu gehen, und ich hatte keine Antwort. Ich litt sehr. Jedes Mal, wenn sie beim Abschiednehmen weinte, brach etwas in mir zusammen. Die Vernehmer waren bei dem Besuch stets präsent. Beim Abschied hatte ich das Bedürfnis, ihr

---

85   Bezeichnung für Oma.

ihre Schuhe anzuziehen, aber sie erlaubten es mir nicht. Ich musste mich so von ihr trennen.

Wie war die Atmosphäre in der Zelle?

Als sie mich nach 2A verlegten, waren einige Prostituierte dort eingesperrt, und ich war manchmal mit ihnen zusammen. Die ersten zehn Tage hatten wir keinen Fernseher. Danach haben sie uns einen gebracht. Am Anfang hatten wir auch keine Zeitungen und keine Bücher. Aber etwa nach zweieinhalb Monaten erlaubten sie meiner Familie, Bücher mitzubringen, die Freunde für mich besorgt hatten. Die Bücher taten mir gut. Mir vorzustellen, dass meine Freunde und Rebeca, meine Schwägerin, mir die Bücher gesandt hatten, war für mich außerordentlich schön. Am Anfang gab es keine Zeitungen. Als unsere Zahl in 2A weniger wurde und ich in Homas[86] Zelle kam, lagen dort eine Menge Zeitungen. Danach brachten sie uns täglich welche, es sei denn, es gab Nachrichten, von denen wir nichts wissen sollten.

---

86 Homa Hoodfar: kanadisch-iranische emeritierte Professorin für Anthropologie an der Concordia University in Montreal/Kanada, bekannt für ihre Forschung bzgl. des Konzepts des Schleiers bzw. des Hijab in seinen verschiedenen Formen, Bedeutungen und historischen Interpretationen. Der Großteil ihrer Arbeit fokussiert die Rolle der Frau im öffentlichen Leben in muslimischen Gesellschaften, mit besonderem Augenmerk darauf, welche Rolle religiöse Symbole und Interpretationen spielen, den Status von Frauen zu unterstützen bzw. zu unterdrücken.

Wie war das Essen in 2A?

Das Essen in 2A war – außer im Monat Ramadan – schlecht. Ich hatte fünf Monate lang nur das Essen von 2A und nie etwas anderes. Einige Gefangene durften jedoch Lebensmittel wie Kekse, Datteln, Milch usw. bestellen. Ich aß meistens Sesampaste[87] mit Brot. Manchmal weinte ich und redete mit Gott: «Du hast mich hier eingesperrt, gib mir zumindest etwas Gutes zu essen!» Ich weinte tatsächlich vor Hunger. Das Essen der Wärterinnen war anders, von besserer Qualität. Dann trat ich in einen Hungerstreik. Ich trank nur Wasser und Milch. Nur einmal aß ich eine Dattel und einen Vollkornkeks, weil es mir sehr schlecht ging. Am sechsten Tag hatte ich Besuch. Meiner Mutter wurde schlecht, und sie stürzte. Gisoo war aufgeregt und hatte einen hohen Puls. Sie sagte dauernd: «Oh, Omi ist hingefallen.» Gleich danach wurde mir eine Schüssel Suppe gebracht und gesagt: «Du gehst nicht hier raus, bevor Du die Suppe gegessen hast.» Ich lehnte es ab. Meine Eltern bestanden darauf, dass ich die Suppe aß. Ich sah, dass es meiner Mutter sehr schlecht ging, und war gezwungen, zu essen. Der Vernehmer versprach, das Essen zu verbessern. In der Zeit waren ich und Afarin[88] die einzigen in 2A. Der Vernehmer versprach, uns beide zu-

---

87   Tahin: nahrhafte Paste aus gemahlenem Sesam. Wird mit Datteln oder Traubensirup zum Frühstück gegessen.

88   Afarin Neyssari ist eine iranisch-amerikanische Architektin, Gründerin und Inhaberin der Aun Gallery in Teheran. Neyssari und ihr Ehemann Karan Vafadari waren ein Jahr lang ohne Kaution oder Gerichtsverfahren im Evin-Gefängnis inhaftiert, bevor sie am 21. Juli 2018 freigelassen wurden.

sammenzulassen. Am nächsten Morgen brachten sie Afarin in meine Zelle. Außerdem etwas zu essen. Dieses Vorkommnis hat dazu geführt, dass sich die Qualität des Essens bei uns ein wenig verbesserte.

Wie war Ihre medizinische Versorgung?
Es wurde sich überhaupt nicht um unsere Gesundheit gekümmert. Meine rechte Hand war taub, und ich hatte schlimme Schmerzen im Bereich der Halswirbelsäule. Ich konnte mich nicht nach rechts und links drehen, litt unter chronischer Erschöpfung, und nach ein paar Minuten gehen wurde ich müde und musste damit aufhören. Ich hatte Herzklopfen und Übelkeit. Sie gaben mir dauernd Tabletten gegen Übelkeit, aber kümmerten sich nicht um eine richtige Behandlung. Es hieß, es handele sich um einen Virus und ich solle mich ausruhen und heißes Wasser trinken.

Was ist aus dem Mangel an Eisen und Vitamin D geworden?
Der Gefängnisarzt hat mir Eisentabletten verschrieben. Meine Haare fielen aus. Ich habe darum gebeten, meiner Familie zu erlauben, mir Medikamente zu bringen, aber sie haben es abgelehnt und gaben mir stattdessen Zinktabletten.

Wie lange hatten Sie sich nicht im Spiegel gesehen, und als Sie sich sehen konnten, wie war Ihre Reaktion?

In der Einzelhaft in Kerman habe ich mich fünfundvierzig Tage nicht im Spiegel gesehen. In der Gemeinschaftszelle sah ich mich. Ich war traurig und erschüttert. In 2A gab es auch keinen Spiegel, und ich konnte mich nicht sehen. Nach fünf Monaten wollte sich eine der Mitgefangenen die Augenbrauen zupfen und hat um einen Spiegel gebeten. Und so habe auch ich mich im Spiegel gesehen. Das sind Dinge, die einen tief treffen. Nicht mehr zu wissen, wie du vorher aussahst und wie du jetzt aussiehst und wie du dich verändert hast. Das war ein sehr befremdliches Gefühl. Eine Sache, die ich sehr hasste, war, dass ich in all den neun Monaten meinen Tee aus Einwegbechern trinken musste. Ich musste auch mit Einweglöffeln und ohne Gabel essen. Von Plastiktellern zu essen traf mich enorm.

Hat sich Ihr Schlaf verbessert?

Ich hatte nie einen guten Schlaf. Entweder schlief ich gar nicht oder sehr schlecht, sodass ich mich nicht erholen konnte. Das Gefängnis war natürlich auch kein schlafförderndes Umfeld. Ich hatte drei raue Felddecken, eine nutzte ich als Kissen, eine als Unterlage und eine andere als Decke.

Wie war Ihre Kleidung in der Zelle?

In 2A haben sie mir meine Kleider abgenommen und mir eine lange Tunika und eine weite Hose aus Nylon in Rosa gegeben. Außerhalb der Zelle mussten wir Tschador und Maghnaeh[89] tragen und Augenbinden anlegen.

Wie war die Atmosphäre bei dem Verhör in 2A?

In Teheran hat mich ein junger Mann verhört, der Englisch konnte und manchmal mit mir sprach. Er wusste, dass ich Nescafé und Datteln mag, und besorgte mir diese Dinge. Im Allgemeinen war die Behandlung durch die Vernehmer besser als in Kerman. Einmal hat ein Vernehmer versucht, das Gespräch in eine andere Richtung zu lenken, und hat mich zu Internet-Sex-Seiten befragt. Er hat auch Fragen zu Richard gestellt, die überhaupt nichts mit den Vorwürfen in meiner Akte zu tun hatten, und ich fühlte mich sehr unwohl dabei. Meistens fand das Verhör in einem dunklen Zimmer statt, vor mir war eine Glaswand, die wie ein Spiegel reflektierte, und dahinter saß der Vernehmer. Ich konnte den anderen nur hören, aber nicht sehen. Es gab für die Raucher

---

89 Maghnaeh: im Iran in der Öffentlichkeit oder in Gegenwart von als nicht direkt verwandt geltenden männlichen Personen vorgeschriebene weibliche Kopfbedeckung, auch unter dem Tschador zu tragen, alternativ oft durch ein Kopftuch ersetzt. Ein quadratisches Stück Tuch, diagonal gefaltet und genäht, das, über den Kopf gezogen, groß genug sein muss, den Scheitel und die Schultern zu bedecken, Farbe und Längen werden i.d.R. von den Arbeitgebern bzw. Institutionen vorgeschrieben.

auch eine Tür, die auf eine Terrasse ging. Die Einrichtung bestand aus einem Drehstuhl, einem Tisch, und es gab ein Fensterchen, durch das mir die Papiere gereicht wurden.

Störte Sie diese Atmosphäre nicht?

Mit jemandem zu reden, den man nicht sieht, ist kein gutes Gefühl. Aber um ehrlich zu sein, die Tatsache, dass ich meinen Vernehmer nicht sehen konnte, beruhigte mich eher. In Kerman, wo ich die Vernehmer sehen konnte, störte mich das sehr. Es war ein komisches Gefühl, das ich nicht beschreiben kann. Insofern war es mir lieber, den Vernehmer nicht zu sehen. Der Vernehmer in Teheran hat mir nicht erlaubt, mit Richard zu telefonieren, aber der jüngere hat es mir erlaubt. Als er mir Nescafé und ein paar Kleinigkeiten besorgte, dachte ich, dass er meine Situation verstand. Aber dann hat er angefangen, mir unpassende und irrelevante Fragen zu stellen.

Wie fühlten Sie sich im Allgemeinen in 2A?

Ich vermisste Gisoo sehr und war niedergeschlagen. Aber weil ich in Teheran war, fühlte ich mich besser. Manchmal redete ich eine halbe Stunde mit Richard, und ich konnte Gisoo öfter sehen. Aber umso mehr vermisste ich sie. Der Vernehmer mochte Gisoo sehr und wollte sie in den Arm nehmen. Als er sie einmal in den Arm genommen hat, wünschte ich, ich könnte sie aus seinem Schoß reißen und ihn schlagen. Ich hatte so eine harte Zeit hinter mir, wirklich unbeschreiblich. Es ging mir mal besser, mal schlechter. Kurz vor meinem Geburtstag lief ich im Hof herum und murmelte Gebete. Ich sagte: «Gott erlöse mich, Gott vergib mir» usw. Ich hatte keine Kontrolle über meine Gedanken. Es war, als ob ich mich an Sachen klammerte, die nicht möglich waren. Ich hatte laut geredet und sprach das Salavat[90]. Ich wusste, dass ich nicht freigelassen werde, hoffte aber trotzdem, es würde nicht mehr lange dauern. An dem Tag, als sie zu Afarin gesagt haben, sie soll ihre Sachen packen und gehen, wurde mir schlecht. Ich bekam Herzklopfen. Es war schlimm, wieder allein zu sein. Die Wärterinnen ließen manchmal die Tür auf und sagten: «Wir wissen, dass Du unschuldig hier bist.» Sie spürten, wie einsam ich mich fühlte. Gelegentlich brachten sie mir etwas von ihrem Essen. Manchmal, am späten Abend, kam eine von ihnen, blieb eine Weile und sprach zu mir. Ich sah, dass sie Mitleid mit mir hatten. Aber im Endeffekt war ich alleine, auch in Anwesenheit dieser Menschen.

90 Salavat: Teil des täglichen Gebets, Kurzform der arabischen Phrase, die den Gruß an den Propheten des Islam enthält, wird auch ausgesprochen, wenn der Name Mohammeds erwähnt wird.

MAHVASH SHAHRIARI

Übersetzung: Golnaz Gabrae

Mahvash Shahriari (geboren 1952 in Zavareh, Kreis Iṣfahan) wurde am 5. März 2008 in Maschhad verhaftet und zu zwanzig Jahren Haft verurteilt. Am 18. September 2017 wurde ihre Haftzeit gemäß Absatz 134 halbiert, und sie wurde freigelassen.

Mahvash Shahriari war zehn Jahre alt, als ihre Familie nach Teheran umzog. Nach ihrem Abitur studierte sie Erziehungswissenschaften und gab zur gleichen Zeit Unterricht an Privatschulen. Nach ihrem Studium erhielt sie eine Anstellung beim Bildungsministerium und arbeitete als Stellvertreterin und Direktorin in Schulen Süd-Teherans und in Armenvierteln der Stadt. Nach der Revolution 1979 und der anschließenden Kulturrevolution wurde sie aufgrund ihrer Zugehörigkeit zu den Bahai[91], die das islamische Regime als eine fehlgeleitete Sekte betrachtet, entlassen. Ihr wurde fortan jede Anstellung in öffentlichen Ämtern, wie auch die Immatri-

---

91 Anhänger des Bahaitum, die sich auf die Lehren des Religionsstifters Baha'ullah (1817–1892) berufen.

*kulation an einer Universität verwehrt. So konnte sie
kein weiteres Studium aufnehmen und war gezwungen,
eine Zeit lang zu Hause zu bleiben. In der gleichen Periode verlor auch ihr Mann seine Arbeit. Sein Eigentum
wurde konfisziert.*

*Die politische Aktivistin Mahvash Shahriari nahm
später eine Lehrtätigkeit in der Bahai-Gemeinschaft
auf und war eine der Mitgründerinnen des Instituts für
Weiterbildung junger Bahais, denen ein Universitäts-
studium verwehrt worden ist. Im Jahr 2006 wurde sie,
als siebtes Mitglied der Yaran[92], in die Führung der
Gemeinde gewählt. Sie vertrat als Geschäftsführerin
landesweit bis zu ihrer Verhaftung die Angelegenheiten
der Bahai Irans.*

Wann war Ihre erste Einzelhaft-Erfahrung?

Das war am 25. Mai 2005, am Morgen des Tages, an dem die
Hochzeit meiner Tochter stattfinden sollte. Um halb sieben
stürmten sechs Sicherheitsbeamte unser Haus. Die nach-
folgende Hausdurchsuchung dauerte circa fünf bis sechs
Stunden. Sie konfiszierten unsere Bücher, alle Bahai-Sym-
bole und nahmen mich mit. Sie brachten mich ins Gefängnis Evin, in den Zellentrakt 209. Dort blieb ich vierunddrei-

---

92   Yaran: Freunde, auch Bezeichnung der «Bahai 7»; sieben 2008
     verhaftete Führer der iranischen Bahai-Gemeinde, die zehn Jahre
     Haft verbüßten: Mahvash Sabet (Shariari), Fariba Kamalabadi, Ja-
     maloddin Khanjani, Afif Naeimi, Saeid Rezaie, Behrouz Tavakkoli
     und Vahid Tizfahm.

ßig Tage in Einzelhaft. Das war meine erste Erfahrung mit Einzelhaft.

Wurden Sie verurteilt?

Nein. Ich bin durch Zahlung einer Kaution freigekommen.

Haben Sie Ihre Arbeit im Institut nach dieser Verhaftung weitergeführt?

Ja, solange ich Mitglied der Yaran, der Führung, war.

Waren Sie während Ihrer zweiten Verhaftung auch in Einzelhaft?

Ja. Am 6. März 2008, nach einer telefonischen Vorladung der Geheimdienststelle der Provinz Razavi-Khorasan[93], wo ich einige Fragen zu beantworten hatte, fuhr ich nach Maschhad. Es wurde von mir verlangt, zum Revolutionsgericht in Maschhad zu kommen. Dort wurde ich von Agenten in Zivil verhaftet und zu einem unbekannten Ort gebracht. Nach einem hastigen Verhör fuhren sie mich nachts zum Gerichtsgebäude. Hier verurteilte man mich aufgrund eines minderen Vergehens. Der Richter setzte die Höhe der Kaution auf zehn Millionen Toman[94] fest. Ich würde freigelas-

---

93 Razavi-Khorasan: Provinz in Nordiran, Provinzhauptstadt ist Maschhad.

94 Ungefähr 2160 Euro.

sen, sobald diese Kaution bezahlt sei. Meine Familie wurde jedoch über drei Monate lang nicht kontaktiert. Mir wurde nicht erlaubt, sie zu informieren. Monatelang musste ich die harten und überaus anstrengenden Verhöre ertragen. Ich war in einer Zelle des Sicherheitsamtes im Vakilabad-Gefängnis, in der Zelle für Isolationshaft, genannt «sagdooni»[95]. Sie befand sich im Isolationsblock des Vakilabad-Gefängnisses, als Teil des Zellentrakts für regulär Inhaftierte, der für Gefangene vorgesehen war, denen innere Verbrechen vorgeworfen wurden. Die anderen Gefangenen durften keinen Kontakt mit Gefangenen dieses Zellentrakts aufnehmen. Weder die lange Einzelhaft noch die schwierigen Verhöre und auch die Trennung von meiner Familie, ohne Nachrichten austauschen zu können, genügten ihnen. Sie drohten mir damit, dass meiner Familie und auch der Bahai-Gemeinschaft etwas zustoßen könnte. Das alles hat bei mir zu Herzrasen, Atemnot, Schlaflosigkeit und Panikattacken geführt. Das Besuchsverbot und die fehlende Möglichkeit, selbst zu telefonieren, obwohl das sogar im Zellentrakt 209 möglich gewesen wäre, haben die Situation für mich noch schwieriger gemacht. Einer ihrer Tricks, mich zu quälen, war, mich mit normalen Gefangenen in Hand- und Fußfesseln ins Revolutionsgericht zu bringen. Mich haben sie besonders schikaniert. Die Verhöre hatten auch nichts mit der ersten Anklage des Richters zu tun. Dass sie mich länger festhielten, war gegen das Gesetz.

95   Sagdooni: Hundezwinger, Hundeloch.

Was war für Sie das Schwierigste in dieser Einzelhaft?

Die laufenden Verhöre, die keinem Prinzip folgten und mein privates und öffentliches Leben und unsere Gemeinschaft betrafen. Hinzu kamen dieses Heimweh in einer Stadt, die fern von meiner Familie ist, und natürlich das Alleinsein. Besonders verstärkt wurde dieses Gefühl, weil es in dem Zellentrakt keine angeklagten Frauen gab. Deshalb brachten sie mich an Feiertagen in den Isolationsblock des Vakilabad-Gefängnisses. Ich muss jedoch sagen, dass mir das «Hundeloch» im öffentlichen Gefängnis lieber war als die Einzelhaft. Ich wusste mich hier von anderen Frauen umgeben und erahnte ihre Anwesenheit.

Wie ging die Zeit im Gefängnis von Maschhad zu Ende?

Nach zweiundachtzig Tagen Verbleib in Maschhad haben sie mich in Begleitung von zwei Wachen nach Teheran geschafft. Nach der Ankunft wurde ich sofort zum Revolutionsgericht gebracht. Dort erhob der Richter neue Anklagepunkte gegen mich und verlängerte die Untersuchungshaft um fünfzehn Tage. Dieses Mal wurde ich als Vorsitzende der Yaran-Führungsgruppe verhaftet. Die Haftzeit betrug zehn Jahre.

Wie war Ihre erste Nacht in Maschhad?

Mitten in der Nacht haben sie mich zum Gefängnis Vakilabad gebracht und dort in den Isolationstrakt gesteckt.

Wie war diese Isolation?

Für mich, die ich das nicht erwartet und keine Ahnung von
solchen Orten hatte, war das sehr schmerzlich, zugleich
unwirklich. Ein Raum mit drei Etagenbetten für das Wachpersonal. Von diesem Raum aus kam man in einen größeren
Raum mit zehn dreistöckigen Etagenbetten. Alle Betten
waren belegt, und viele schliefen auch auf dem Boden. Ich
hatte den ganzen Tag noch nichts gegessen. Ich war müde,
und mir war kalt. Niemand gab mir eine Decke, und keiner
zeigte mir, wo ich hätte schlafen können. Ich zitterte vor
Kälte am ganzen Körper und stand ratlos an der Tür. Viele
neugierige Augen betrachteten mich aus ihren Betten. Neben der Tür lag eine Frau unter einer schmutzigen Decke
auf dem Boden. Ich sank neben sie auf die Knie und versuchte langsam, meine eiskalten Füße unter ihre Decke zu
schieben. Doch sie merkte es und zog die Decke zurück.
Um es kurz zu machen: In dieser Nacht habe ich überhaupt
nicht geschlafen, vor Kälte gezittert und auf den Morgen
gewartet. Früh am Morgen haben sie mich aufgerufen. Die
gleichen Wachmänner, die mich hierhergebracht hatten,
holten mich auch ab. Sie nahmen ihre Waffen und führten
mich mit verbundenen Augen fort. Mit der Augenbinde kam
es mir vor, als seien wir lange unterwegs gewesen. Sie brachten mich in die Zelle, in der ich auch am Vortag gewesen bin.

Von dort brachte mich ein älterer Mann, der öfter dort war, zum Verhör, das bis in die Nacht hinein dauerte. Danach befand ich mich wieder im Isolationstrakt. Es wurde immer so agiert, dass ich zur Essensverteilung nicht anwesend war und deshalb meine Ration nicht erhielt.

Sie sprachen über ein «Hundeloch».
Wo und wie war dieser Ort?
Das war die Zelle in Vakilabad. Im Bereich der Toiletten und der Gefängnisbäder gab es eine kleine Durchgangstür mit einem Gitterfenster darin. Von dort aus gelangte man in einen Flur, von dem zwei oder drei Zellen abgingen. Es war eine sehr kleine Zelle ohne natürliches Licht, dreckig, mit abgestandener Luft. Darin befanden sich eine offene iranische Toilette und lebende und tote Kakerlaken. Die Zelle hatte eine niedrige Decke, der Putz war aus den Ecken bereits herabgefallen. Als die Wachen die Zelle aufschlossen, um mich hereinzulassen, folgten ihnen ein paar junge Mädchen. Sie fragten mich: «Was brauchst Du, Gefangene?» Zwei von ihnen schleppten ein Stück von einem schwarzen, zerschlissenen Teppich in die Zelle. Eine von ihnen warf eine alte Zeitschrift auf den Boden. Außerdem hatten sie zwei schmutzige Decken, eine Getränkeflasche gefüllt mit heißem Wasser, einige Stücke Würfelzucker und ein paar getrocknete Teeblätter mitgebracht. Ich wusste nicht, was ich machen sollte oder wie viele Tage ich hierbleiben musste – und vor allem, wie? Ich war müde, hungrig, und mir fehlte die Luft zum Atmen. Der Gestank, die Kakerlaken,

die Müdigkeit, die Verhöre und die Angst und Unsicherheit
übten auf mich großen seelischen und körperlichen Druck
aus. Als die Wachen und die Mädchen weggegangen waren,
wollte ich mich setzen, aufwärmen und Tee trinken. Ich
nahm ein Stück Zucker in den Mund, als ich eine Frau aus
der Nachbarzelle laut jammern hörte. Sie fluchte, bettelte
um Zigaretten und bat um Schmerzmittel. Ich begann ein
Gespräch durch die Wand und versuchte, die Nachbarin zu
beruhigen. Die jungen Mädchen standen noch immer vor
der Tür und riefen: «Gefangene, Gefangene – sag uns, was
Du brauchst. Wir bringen es Dir morgen.» Ich antwortete ihnen: «Bücher, Zeitschriften – alles, was es gibt.» Ich wusste
nicht, ob genug Licht zum Lesen da sein würde, genügend
Luft zum Atmen und die Ruhe, die man zum Lesen braucht.
Zuerst konnte ich mir nicht vorstellen, wie man auf dem dreckigen Teppich und unter diesen schmutzigen, zerrissenen
Decken schlafen sollte. Aber mir war kalt, und ich war zu
müde. Ich setzte mich auf den Teppich und trank etwas von
dem Tee aus der Limonadenflasche. Jetzt war mir ein wenig
wärmer. Ich beruhigte mich. Die Erinnerung an die Kerker,
in denen unser Herr Baha'ullah[96] ausharren musste, gab
mir Mut und spirituelle Kraft. Ich sah mir selbst dabei zu,
wie ich unter die Decken schlüpfte, die kalte Flasche in die
Ecke stellte und mich von der schmutzigen Toilette weg-
drehte. Und plötzlich erkannte ich die Wahrheit. Mir wurde
bewusst, dass sie mich demütigen und in die Knie zwingen

96   Baha'ullah: religiöser Ehrentitel von Mirza Husain-Ali Nuri, dem
       Religionsstifter des Bahaitums.

wollten. Sie werden ihr Ziel nicht erreichen, dessen war ich mir sicher. Für mich würde es eine spirituelle Erfahrung sein. Wie schon Nietzsche sagte, Leid, das mich nicht besiegt, wird mich stärker machen. Ich nahm mir vor, stärker von hier nach Hause zurückzukehren, als ich hergekommen bin. Am nächsten Morgen öffneten sie mit viel Lärm die Tür. Nach Erledigung der Verwaltungsformalitäten brachten sie mich auf einem ziemlich langen Weg zum Verhör, das den ganzen Tag lang dauerte.

Erzählen Sie uns etwas über diese Verhöre.

Die Verhöre haben den ganzen Tag gedauert. Sie fragten viele Kleinigkeiten, doch ich habe mich auf Fragen zur Anklage konzentriert und versucht, darauf Antworten zu geben. Andere Fragen habe ich entweder gar nicht oder nur halb beantwortet. Ich beschwerte mich über die Augenbinde. Sie saß so dicht, dass ich meine Füße nicht sehen konnte. Der alte Mann, der mich zu den Verhören brachte, musste mich dauernd darauf hinweisen, dass ich aufpassen und nicht fallen solle. Sie brachten mich zu einem Stuhl und ließen mich stundenlang allein dort sitzen.

Haben Sie auch andere Zellen erlebt?

Ja. Nach diesem «Hundeloch» brachten sie mich in einen großen Raum, in dem in einer Ecke gestapelte Decken lagen. Es gab einen hellen Teppichboden. Toilette und Dusche waren mit einer Tür vom Zimmer abgetrennt. Doch der Gestank war trotzdem unerträglich. Als Erstes putzte ich die Wände und die Tür der Toilette. Aber der Gestank blieb. Eine Fensteröffnung unter der Decke sorgte für Licht – es war jedoch zu wenig. Durch das Fenster konnte ich zwar nichts sehen, aber ich hörte und genoss den Gesang der Vögel. Für mich war es ein Zeichen dafür, dass das Leben weitergeht. In den ersten Tagen haben sie die Zeiten der Verhöre so gelegt, dass ich kein Essen bekam. Eines Nachts, im Isolationstrakt, sah ich ein Stück trockenes Brot auf dem Etagenbett über mir liegen. Ich hatte solchen Hunger und nahm es nach einigem Zögern, legte mich hin und aß es. Es war eine kalte Nacht, und das Zittern meines Körpers wollte nicht aufhören. Schließlich versuchte ich, eine Ecke des Teppichbodens über mich zu ziehen, damit das Frieren aufhörte, bis ich bemerkte, dass sich direkt über mir eine Fensteröffnung befand, durch die kalte Luft hereinzog. Ich glaubte, erfrieren zu müssen.

Wie war es in der Einzelzelle?
Eine Einzelzelle ist nicht nur ein enger, seelenloser Raum. Dort ist man auch immer besonderem Druck ausgesetzt: Da sind die schwierigen Verhöre, die Drohungen, die täglich stattfindenden Erniedrigungen und die Angst, die man dir einflößt. Sie sagen dir, deine Familie sei gefährdet, und du weißt nicht, wie es ihr geht. Dir sind die tückischen Pläne, die sie sich für deine Familie und die Gemeinschaft ausgedacht haben, unbekannt. Bei jeder Antwort musst du eine Entscheidung treffen – und sie werden dich immer, immer

austricksen. Sie beschwören und belügen dich und schreien dich an, um dich zu ermüden und gehorsam zu machen. Wenn deine Einzelhaft lange andauert, wird deine seelische und körperliche Gesundheit schwer darunter leiden. Allein zu sein, keine Orientierung zu haben und sich mit unzähligen beunruhigenden Gedanken auseinanderzusetzen, das alles und noch viel mehr bedeutet Einzelhaft. Hinzu kommen: Lichtentzug, das Fehlen von Farben, Düften und Nähe, nicht einmal ein freundlicher Blick. Das genügt, um das Gleichgewicht des Menschen allmählich aus dem Lot zu bringen. Man kann sich nicht konzentrieren. Dazu kommt Schlaflosigkeit. Man verliert die gewohnten Schlaf- und Essgewohnheiten völlig. Außerdem Körpergewicht. Innerhalb weniger Monate habe ich zwanzig Kilo abgenommen.

Womit hat man Ihnen gedroht?

Einer der Vernehmer sagte mir, dass die Fahrten meines Sohnes, der zweimal in der Woche nach Maschhad kam, für ihn gefährlich werden könnten. Es könne ihm mit dem Auto ein Unfall zustoßen. Das war für mich die schlimmste Bedrohung von allen. Oder er sagte, mein Mann könne nicht nach Maschhad kommen. Sie würden ihn wegen Ketzerei verhaften und hinrichten. Ein anderes Mal sagte er mir, dass ich dieses Gefängnis nicht lebend verlassen werde, und so weiter und so weiter. Im Zellentrakt 209[97] war es anders. Hier hatte man mich laut Anklageschrift zum Tode verur-

97 Im Teheraner Evin-Gefängnis.

teilt. Ich glaubte ihnen. Auch glaubte ich ihnen, als sie mir sagten, dass Herr Tavakkoli, ein Mitglied der Yaran-Führung, ebenfalls hier sei. Das war eine Lüge. Ebenso war es gelogen, dass sich mein armer Mann im Krankenhaus befinden würde. Sie versicherten, sie hätten nicht gewollt, dass so etwas passiert und dass ich meinen Mann nie wiedersehen würde. Ich glaubte, meinem Mann sei etwas Schreckliches widerfahren. Von meiner Familie hatte ich keine Nachricht.

Wie war die Qualität des Essens während dieser Tage?

Vielleicht war es gar nicht allzu schlimm. Es gab andere Gründe, weshalb ich nicht essen konnte. Jedes Mal, wenn ich den Wagen der Essensausgabe hörte, stellte ich mich an die Tür. Der alte Mann schob mir dann meine Portion in einer alten angeschlagenen Schale unter der Tür durch. Den Tee goss er in einen roten Plastikbecher. Dieser Tee roch nach Plastik. Die degradierende Art verletzte mich so, dass ich oftmals nichts essen konnte. Ich nahm derart ab, dass ich meinen Hosenbund zusammenbinden musste. Ich glaubte krank zu sein, weil ich sehr oft zitterte und nachts mehrmals schweißgebadet aufwachte. Dann stellte ich mich unter die Dusche, in der Hoffnung, das würde mir helfen. So oft es ging, wusch ich meine Kleidung und legte sie auf dem Fußboden zum Trocknen aus.

Hatten Sie auch Hofgang?

Wir hatten einen kleinen Hof, drei mal drei Meter groß. Wenn keine Verhöre anstanden, brachten sie uns täglich für ein paar Minuten dorthin. Der Hof war klein, aber es war nicht so stickig und trist wie in der Zelle.

Sie sagten, dass Sie keine Frauen als Wachpersonal hatten. War das nicht schlimm?

Natürlich war es das. Die Tür konnte man nur von außen öffnen. Deshalb fühlte ich mich nicht sicher. Einmal hat der alte Mann sie, ohne Vorwarnung, aufgeschlossen. Daraufhin habe ich mich beschwert. Manchmal kam eins der jungen Mädchen. Ich nahm an, dass sie eine Angestellte des Gefängnisses war. Nach ein paar Minuten verschwand sie dann wieder. In manchen Nächten war eine alte Frau da. Ich glaube, sie hat im Flur geschlafen. Sie erzählte mir, dass sie früher hier im Wachdienst gearbeitet habe. Jetzt sei sie Rentnerin. Während der ersten Tage fastete ich, und die nette alte Frau brachte mir Tee. Am ersten Tag sagte der Verhörer nichts dazu. Am nächsten Tag aber fragte er mich, was das solle. Die alte Frau erklärte ihm, dass ich fasten würde und dass sie mir nicht um meinetwillen helfe, sondern für Gott. Allgemein hatte ich zu niemandem Vertrauen und fühlte mich sehr unwohl. Vielleicht schlief ich deshalb so schlecht. Hinzu kam das Heimweh. Maschhad war so weit entfernt von meiner Familie und meiner Stadt.

Was haben Sie in der Zeit des Alleinseins
in der Zelle gemacht?

Die Toilette geputzt, geduscht und gebetet. Ich sagte lange Gebete und alles, was ich auswendig kannte, auf. Ich ging in der Zelle auf und ab und sagte dabei alle Gedichte auf, die ich kannte. Auch habe ich mir einen Plan gemacht. Zum Beispiel dachte ich an die Verhöre und versuchte zu überprüfen, was gesagt worden ist. Und ich dachte an meine Familie, meine Kollegen und Freunde. All das waren Versuche, meine Gedanken in eine positive Richtung zu steuern. Jeder Kontakt mit dem Wachdienst war gut und für mich nötig. Ich stellte mir die Zelle als Klassenzimmer vor, in dem ich eine Unterrichtsstunde in Management zu halten hätte. All das tat ich, um mein Gehirn aktiv zu halten.

Und die Schäden,
die durch die Einzelhaft entstehen?

Der Mensch ist ein soziales Wesen oder ein sprechendes Tier. Das bedeutet, wir brauchen den Dialog, wir fürchten uns in geschlossenen Räumen. Ich habe Angst vor der Bedrohung, der unsere unterdrückte Gemeinschaft ausgesetzt ist. Ich habe Angst um unsere Familien und Freunde, denen Gefahr droht. Man befürchtet, dass die Angriffe auf die Gemeinschaft zunehmen, und hat Angst vor noch längerer Untersuchungshaft. Hinzu kommen körperliche Schwäche, fortwährender Gewichtsverlust, Schlaflosigkeit. Man denkt an veränderte Strategien in den Verhören – und ich wiederhole, man lebt an einem sehr außergewöhnlichen Ort, in einem totalen Schweigen. Das Einzige, was du weißt, ist, dass der Ort, an dem du jetzt lebst, ein Ort der Feindlichkeit und des Kampfes ist. Und du bist ihre Gefangene. Sie wollen deinen Tod und den Tod deiner geliebten Gemeinschaft. All das verursacht bleibende Schäden an Körper und Geist.

Was können Sie uns zum Vergleich zwischen der Haft in Maschhad und der Zelle im Trakt der Staatssicherheit sagen?

Obwohl ich mich in der regulären Haft in Maschhad nie frei bewegen konnte und in Einzelhaft war, bevorzugte ich diesen Ort und wartete darauf, dorthin zurückverlegt zu werden. Ich habe unterschiedliche Erfahrungen mit Mördern, Dieben und Kriminellen gemacht, hatte aber niemals Angst vor ihnen. Sie waren sehr freundlich, erwarteten mich und fragten mich bei meiner Ankunft, wie es mir gehe, fragten nach meiner Situation und trösteten mich. In meiner Anwesenheit waren sie respektvoll und benahmen sich nicht unangemessen. Nie hätte ich gedacht, jemals solche Kameraden zu haben und mich auf ein Wiedersehen mit ihnen zu freuen. Aber genau das war der Fall.

Wann endeten die Verhöre?

Die Verhöre dauerten bis zwei Tage vor dem Transport nach Teheran.

Wie wurden Sie nach Teheran transportiert?

Eines Morgens riefen sie mich und teilten mir mit, dass sie mich ins Evin-Gefängnis bringen werden. Das Geld für das Flugticket nahmen sie aus meinem Portemonnaie. In Begleitung von zwei Bediensteten flog ich nach Teheran. Dort wurde ich ebenfalls von zwei Personen abgeholt. Sie hatten zwei große Umschläge bei sich. Ich vermutete, dass sie meine Akte enthielten.

Wie haben Sie sich in Teheran gefühlt?

Ich fühlte mich so gut, dorthin zu fliegen. Ich glaubte, nach Hause zu kommen und frei zu sein. Aus diesem Gefühl heraus habe ich mich die ganze Zeit mit dem Fahrer, einem netten jungen Mann, unterhalten. Neben mir saß ein anderer Mann. Ich vermutete, er würde notieren, was ich sagte, oder es aufnehmen. Ich wunderte mich, dass anscheinend beides nicht geschehen ist. Vielleicht haben sie es aber doch getan.

Wohin wurden Sie gebracht?

In den Zellentrakt 209.

Was geschah in diesem Zellentrakt?

Nach den normalen Aufnahmeformalitäten brachten sie mich in die kleinste Zelle im Flur 2, in Zelle Nummer 215. Die Zelle war so klein, dass ich glaubte, darin weder atmen noch leben zu können. Sie hatte nur schwaches Licht und ein kleines Fenster unter der Decke. Vor dem Fenster befand sich eine große, laute Klimaanlage. Außerdem gab es dort ein kleines Waschbecken und eine Toilette, die unbenutzbar war.

Fühlten Sie sich noch immer gut?
Nein, nicht mehr. Wissen Sie, was geschah? Als ich den Flur entlangging und unter meiner Augenbinde hindurch vor der ersten Zelle ein Paar braune Schuhe erkannte, wusste ich, dass Fariba ebenfalls hier war. In diesem Moment verstand ich, weshalb der Richter mich gefragt hatte, wie es meinen Kollegen ginge. Mir stockte der Atem, und ich meinte, mir bliebe das Herz stehen. Um sicherzugehen, erfand ich die Ausrede, zur Toilette gehen zu müssen. Im Flur schaute ich mir die Schuhe genau an: Es waren Faribas Schuhe. Fariba war hier, und das bedeutete, dass auch die anderen Kollegen verhaftet worden waren. Das war das Ende. Sie hatten sich entschieden, die politische Atmosphäre auszunutzen. Sie wollten unsere religiöse Gemeinschaft zerstören und vernichten.

**Wie war die Atmosphäre im Trakt 209,
und wie waren die Verhöre dort?**
Am Morgen nach meiner Ankunft am 28. Mai begannen sie mit ihren Verhören. Ich musste als Mitglied des Yaran-Vorstands viele unterschiedliche Fragen beantworten.

Was wollten sie in all den vielen Verhören wissen? Haben sie wirklich ermittelt?

Das war nicht der Fall. Sie hatten schon alles vorbereitet und meine Akte so bearbeitet, wie sie sie haben wollten. Genauer gesagt wollten sie vor allem die Anklagepunkte herausstellen, auf die Todesstrafe steht. Es sollten uns Verbindungen zu anderen Staaten unterstellt und nachgewiesen werden. Deswegen stellten sie unsere Korrespondenz an das höchste Haus der Bahai, das Bayt-al-Adl Azam[98], in den Mittelpunkt der Anklage und verlangten eine Bestätigung von uns.

Haben Sie solch eine Bestätigung abgegeben?

Selbstverständlich nicht. Wir haben keine Verbindungen zu anderen Staaten, sondern nur zum Bayt-al-Adl Azam und auch nur bezüglich der Angelegenheiten der iranischen Bahai. Das sind zwei verschiedene Dinge. Unsere Beziehung mit dem internationalen Verband der Bahai haben sie für ihre Ziele ausgenutzt.

Wie lange waren Sie im Zellentrakt 209?

Zwei Jahre und drei Monate. Insgesamt war ich sieben Monate in Einzelhaft.

---

98 Bayt-al Adl Azam: Universales Haus der Gerechtigkeit, repräsentiert das höchste internationale Gremium der Bahai-Gemeinde, Sitz in Haifa, Israel.

Welche Unterschiede gab es zwischen der Einzelhaft in Maschhad und der in Teheran?

Die Einzelhaft in 209 war besser als in Maschhad. Ich fühlte mich meiner Familie näher und wusste darüber hinaus, dass sich meine Kollegen ebenfalls in Teheran befanden. Obwohl ich viele Fragen hatte und keine Antworten erhielt, musste ich zumindest die Verantwortung für unsere Gemeinschaft nicht allein tragen. Auch hier habe ich Verhöre voller Erniedrigungen und Beleidigungen ertragen müssen. Aber im Zellentrakt war ich mit anderen Menschen zusammen.

Wie waren die Telefonate und Besuche in 209?

Manchmal war mir im Beisein von Vernehmern erlaubt, kurz mit meiner Familie zu sprechen. Nach meiner Einzelhaft alle fünfzehn Tage zu den regulären Besuchszeiten.

Welche bleibenden körperlichen und seelischen Schäden hat die Einzelhaft hinterlassen?

Es ist zu früh, um darauf eine konkrete Antwort zu geben. Ich bin noch immer im Gefängnis, und kein Arzt hat mich bisher untersucht. Seit meiner Untersuchungshaft in Maschhad leide ich unter Herzrasen und Atemnot. In 209 habe ich noch mehr abgenommen. Ich habe starke Osteoporose, bekam aufgrund der Angstzustände Hyperlipidämie[99] und

99 Sammelbegriff für alle Formen von erhöhten Blutfettwerten, insbesondere erhöhte Werte für Cholesterin und Triglyceride.

etwas, worüber wenig gesprochen wird: Gedächtnisverlust. Nach meinem in drei aufeinanderfolgenden Etappen durchgeführten Verhör konnte ich mich nicht mehr an den Zeitablauf erinnern. Als ich mit Fariba die Verhöre durchging, konnte ich nicht sagen, was zuerst passiert war und was danach folgte. Mein Gedächtnis ist lückenhaft. Sich nicht bewegen zu können, führt zu Depressionen und Erschöpfung. Bis zu drei Stunden täglich habe ich mich in meiner Zelle bewegt. Doch das ist kein normales Leben. Wir hatten weder genug Licht noch genügend Bewegung. Wir aßen zu wenig Obst und Gemüse, unser Essen war ungesund. Jahrelang hatten wir keine richtigen Betten und schliefen auf Armeedecken oder Teppichböden. Die Folgen davon sind Rückenschmerzen und Beckenleiden, hinzu kommen Druckgeschwüre und Erschöpfung. Für mich als Lehrerin war es sehr schlimm, ohne Gespräche und Kommunikation zu leben. Ich trage seitdem schwere Traumata in mir, die ich in meinen Gedichten sehr deutlich beschreibe.

Und weitere seelische und emotionale Schäden?

Dazu kam die Trennung von meinem Mann und den Kindern, ebenso von meinem alten Vater, der regelmäßig zu den Besuchszeiten kam. Dann meine Schwester und mein Bruder, die mich besuchten und sich große Sorgen machten. Sie alle haben viel leiden müssen. Es war alles nicht einfach. Anfangs konnte ich die Auswirkungen der Isolation nicht recht begreifen. Doch im Laufe der Jahre habe ich großen Schaden erleiden müssen. Das Auseinanderfallen von

Zeit, Gesellschaft und normalem Leben, dieses Erkennen, an einen unerreichbaren Ort gebracht worden zu sein, das ist die Definition von Einzelhaft.

Wann und wie haben Sie diese Schäden gemerkt?

Nach sieben Monaten Einzelhaft meine Familie zu sehen, war eine seltsame Erfahrung. Als sie mich darüber informierten, dass ich meine Familie sehen darf, war ich wie erstarrt, körperlich und geistig. Ich wurde in Begleitung des Vernehmers in einen Besuchsraum gebracht. Der Raum hatte hohe Fenster mit Blick auf den grünen Hof des Gefängnisses. Ich saß im Tschador und mit zu großen Badelatschen an den Füßen neben dem Vernehmer. Ich spürte weder Aufregung noch Glück. Ich war so unendlich leer, als wären mir alle Gedanken und Gefühle abhandengekommen. Ich sah die alten Bäume, den Rasen und den schmalen Weg, der zum Besucherraum führte. Auf ihm sah ich mehrere Personen ankommen. Ich starrte sie nur an, während der Vernehmer mich beobachtete. Als die Leute näher kamen, erkannte ich meine geliebte Tochter Negar. Sie war den anderen vorausgelaufen. Dann erkannte ich meinen geliebten Sohn Foroud. Er war in drei Monaten zwölf Mal nach Maschhad gekommen. Auch mein Mann war bei ihnen. Doch irgendetwas in mir war blockiert, irgendetwas funktionierte nicht mehr. All die unterdrückten Gefühle und Bedürfnisse ließen nichts zu. Mein Verstand und mein Herz blieben stumm. Dann waren sie da. Ich umarmte meinen Sohn und flüsterte ihm ins Ohr: «Mein Schatz, traue dem Richter in Maschhad nicht!» Der Richter hatte mir einmal gesagt, der Weg sei gefährlich. Ich erinnerte mich, dass er sagte, Foroud könne im Dachgeschoss seines Hauses wohnen. Dann müsse er nicht immer hin- und wieder zurückfahren. Mein Sohn sagte zu mir: «Mutter, Maschhad ist vorbei. Du hast nichts mehr mit dieser Stadt zu tun.» Mir war nicht bewusst, dass mir nur noch wenig Besuchszeit blieb. Und meine Tochter und mein Mann warteten. Ich sprach nicht mit ihnen, wollte sie nur berühren und ihren Duft, den Duft ihrer Körper für den Rest meines Lebens in mir aufnehmen. Nach dem Besuch fragte ich mich, was sie mit mir gemacht haben, dass ich so reagiert hatte?

Eine weitere bittere Erfahrung hatte ich in einem Aufzug. Nach vielen Monaten wurde ich krank. Ich sollte in die Krankenstation gebracht werden. Dazu war es nötig, in einem Aufzug in ein anderes Stockwerk zu fahren. In Begleitung der Chefin vom Zellentrakt der Frauen befand ich mich im Aufzug. Zufällig sah ich dort in den Spiegel und sah jemanden, den ich nicht erkannte. Wer, außer meiner Begleitung und mir, war noch bei uns? Als ich mich umsah, waren nur wir beide im Aufzug. Demnach war ich diese dünne, blasse Frau im Tschador mit den weißen Haaren und den ungepflegten Augenbrauen. Mir wurde schlecht. Ich hatte mich selbst nicht erkannt.

Welche Gefühle bewegen Sie jetzt, nach zehn Jahren, wenn Sie an Gefängnisse denken?

Es sind zwei gegensätzliche Gefühle. Einmal das reale Gefühl von Erschöpfung und Müdigkeit, aufgrund all der erlebten Ungerechtigkeit und Unterdrückung. Zum anderen sind es sehr spirituelle Gefühle, so wie Vertrauen in meinen Glauben und meinen Weg. Ich hatte meine Familie nicht um mich, stattdessen aber wertvolle Freunde gefunden und so einzigartige Erfahrungen gemacht, die ich ohne dieses Leiden nie hätte machen können. Es ist einerseits das Gefühl des Alleinseins, des von der Gesellschaft Abgetrennt-Seins – und andererseits in einer anderen Gemeinschaft zu leben und dort neue Erfahrungen zu machen. Es war eine schwere Zeit. Aber dennoch eine Zeit, die voller Bedeutung war. Das Gefängnis über einen langen Zeitraum hinweg zu erleben, ist etwas Besonderes. Es ist ein Leben voller Leiden, Entbehrungen und Einsamkeit. Gefängnis bedeutet, die Last von Ungerechtigkeit zu tragen, nackte Unmoral zu erdulden und normalste Bedürfnisse nicht befriedigen zu können.

Gleichzeitig ist es ein Ort, in dem Türen zum Denken geöffnet werden. Ein Ort, in dem der Glaube, das Richtige zu denken, wächst: Was richtig und wahr ist, wird siegen. Das Leben im Gefängnis festigt deinen aufrichtigen Glauben – er macht dich stärker und stolzer. Jetzt möchte ich allen, die mir während dieser zehn Jahre geholfen und mich verteidigt haben, danken. Es waren so viele: meine Mitmenschen im Iran, meine Verteidiger, die für ihre Arbeit schwer bezahlt haben – Dank auch allen guten Menschen, den Menschenrechtsorganisationen und vor allem dem PEN-Verband.

HENGAMEH SHAHIDI

Übersetzung: Soheila Abtehi

Hengameh Shahidi (geboren 1975) ist Journalistin und Aktivistin für Frauenrechte und Pressefreiheit. Sie wurde mehrfach inhaftiert, u.a. von Juli bis November 2009 und im Zusammenhang mit den Entwicklungen nach den Wahlen 2009. Im März 2010 wurde sie zu einer sechsjährigen Gefängnisstrafe und Peitschenschlägen verurteilt. Der Vorwurf lautete Verstoß gegen das Versammlungsrecht, Gefährdung von Staatssicherheit und Beleidigung des Staatsoberhaupts.

Sie wurde im März 2016 erneut verhaftet und war für eineinhalb Jahre im Gefängnis. Im August 2018 wurde die Journalistin ein weiteres Mal festgenommen und im November 2018 vor dem islamischen Revolutionsgericht vom Richter Salavati zu zwölf Jahren und neun Monaten Gefängnis verurteilt. Zusätzlich erhielt sie ein zweijähriges Verbot jeglicher journalistischer Tätigkeit und der Mitgliedschaft in Vereinigungen und Parteien. Hengameh Shahidi ist außerdem Mutter. Für ihre Tochter Parmis waren die Besuche im Evin-Gefängnis mit viel Leid verbunden. In diesem Interview berichtet Hengameh

Shahidi von ihren Erinnerungen und Erfahrungen in der
Einzelhaft, der sie insgesamt viermal ausgesetzt war.

Wie haben Sie die Einzelhaft erlebt?

Das erste Mal wurde ich am 30. Juni 2009 verhaftet. Bevor ich in die Einzelzelle im Gefängnistrakt 209 kam, wurde ich bis spätabends verhört und so schwer geschlagen und misshandelt, dass ich zunächst in die medizinische Abteilung gebracht wurde. Die Wächterinnen hatten später große Mühe, meinen Körper vom Keller in die Einzelzelle zu tragen. Für sie spielte mein gesundheitlicher Zustand keine Rolle. Ich war damals bereits herzkrank und erlebte in dem Moment einen Schockzustand. Für mehrere Stunden hielten sie mich im Bett. Mein gesundheitlicher Zustand war sehr schlecht.

Hatten Sie ein solches Verhalten von Angestellten des Geheimdienstes erwartet?

Von Anfang an hatten die Verhörer beabsichtigt, dass ich mich schuldig bekenne, für den britischen Geheimdienst gearbeitet zu haben. Aufgrund meines Studiums in England wurde mir eine derartige Verbindung vorgeworfen. Außerdem wurde von mir gefordert, mich eines unsittlichen Verhältnisses zu Herrn Khatami[100] und Herrn

---

100 Mohammad Khatami: fünfter Staatspräsident des Iran, wurde am 23. Mai 1997 gewählt und 2001 für eine zweite Amtszeit wieder-

Karroubi[101] schuldig zu bekennen, was ich unfassbar fand. Der Verantwortliche des Trakts 209 besuchte mich in meiner Einzelzelle. Dort schilderte ich ihm, wie ich behandelt worden war. Er sagte, ich solle den Forderungen der Verhörer nicht nachkommen. Ich spürte, dass er eine andere Einstellung hatte und vielleicht den Reformern nahestehen könnte. Vielleicht war es dieses Gespräch, das mir den Mut gab, auch in den folgenden Verhören und trotz der Misshandlungen die falschen Anschuldigungen zurückzuweisen. Ich akzeptierte allerdings den Vorwurf der Teilnahme an Versammlungen und Interviews mit Zeitungen in meiner Funktion als Herrn Karroubis Wahlberaterin geführt zu haben, was jedoch keine Straftat darstellt.

Wie war Ihre Erfahrung in der Einzelhaft?

Die Zelle war ein eins zwanzig mal zwei Meter großer Raum mit Toilette und Waschbecken. Ich verbrachte dort fünfundsiebzig Tage. Danach kam ich in eine größere Zelle, in

gewählt, die im August 2005 endete. Sein Nachfolger wurde Mahmoud Ahmadinedschad.

101   Mehdi Karroubi: iranischer schiitischer Geistlicher und reformistischer Politiker, der die Nationale Vertrauenspartei (pers. Hezb-e E'temad-e Melli) leitet, wurde nach iranischen Wahlprotesten 2009–2010 im Februar 2011 ohne offizielle Anklage unter Hausarrest gestellt; war von 1989 bis 1992 und von 2000 bis 2004 Parlamentspräsident und Präsidentschaftskandidat bei den Präsidentschaftswahlen 2005 und 2009; sieht sich als pragmatischer Reformist und ist jetzt einer der Führer der iranischen Grünen Bewegung.

der es ein Waschbecken gab. Toilette und Dusche waren
außerhalb der Zelle.

Wie war die Situation in Bezug auf sanitäre Anlagen und die Möglichkeit, an die frische Luft zu gehen?

Die sanitären Anlagen waren außerhalb der Zellen. Wir
drückten einen Knopf in der Zelle und informierten so
die Wächter, wenn wir auf Toilette wollten. Alle zwei Tage
konnten wir duschen und für fünfzehn Minuten an die frische Luft.

Wie waren die Verhöre?

Im Jahr 2009 war ich zum ersten Mal in der Einzelzelle. Alle
Verhafteten dieser Zeit erlebten die schwersten Verhöre.
Meine Erfahrung war keine Ausnahme. Ich war geschieden,
was dazu führte, dass mir unsittliches sexuelles Verhalten
vorgeworfen wurde. Es wurde mir nicht nur unterstellt, ein
sexuelles Verhältnis zu Herrn Karroubi und Herrn Khatami
zu haben, sondern auch zu anderen Gefangenen, denen sie
nichts nachweisen konnten. Um belastendes Material gegen
sie zu haben, wurde ich unter Druck gesetzt, mich schuldig
zu bekennen, ein sexuelles Verhältnis zu anderen Gefangenen zu haben. Das machte meine Situation sehr schwer.
Aus Gewissensgründen und Verantwortungsgefühl ertrug
ich viel, um die Situation meiner Mitgefangenen nicht noch
schwieriger zu machen.

Zu welchen Zeiten und in welchen Räumen fanden die Verhöre statt?

In der ersten Nacht war das Verhör im Keller des Gefängnistrakts 209. Danach wurde ich tagsüber in den Trakt 241 gebracht, und die Verhöre fanden in kleinen Zellen statt. In einer Nacht wurde ich gegen halb vier von einer Wächterin aufgeweckt, und ich musste mich fertig machen. Weil mir ständig die Todesstrafe in Aussicht gestellt wurde, dachte ich, dass sie mich hinrichten wollten. Diese Situation wurde inszeniert, sie brachten mich in einen Raum, in dem ein Strang hing. Mir wurde angedroht, mich an Ort und Stelle hinzurichten, wenn ich mich nicht der Spionage für den britischen Geheimdienst und der sexuellen Beziehungen zu Khatami und Karroubi schuldig bekannte. Vor Angst wurde ich ohnmächtig. Als ich wieder zu mir kam, war das Morgengebet bereits vorüber. Ich entlud meine Angst und Wut in Flüchen. Ich wusste nicht, wo ich war. Dieser Ort, zu dem ich nur ein einziges Mal gebracht wurde, war mir unbekannt.

Wie haben sich die Verhörbeamten während des Verhörs verhalten?

Zu unserem Pech wurden die Verhöre im Jahr 2009 von jungen, unerfahrenen Personen durchgeführt, von Menschen, die innerhalb des Ministeriums aufsteigen wollten. Das betraf nicht nur mich, sondern auch die anderen älteren Gefangenen. Ich nannte meinen Verhörer «den Praktikanten». Er selbst hatte keine Entscheidungsbefugnis.

Nach meiner Entlassung aus dem Gefängnis traf ich den Hauptverantwortlichen für meine Verhöre wieder. Als ich einmal nach vierzig Tagen ohne Kontakt zu meiner Familie in einen Raum zum Telefonieren gebracht wurde, hatte ich ihn, unter der Augenbinde hindurch, erkannt. Seine Stimme und den Isfahaner Akzent behielt ich vom ersten Tag an in Erinnerung. Manchmal kam er während des Verhörs dazu. Das Verhör selbst wurde jedoch vom «Praktikanten» durchgeführt. Etwa fünfundzwanzig Tage wurde ich vom Geheimdienst wegen Spionage verhört. Die Verhöre dauerten von fünf Uhr morgens bis zehn Uhr nachts. Der Hauptverantwortliche Amir Hussain Asghari, bekannt als «Mahdavi», verhielt sich leider sehr schlecht und benutzte viele Schimpfwörter. Der «Praktikant» versuchte die Rolle des Guten zu spielen. Er übermittelte mir die Fragen seines Vorgesetzten.

Nach einer gewissen Zeit kam ein Mann mit der Bezeichnung «Doktor» dazu. Dieser «Doktor» gab an, sich in mich verliebt zu haben, und versuchte mir diese Tatsache mit seinem Verhalten zu beweisen. Ich wurde beispielsweise öfter von ihm in den Trakt 241 gebracht, ohne dass ich selbst verhört wurde, während in der Nebenzelle das Verhör meiner Mitgefangenen Frau F. stattfand. Öfter hat er dieser Frau mehrere Fünftausend-Toman-Scheine auf die Brust gelegt und sie gefragt, wie viel ihre Brüste wert seien. Ich hatte mit ihr vereinbart, dass sie so tun sollte, als müsse sie sich übergeben, sollte das Verhör einen abweichenden Verlauf nehmen, damit der «Doktor» mich zu ihr ließ, da ich als einzige Frau «mahram»[102] zu ihr war. Eines Tages kam dieser

HENGAMEH SHAHIDI

«Doktor» in meine Zelle und zeigte mir einen Zettel, auf dem «Ich liebe dich» stand. Plötzlich legte er seine Hand auf meinen Kopf. Ich sagte zu ihm, dass er «namahram»[103] sei und nicht das Recht habe, meinen Kopf zu berühren. Er erwiderte, dass es nicht unsittlich sei, weil Hand und Kopf der Stoff des Tschador trenne.[104] Am Tag meiner Freilassung beobachtete er mich aus seinem Auto vor dem Evin-Gefängnis. Er hatte mir einen Heiratsantrag gemacht und versprochen, meine Akte im Falle einer Heirat für immer schließen zu lassen.

Hat dieser «Doktor» nach Ihrer Entlassung Kontakt mit Ihnen aufgenommen?

Er rief mich einmal an und vereinbarte ein Treffen, um mir meine Akten zurückzugeben. An diesem Tag fragte er mich, ob sich meine Meinung bezüglich der Heirat mit ihm geändert habe. Ich antwortete, dass ich, um ihm nie wieder begegnen zu müssen, bereit sei, jegliches Urteil zu akzeptieren.

102 mahram: bezeichnet im Islam Personen männlichen Geschlechts, vor denen eine Frau aufgrund eines bestimmten Verwandtschafts- oder Eheverhältnisses sich nicht verhüllen muss, das heißt, dass sie keinen Hidschab oder Ähnliches tragen muss, diese Personen dürfen einander berühren. Frauen gelten untereinander als mahram.

103 Das Gegenteil von mahram. Berührungen sind dann zwischen den Geschlechtern nicht erlaubt.

104 In der Auslegung des iranischen Rechts nicht korrekt.

**In Ihrer ersten Haftzeit im Jahr 2009 waren
Sie also in Einzelhaft. Damals sind Sie nach
viereinhalb Monaten aus dem Gefängnistrakt 209
auf Kaution freigekommen. Wie haben Sie die
zweite Haftzeit erlebt? Wie wurden Sie verhört,
und in welchen Gefängnistrakt wurden Sie
gebracht?**

Am 25. Februar 2010 wurde ich vom Geheimdienstministerium mit der Aufforderung kontaktiert, in das öffentliche Gebäude des Nachrichtendienstes zu kommen. Es wurde mir gesagt, es würden nur ein paar Fragen gestellt werden. Ich wurde dort allerdings sofort verhaftet. Der Grund für meine Verhaftung war, dass ich über einen ehemaligen Mitarbeiter des Geheimdienstes, der im Jahr 2008 entlassen worden war, den Verantwortlichen der Verhöre im Evin-Gefängnis ermittelt und seinen Namen mit Foto auf der Webseite Jaras veröffentlicht hatte. Einen Tag vor meiner Verhaftung war ich verurteilt worden. Dennoch wurde ich gleich nach der Verhaftung in den Trakt 209 gebracht und dort zwei Monate in Einzelhaft gehalten, obwohl dies gegen das Gesetz verstößt. Man teilte mir dort meine Verurteilung mit und hielt mich weiterhin in Einzelhaft.

Wurden Sie von derselben Person verhört?

Nein, dieses Mal wurde ich von einer anderen Person verhört. Er sagte mir, dass es diesmal anders laufen werde, und drohte mir, ich würde so lange dortbehalten, bis meine Haare so weiß seien wie meine Zähne. Die Verhöre drehten sich um den von mir veröffentlichten Namen, und ich bestätigte, das getan zu haben.

Was war Amir Hussain Asghari (Mahdavi) für eine Person?

Er war der Berater von Dschalili[105] bei den Atomverhandlungen. Auf Fotos stand er immer in der Reihe hinter ihm.

Wie war die Situation in Einzelhaft dieses Mal?

Am Anfang waren wir zu zweit. Meine Mitgefangene wurde beschuldigt, für Radio Farda[106] zu arbeiten. Wir waren eine Woche zusammen inhaftiert. Danach wurde sie freigelassen, und ich blieb allein in der Zelle. Zunächst war ich in einer sehr kleinen Gefängniszelle, nach drei Wochen wurde ich in eine größere Zelle gebracht, in der ich einen Monat blieb.

---

105 Saeed Dschalili: konservativer iranischer Politiker und Diplomat, der von 2007 bis 2013 Sekretär des Obersten Nationalen Sicherheitsrates war. Er war Mitverhandler des sogenannten Atomdeals.

106 Radio Farda (Farda: persisch für Morgen): Hörfunksender mit Sitz in Prag, sendet in persischer Sprache; Gemeinschaftsprojekt der Voice of America und Radio Liberty für den Iran. Radio Farda wird von der US-Regierung finanziert.

Sind Sie während dieser zwei Verhaftungen in Hungerstreik getreten?

Während meiner ersten Haftzeit bin ich in Hungerstreik getreten, nachdem ich die Hoffnung auf Freilassung verloren hatte. Für acht Tage habe ich gestreikt. Dann wurde ich zu Richter Pir Abbasi in das Revolutionsgericht gebracht. Ich war sehr schwach, und es ging mir so schlecht, dass ein Notdienst gerufen werden musste. Pir Abbasi erkannte meine Situation und sagte, dass er mich gegen Kaution freilassen würde, wenn ich den Hungerstreik beende. Ich verlangte, dass man mir das Dokument meiner Freilassung zeigt. Als ich das Dokument sah, habe ich den Hungerstreik beendet und wurde in derselben Nacht freigelassen.

Wie haben Sie Ihre dritte Haftzeit erlebt? Wie wurden Sie verhaftet und aus welchen Gründen?

Das dritte Mal wurde ich am 9. März 2017 in Maschhad verhaftet. Ich war dort auf der Beerdigung meiner Großmutter. Nach meiner Verhaftung verbrachte ich eine Nacht in der Haftanstalt des Geheimdienstes. Am nächsten Morgen wurde ich dem Richter vorgestellt und nach Verlesen der Anklageschrift mit einem Flugzeug des Geheimdienstes nach Teheran in das Evin-Gefängnis in den Trakt 209 gebracht. Weil Nouruz war, also der Jahreswechsel bevorstand, wurde ich schon am nächsten Tag mit dem Ermittler Bijan Ghasemzadeh in die zweite Abteilung für Kultur und Medien gebracht. Nach dem Verlesen der Anschuldigungen im Zusammenhang mit der Nachrichtenseite Amad News wurde ich wieder in Einzelhaft in den Trakt 209 gebracht. Unmittelbar danach begannen die Verhöre.

Wie verhielten sich die Verhörbeamten diesmal?

Mein Verhörbeamter war so unkultiviert und rüde, dass es mehrfach zu starken Auseinandersetzungen zwischen uns kam. Einmal stritten wir uns heftig. Als ich gerade aus dem Verhörraum ging, sagte er anzüglich, dass ich eigentlich in das Gefängnis Ghezel-Hesar[107] gehöre. Ich antwortete ihm darauf, dass ihm mit seinem Verhalten gegenüber den Gefangenen ein Platz im Zoo gebühre. Nach dieser Auseinandersetzung hat das Geheimdienstministerium erkannt, dass die Verhöre auf diese Weise nicht voranschritten, und sie änderten ihre Strategie. Danach kam ein anderer Verhörbeamter, der auch «Doktor» genannt wurde und ein höflicheres Verhalten zeigte. Ich nehme an, dass er sich im Laufe der Verhöre von meiner Unschuld überzeugte, da es auch tatsächlich keine Beweise für die Anschuldigungen gab. Nach den Verhören wurde ich auf Anordnung des Richters und seines Stellvertreters Amir Ghotbi, der Leiter der

107 Ghezel-Hesar-Gefängnis: größtes Staatsgefängnis im Iran, bis 2011 waren dort ca. 20000 Gefangene untergebracht, von denen 13000 wegen Drogenmissbrauchs festgehalten wurden; es befindet sich in Ghezel Hesar, Stadt Karadsch, 20 Kilometer nordwestlich der iranischen Hauptstadt Teheran; die Anspielung könnte als Unterstellung der Prostitution als Beschaffungskriminalität gemeint sein.

Abteilung Kultur und Medien war, vom Gefängnistrakt 209 in den Trakt 241 gebracht.

Wie war die Situation in der Einzelhaft im Gefängnistrakt 241?

Die Gefängniszellen im Trakt 241 waren anders als im Trakt 209. Toilette und Dusche waren innerhalb der Zelle hinter einem Wandvorsprung. Die Zelle war etwa 2,5 mal 2,5 Meter groß. Eine 360-Grad-Kamera kontrollierte alle unsere Bewegungen. Das Benutzen der Toilette und der Dusche unter Beobachtung der Wächter war für mich psychische Folter.

Sind Sie in dieser Zeit auch in Hungerstreik getreten?

Ich hatte meiner Familie gesagt, dass ich in einen Hungerstreik trete, wenn ich verhaftet werde. In den ersten einhundertzehn Tagen habe ich nichts gegessen und war im Hungerstreik. Einer der Verhörer des Nachrichtendienstes, ein Mediziner, kontrollierte meine Werte. Meine Nieren hatten sich infiziert, und die Infektion war in das Blut übergegangen. Sie mussten mir starke Antibiotika geben. In den sechs Monaten verweigerte ich auch einige Male das Trinken, was meine Situation gefährlich machte. Einmal wurde ich ohnmächtig und in die medizinische Abteilung von 241 gebracht. Als ich zu mir kam, bekam ich Infusionen. Das war eine schwierige Situation für mich.

**Warum war es Ihnen wichtig,
den Hungerstreik fortzusetzen?**

Ich hatte das Gefühl, dass ich mit dem Hungerstreik Widerstand leistete und Anklage erheben konnte gegen die Grausamkeit und Ungerechtigkeit, die mir widerfuhren. Wenn es Beweise für die Anschuldigungen gegeben hätte, hätte ich nicht protestiert, aber ich wurde ohne Beweise für sechs Monate in Einzelhaft gehalten. Der Hungerstreik war meine Reaktion darauf. Im Grunde resultierte meine Wut aus den Ungerechtigkeiten. Das Eintreten in den Hungerstreik entlastete mich psychisch. Ich habe das Gefühl, dass ich mich dadurch am Justizsystem rächen konnte. Als ich entschied, den Hungerstreik auf Flüssigkeiten auszuweiten, sah ich den Tod vor mir. Aber die Vorstellung, im Hungerstreik zu sterben, gab mir ein Gefühl der Leichtigkeit. Dass ich mich an denjenigen rächen konnte, die mich grausam in Haft hielten, war für mich entlastend.

**Hatten Sie in der Haft die Möglichkeit zu lesen
oder zu anderen Aktivitäten?**

Alles, was ich hatte, waren die Bücher. Mir war der Kontakt zu anderen verboten, und ich durfte keine Nachrichten empfangen. Mir war auch verboten, Papier und Stift zu besitzen.

Konnten Sie Besuch empfangen
oder telefonischen Kontakt haben?

Jede zweite Woche konnte mich meine Familie besuchen, und einmal die Woche durfte ich mit ihnen telefonieren.

Was hatten Sie während Ihrer Haft für Kleidung?

Sowohl im Jahr 2009 im Gefängnistrakt 209 als auch danach im Jahr 2016 hatte ich Gefangenenkleidung. Im Trakt 209 war die Kleidung weiß mit grauen vertikalen Streifen, im Trakt 241 war sie dunkel- und hellblau mit horizontalen Streifen. Es waren Männergrößen, die auch den Frauen gegeben wurden.

Wie war die Hygiene im Trakt 241?

Im Vergleich war die hygienische Situation im Trakt 209 besser, weil die sanitären Anlagen außerhalb der Zelle waren. Im Trakt 241 waren Toilette und Dusche in der Zelle. Dadurch entstanden Krankheiten. Es gab keine Möglichkeit zu lüften, und die Feuchtigkeit und der Geruch waren sehr unangenehm. Einmal die Woche erhielten wir Hygieneartikel, was nicht ausreichte.

Wie häufig konnten Sie an die frische Luft?

Wir hatten täglich für zwanzig Minuten die Möglichkeit, an die frische Luft zu gehen.

HENGAMEH SHAHIDI

Wo war das?

Im Trakt 209 war es ein Hof, der etwa zwanzig mal zwanzig Schritte groß und mit einem Plastikdach bedeckt war. Es gab dort keine Pflanzen. Der Hof und die Mauern waren aus Beton und karg. Aber im Trakt 241 war der Hof das einzig Positive. Anscheinend gab es dort früher einen Garten mit Obstbäumen. Wir waren zwar mit Metallgittern getrennt davon, aber wir konnten ihn sehen. In dem Hof standen Sportgeräte, deren Farbe und Anblick für uns angenehm waren.

Sind Sie danach noch mal in Einzelhaft gekommen?

Ja, ich wurde im 23. Juli 2018 in Kish[108] erneut verhaftet. Ich war gerade von der Intensivstation entlassen worden. Nach der Verhaftung wurde ich mit einem Flugzeug des Geheimdienstes nach Teheran geflogen und in die Abteilung 241 gebracht. In den elf Monaten der Verhaftung war ich allein in einer Zelle und hatte kein Radio oder Fernsehen. In dieser Zeit wurde ich nicht ein einziges Mal verhört.

Waren Ihre vorherigen Erfahrungen in dem Moment eine Hilfe für Sie?

Ich wurde in eine Zelle gebracht, in der ich bereits vor sechs Monaten gewesen war, und musste alles erneut erleben. Ich kam wieder in die 2,5 mal 2,5 Meter große Zelle mit der Toi-

108   Insel in der Provinz Hormozgan im Persischen Golf.

lette und Dusche. Ich wurde vierundzwanzig Stunden unter weißem Licht in der Zelle gehalten, was Folter war.

Können Sie über Ihre Gefühle während dieser langen Einzelhaft sprechen? Und darüber, wie Sie sich im Laufe der Zeit veränderten?
Sieben Monate lang wurde mir verboten zu telefonieren oder Besuch zu empfangen. Nach sieben Monaten erlaubte der Richter Salavati alle zwei Wochen Besuch und telefonischen Kontakt. Da mir in den ersten Monaten generell die Möglichkeit genommen worden war, soziale Kontakte zu haben und von meiner Familie zu hören, hatte ich meine Orientierung verloren. Als der Untersuchungsbeamte die 200 Millionen Toman Kaution für meine Freilassung ablehnte und Haft angeordnet wurde, trat ich für dreißig Tage in einen Hungerstreik. Das Besuchs- und Kontaktverbot war für mich ein weiterer Grund für den Hungerstreik. Ich war sehr wütend. Der Leiter des obersten Gerichts war Sadegh Larijani. Aus Wut rief ich mehrfach mit lauter Stimme: «Tod dem Larijani.» Ich hatte wenig Mittel, mir die Zeit zu vertreiben. Ich hatte keinen Fernseher, aber ich bekam Bücher. Ich verbrachte meine gesamte Zeit mit lesen. Wenn ich fertig war, gab mir Ali Maleki, der Leiter des Traktes, neue. Es machte mich sehr nervös, wenn ich keine Bücher hatte. Ich las täglich 800 Seiten, das war eine große Hilfe für mich. Morgens stand ich um sieben Uhr zum Frühstück auf, abends aß ich um neun Uhr Abendessen, und um Mitternacht ging ich schlafen. Da es eine psychisch belas-

tende Situation war, konnte ich nicht ohne Schlaftabletten auskommen. Ohne Tabletten konnte ich nur zwei Stunden schlafen. Daher bekam ich vom Psychiater des Gefängnisses die Medikamente ausgestellt. Außerhalb des Gefängnisses hätte ich solche Medikamente nie eingenommen. Ich habe die Krankheit Fibromyalgie[109]. Bei dieser Erkrankung spielen die Umstände und psychischen Faktoren eine wichtige Rolle. Vor diesem Hintergrund war ich gezwungen, die Schlaftabletten einzunehmen, um mir in der Einzelhaft etwas Erholung zu verschaffen.

Wie war die medizinische Versorgung?

Wegen meiner Herzerkrankung war ich ständig auf medizinische Hilfe angewiesen. Ich hatte die Möglichkeit, Ärzte zu sehen und die notwendigen Medikamente zu bekommen.

Wie hat sich die lange Einzelhaft auf Ihre Psyche und körperliche Verfassung ausgewirkt?

In den ersten Tagen und Monaten der Haft war ich irritiert, weil ich dort war, ohne dass jemand zum Verhör kam. Ich wünschte mir, mit jemandem zu sprechen, auch wenn es ein Verhör wäre. Die Wärter waren angehalten, sich fünfzehn Minuten am Tag mit mir zu unterhalten, damit ich nicht durchdrehte, aber nach einiger Zeit konnte ich mich selbst

---

109 Führt u.a. zu Muskelschmerzen in verschiedenen Körperregionen.

organisieren. Aufgrund meiner vorherigen Erfahrungen organisierte ich den Tag so, dass ich zwischen dem Lesen täglich zwei Stunden Sport machte. Der Sport bestand aus Gehen in der Zelle und Gymnastikübungen. An manchen Tagen ging ich sieben Kilometer. Einmal hin und zurück waren etwa fünf Meter, ein Gebetskranz waren fünfhundert Meter, und vierzehn davon ergaben sieben Kilometer. Ich errechnete dies mit Hilfe von Dattelkernen. Allmählich gewöhnte ich mich an die Einzelhaft. Wenn mal eine Wächterin nicht kam, wurde ich unruhig und fragte nach ihr, als ob jemand aus meiner Familie fehlen würde.

Das Benehmen und die Kleidung der Wächterinnen aus dem Trakt 241 waren ganz anders als im Trakt 209. Im Trakt 241 waren sie zwischen dreiundzwanzig und fünfundvierzig Jahre alt und kleideten sich modisch. Manche trugen keine Uniform, was mir guttat. Die Wächterinnen aus dem Trakt 209 hingegen waren durchschnittlich über vierzig und trugen Uniform.

Welche Farben hatte die Zelle?

Alle Wände der Zelle waren beige. Der Gefängnistrakt 241 gehört zu den intakteren Gebäuden in Evin. Dort wurden Augenbinden seltener benutzt als im Trakt 209. Im Trakt 209 mussten wir sogar für den Toilettengang oder wenn wir in den Hof gingen die Augenbinde anlegen. Das Gebäude von Trakt 209 ist sehr alt und grau. Ich war zweimal im Trakt 241 untergebracht und wurde jeweils einmal vom dortigen Verantwortlichen besucht.

Welche Rolle spielten die Treffen mit Ihrer Familie für Sie?

Eine existenzielle Rolle. Nach sieben Monaten hatte ich die Möglichkeit bekommen, meine Familie wiederzusehen. Vor meiner Verhaftung hatte ich bereits meine Wohnung gekündigt und leer geräumt. Weil ich erfahren hatte, dass ich verhaftet werden sollte, war ich untergetaucht und lebte schon etwa ein Jahr lang getrennt von meiner Familie. Sogar telefonisch stand ich nicht in Kontakt. Ich hatte nur über Apps von Dritten Kontakt zu Ihnen. Aber nichts kann persönliche Treffen ersetzen. Ich konnte nicht glauben, als ich nach sieben Monaten die Erlaubnis bekam, meine Familie zu sehen. Ich glaubte an einen Trick und dass sie mich der Sepah ausliefern wollten. Nach dem Besuch meiner Familie war ich dann beruhigt.

Wie würden Sie Ihre Erfahrungen aus viermal Einzelhaft zusammenfassen?

Einzelhaft ist eine Folter. Unabhängig von der körperlichen und psychischen Situation der Gefangenen ist das eine harte Folter. Wenn dann die Situation der Gefangenen noch weiter verschärft wird, ist es noch schlimmer. Im Jahr 2009 zum Beispiel gab es zu der Einzelhaft noch Schläge und Beschimpfungen und ich trat in einen Hungerstreik. Während meiner weiteren Haftzeiten waren die Einschränkungen durch das Kontaktverbot im Zusammenhang mit dem Hungerstreik zusätzliche Belastungen. Das starke Licht, das vierundzwanzig Stunden brannte und keinen Schlaf ermöglichte, war Folter. Die anstößigen Schimpfwörter und sexuellen Erniedrigungen machten die Situation schwer. Wenn ich die Stimmen der inhaftierten ISIS-Anhänger hörte, die kurz vor ihrer Hinrichtung standen, brach ich zusammen. Aus einer Zelle konnte ich durch die Wand die Stimmen von Frauen hören, die misshandelt und gequält worden waren. Diese Stimmen sind die schlimmsten Erinnerungen an meine Einzelhaft.

REYHANEH TABATABAI

Übersetzung: Hellen Nahid Nosrat

Reyhaneh Tabatabai ist Journalistin, politische Aktivistin und Unterstützerin der Partizipationsfront[110].

Ab dem 13. Januar 2016 verbrachte sie ein Jahr im Evin-Gefängnis. Zusätzlich wurde sie für weitere zwei Jahre von der Mitgliedschaft in politischen Parteien und Vereinigungen ausgeschlossen und bekam das Verbot, in Medien und virtuellen Netzwerken aktiv zu sein. Ihr Fall wurde von den Revolutionsgarden[111] eröffnet. Sie wurde als Mitglied des Hauptquartiers der Nationalen Jugend[112] bei den Wahlen 2013 und aufgrund der Teil-

---

110 Partizipationsfront des islamischen Iran (pers.: Djebheye Mosharckat Iran-e Eslami): regierungsreformistische politische Partei im Iran; seit 1997 bestehende politische Partei des sogenannten reformerischen Lagers im Iran.

111 Sepah: Armee der Wächter der Islamischen Revolution (pers.: Sepah-e Pasdaran-e Enqelab-e Eslami, kurz auch Sepah oder Pasdaran); informell Revolutionsgarde; iranische paramilitärische Organisation, die mit der regulären Armee die Streitkräfte des Iran bildet.

112 Setade Meli Jawanan.

nahme an der Konferenz der reformorientierten Jugend in der Stadt Schahr-e Kord angeklagt sowie wegen Beleidigung von Saeed Dschalili und Mohammad Bagher Ghalibaf[113] auf Facebook. Reyhaneh Tabatabai war zuvor dreimal verhaftet worden. Ihre erste Haft verbüßte sie im Dezember 2010 in der Frauenabteilung des Evin-Gefängnisses. Die zweite Verhaftung erfolgte im Winter 2014 während der Welle von Inhaftierungen iranischer Journalisten, die schließlich zu dem Gerichtsurteil «Verbot der Strafverfolgung» führte. Tabatabai wurde am 20. Juni 2014 zum dritten Mal festgenommen und war wegen «Propaganda gegen das Regime» sechs Monate lang inhaftiert.

Reyhaneh Tabatabai:

Die Größe der Zelle entsprach in etwa der Größe eines normalen Raums. Man konnte darin herumgehen. Es gab zwei Deckenlichter, durch die man den Himmel nicht sehen konnte. Das Licht in der Zelle bestand aus drei Lampen, von denen eine tagsüber und alle drei nachts an waren. Waschbecken und Toilette befanden sich in der Zelle, waren aber durch eine Tür vom Raum getrennt. Es gab keine Heizung in der Zelle, nur einen Lüftungskanal, aus dem heiße Luft

---

113 Mohammad Bagher Ghalibaf, konservativer iranischer Politiker, ehemaliger Militäroffizier; 1997–2000 Kommandeur der Revolutionsgarde, 2000–2005 Polizeipräsident, 2005–2017 Bürgermeister von Teheran; wurde 2020 zum Sprecher des iranischen Parlaments gewählt.

hereinkam. Weil dies ein unerträgliches Geräusch verursachte, bat ich darum, das Gerät abzuschalten. Es gab vier oder fünf Militärdecken im Raum, der Boden war mit Teppich ausgelegt und tatsächlich sauber. Die Tür wurde nicht geöffnet, außer wenn die Gefangene die Beamten rief oder wenn sie morgens, mittags und abends Essen brachten. Morgens und abends wurde Tee gebracht. Morgens und abends wurde für zwanzig Minuten ein Spaziergang an der frischen Luft erlaubt. Ich war zu dieser Zeit die einzige Gefangene im Trakt. So lag er in absoluter Stille und Isolation da. Ich dachte, wenn mir in der Zelle etwas passiert, würden sie es angesichts der Entfernung zum Wachraum gar nicht bemerken. Deswegen war ich sehr besorgt darüber, wie es mir ergehen würde. Die Kleidung, die wir dort trugen, bestand aus einem rosafarbenen Mantel, dazu eine Hose. Ich bekam zwei Garnituren dieser Kleidung, sodass ich mich nach dem Waschen umziehen konnte. Das Essen kam aus der Sarollah-Kaserne[114], die Qualität war gut. Ich bekam auch alle zwei Tage Obst. Ich wurde jeden Tag verhört und war so müde, dass ich nach meiner Rückkehr in die Zelle schnell einschlief. Das Verhör begann gegen Mittag und dauerte bis zum Sonnenuntergang. Während des Ramadan fastete ich und wurde bis zum Fastenbrechen, dem Iftar, verhört. Ich wurde sogar an den Tagen von Tasua

114 Die Sarollah-Kaserne gehört zu den Revolutionsgarden in Teheran, deren Aufgabe es ist, die Sicherheit der Hauptstadt und anderer Städte der Provinz Teheran zu gewährleisten.

und Ashura[115] und freitags[116] verhört. Manchmal dauerten die Verhöre bis elf oder zwölf Uhr tief in der Nacht und sogar einmal bis zwei oder drei Uhr nach Mitternacht.

Am ersten Tag, als ich in Gewahrsam genommen wurde, war ich sehr müde, weil ich bis sieben Uhr morgens ohne Schlaf gewesen war. Es wurden Verhaftungs- und Aufnahmeformalitäten durchgeführt, dann kam ich in die Zelle und schlief. Als ich die Zelle betrat, sah ich einige Kakerlaken, die gerade Gift gespritzt hatten. Ich musste meine Kleidung abgeben und Gefängniskleidung anziehen. Wenig später riefen sie mich zum Verhör. Um in den Verhörraum zu gehen, musste ich mir den Tschador umlegen, und mir wurden die Augen verbunden. Es ging durch den Hof zum Verhörraum, dort musste ich mich mit geschlossenen Augen zur Wand auf einen Stuhl setzen. Ich füllte ein Formular aus. Der Verhörer sagte, dass er, soweit er über die Angeklagte informiert sei, gewusst habe, dass ich mich so verhalten würde. Ich wollte schon loslachen. Er wollte damit sagen, dass er mich gut kenne. Er lieferte alle Informationen bezüglich meiner Person, sogar über die Cafés, in die ich ging, und Teile meiner Unterhaltungen an verschiedenen Orten. Er erwähnte sogar «intime» familiäre Angelegenheiten. Er kannte Details von verschiedenen Familienereignissen und wollte damit zum Ausdruck bringen, dass er alles über mich wusste und vollständige Informationen über mein Leben und meine Aktivitäten habe. Ich musste

115   Hohe schiitische Trauertage.
116   Feiertag im Iran, äquivalent zu Sonntag.

ihm meine E-Mail-Adresse und das Passwort nennen, und er sagte, ich würde sechs oder sieben Monate dortbleiben, es sei denn, ich nehme Stift und Papier und schreibe alles auf und kooperiere.

In meiner Zelle befand sich ein Koran. Und eine tote Kakerlake, von der ich forderte, dass man sie beseitige. Was sie taten. Am nächsten Tag verhörte mich das zweite Team. Am ersten Tag hatte mich der Verhörbeamte gebeten, dem Verhörbeamten des zweiten Teams nicht zu sagen, dass es mir gut gehe, weil es sie provozieren könnte. Die Anklage wurde zwei Tage nach meiner Festnahme bekannt gegeben, während die Verhöre sofort begonnen hatten. Für die Bekanntmachung der Anklagepunkte brachten sie mich in Handschellen vor den Staatsanwalt, wogegen der Ermittler protestierte. Ich hatte zwei Wochen lang kein Telefon. Während der ersten sechsunddreißig Tage erhielt ich nur dreimal die Gelegenheit zu telefonieren und bekam keinen Besuch. Die Verhöre fanden in einem Abschnitt des Traktes 2A statt, wo auch einer der Ermittler anwesend war. Ich konnte im Verhörraum rauchen, aber in der Zelle und im Hof war es verboten.

Während meiner Aktivitäten im Jahr 2009 war ich mir bereits sicher, dass ich verhaftet werden würde, also war ich vorbereitet. Ich hegte große Sympathien für die grüne Bewegung[117]. Ein Jahr vor meiner Verhaftung hatte ich viel über Einzelhaft gehört, und jetzt versuchte ich, die Erfah-

117   Proteste nach der iranischen Präsidentschaftswahl 2009 mit dem
      Vorwurf des Wahlbetrugs der damaligen Regierung unter Ahma-
      dinedschad.

rungen anderer zu nutzen, um mir Mut zu machen und meine Widerstandsfähigkeit zu erhöhen.

Bei meinen nächsten Verhören ging es um meine Aktivitäten. Ich wurde aufgefordert, gegen Fakhr al-Sadat Mohtashami Yapour[118] und Herrn Tajazadeh[119] auszusagen. Gleichzeitig stellten sie mir Fragen zu Kontakten und Journalisten im Ausland. Zuerst stellten sie viele Fragen, die nichts mit der Anklage, sondern eher mit den Dingen zu tun hatten, die sie auf meinem Laptop gefunden hatten, aber ich ging nicht auf diese Themen ein. Sie fragten sogar nach unpolitischen Themen, meiner Familie und meinen Freunden, aber aufgrund meiner energischen Haltung beharrten sie nicht lange darauf.

Am Tag von Ashura[120] war ihr Auftreten von Geschrei und Drohungen begleitet. Sie behaupteten, ich hätte einige der Fragen nicht richtig beantwortet oder gelogen. Das veranlasste mich dazu, die Verantwortung für meine eigenen Handlungen zu übernehmen. Aber ich zog niemand anderes mit hinein. Stolz schrieb ich auf alle Verhörprotokolle, dass ich für die Webseite Kalemeh[121] arbeite, weil die Menschen

---

118 Fakhrossadat Mohtashamipour: iranische reformorientierte Politikerin, ehemalige Leiterin der Abteilung für Frauenangelegenheiten im Innenministerium.

119 Sayyid Mostafa Tajzadeh: iranischer reformorientierte Politiker, Mitglied der reformorientierten Partei Islamic Iran Participation Front (Jebheye Mosharekate Iran-e Eslami); verbüßte von 2009 bis 2016 eine Haft im Evin-Gefängnis.

120 Hoher shiitischer Trauertag.

121 Kalameh: pers.: das Wort.

das Recht haben, zu erfahren, was in ihrem Land vorgeht, und ich die Grüne Bewegung und ihre Gefangenen unterstütze. Nach sechsunddreißig Tagen in Einzelhaft wurde ich schließlich gegen eine Kaution von einhundert Millionen Toman freigelassen.

Die zweite Verhaftung am 3. Februar 2013
Der Trakt 209 des Sicherheitsgefängnisses des Geheimdienstministeriums

Ich hatte das Zeitungsgebäude für ein Interview verlassen. Meine Freunde riefen mich an, nicht zurückzukommen, weil einige Leute gekommen seien, um mich und andere Kollegen zu verhaften. Ich blieb bis zehn Uhr nachts auf der Straße, aber am Ende beschloss ich, nach Hause zu gehen und in Kauf zu nehmen, wenn es denn so sein sollte, mich dort verhaften zu lassen. Zu Hause erfuhr ich, dass an diesem Tag vierzehn oder fünfzehn Journalisten festgenommen worden waren. Nach ein paar Tagen, am 31. Januar 2013 um zehn Uhr morgens, kam mein Vater und sagte: «Zwei Autos stehen vor der Tür.» Ich lud die Insassen durch das Fenster ein hochzukommen. Zuerst redeten sie sich raus, sie seien Anti-Drogen-Polizei und für einen Nachbarn gekommen. Ich sagte: «Ich meine es ernst, wir wohnen im ersten Stock.» Sie kamen hoch und verhafteten mich, nachdem sie das Haus durchsucht hatten.

Ich wurde in den Trakt 209 eingeliefert und dort in eine Zelle gesteckt. Bei meiner Ankunft sah ich, dass sie sehr schmutzig war. Es gab ein kleines Waschbecken, aber keine Toilette. Es war der Trakt für männliche Gefangene, ich konnte ihre Stimmen hören. Ich glaube, es ging einen Tag später zum Verhör. Drei Tage danach wurde ich zum Gericht gebracht, um die Anklage zu erfahren. Zwei Tage später wurde ich in eine andere Zelle in der ersten Halle gebracht. Ich war überhaupt nicht darauf eingestellt, verhaftet zu werden. Einige Tage vor meiner Verhaftung war ich im Untersuchungsbüro der Sepah gewesen und etwa fünf Stunden lang verhört worden. Es gab demnach keinen Grund, mich festzunehmen. Das Geheimdienstministerium hatte jedoch vor meiner Verhaftung eine Erklärung veröffentlicht, aus der hervorgeht, dass möglicherweise weitere Personen verhaftet werden.

Ich wurde in Verhörzellen befragt, die im öffentlichen Korridor auf derselben Etage wie meine Zelle lagen. Die Verhöre fanden statt, während wir mit dem Gesicht zur Wand standen. Wir wurden mit verbundenen Augen herumgeführt. Der Vernehmer kam, um mitzuteilen, er würde am Folgetag kommen. Er erschien daraufhin fünf oder sechs Tage lang nicht, und das Schlimmste war, dass ich alleine und still in der Zelle warten musste. Diese Methode war völlig anders als die der Sepah, die zum einmal festgelegten Zeitpunkt die Befragung fortführte. Ich wurde über längere Stunden in Station 2A verhört. War also nicht so oft in der Zelle. Es war das erste Mal, dass ich den Koran und die Mafatih las. Das war für mich sinnbringend und interessant. Die Vernehmer rieten mir zu beten, um die Zeit in der Zelle zu verkürzen. Sie sagten, sie wüssten, wie schwer es sei, eine solche Umgebung zu ertragen, wenn sich die Tür hinter dem

Gefangenen schließt. In 209 wurde ich zusätzlich zu meinen kurzen Vernehmungen viele Stunden lang in Bereitschaft gehalten. Ich wurde dreimal im Monat verhört, jedes Mal vier oder fünf Stunden lang.

In 209 gab es keine Toilette in der Zelle, und ich hatte Probleme, zur Toilette zu gehen. Nachts traute ich mich nicht, das Licht einzuschalten und auf die Toilette zu gehen. Die leisen Stimmen der Wachen machten mich nervös. Ich fühlte mich unbehaglich. Ich fastete die meisten Tage und aß bis auf ein paar Tage kein Mittagessen. Das Abendessen war auch sehr schlecht, und ich konnte nichts zu mir nehmen. Sie gaben mir einmal pro Woche Obst, das ich rationierte und die ganze Woche über aß.

In 209 fühlte ich mich niedergeschlagen und weinte. Ich vermisste meine Mutter. Das Gefühl von Heimweh und der Wunsch, zu fliehen und aus dieser Zelle und Umgebung herauszukommen, übten großen Druck auf mich aus. Da ich weder Fernsehen noch Radio hatte, war es für mich sehr schwierig, meinen Tag zu füllen. Manchmal fühlte ich mich depressiv. Einige Tage nach meiner Verhaftung erhielt ich einmal die Bahar-Zeitung[122]. Ich las die Nachricht meiner Verhaftung und die anderer Journalisten und war sehr aufgeregt. Danach war die einzige Zeitung, die sie mir gaben, die Ettela'at[123]. In der Zelle bekam ich das Buch

122　Bahar (Frühling): eine den Reformern nahestehende Zeitung, Sitz in Teheran, gegründet im Mai 2000.

123　Ettela'at (Information): eine der ältesten Tageszeitungen im Iran; gilt heute als eines der Propagandainstrumente des Regimes.

Da[124], das ungefähr siebenhundert Seiten umfasst. Ich las es sieben Mal. Nachdem ich die ersten hundert Seiten gelesen hatte, begann ich von vorne, damit das Buch nicht bald enden würde. Anschließend habe ich um weitere Romane gebeten, aber sie wollten mir keine geben. Später wurde mir klar, wie das Lesen dieses Buches und die Vorstellung von Kriegs-, Tötungs- und Todesszenen in einer Zelle zusätzlich Druck auf mich ausgeübt und mich mental stark beeinträchtigt hatten.

In Abschnitt 209 konnte ich im Gegensatz zu 2A meine Familie ein- oder zweimal pro Woche anrufen. Nachts konnte ich nicht schlafen, wollte aber nicht ins Krankenhaus. Einige Tage, bevor meine Haftzeit auslief, hatte ich schweres Herzklopfen, aber sie sagten, es sei zurzeit kein Arzt in der medizinischen Abteilung. Sie warteten bis zur Nacht, um mich in ein Krankenhaus zu bringen.

Das Verhalten der Wachen in 2A war besser als in 209. In 209 waren die Wachen unhöflich und anscheinend darauf trainiert, Gefangene zu belästigen, ihren Anfragen gegenüber gleichgültig zu sein und ihre Probleme zu ignorieren. Ich durfte meine Familie während meiner Zeit in 209 nicht sehen. Es waren siebzehn von uns, die zusammen verhaftet worden waren, und einige wurden zwei Wochen später in die Gemeinschaftsabteilung 209 gebracht, aber ich war bis

124 Da (kurdisch/lorisch für Mutter), Untertitel: Krieg einer Frau von Seyyedeh Azam Hosseini, Interview mit Seyyedeh Zahra Hosseini über deren Erfahrungen während des Iran-Irak-Krieges sowie autobiografische Teile der Autorin, Schwerpunkt ist die Rolle der iranischen Mütter während des Iran-Irak-Kriegs.

zum letzten Tag in der Einzelzelle. Ich sollte in den letzten Tagen in einen allgemeinen Trakt gebracht werden, aber sie sagten, das sei nicht möglich, weil es keinen geeigneten Zellengenossen für mich gäbe. Sie gaben mir nicht einmal einen Fernseher, mit der Begründung, ich würde dann Selbstmord begehen. Sie behaupteten, mich nicht so bald entlassen zu können, weil sie in meinem Fall feststeckten, während ausländische Kreise [und Medien] gegen meine Inhaftierung protestierten. Ich denke, der wahre Grund war die Tatsache, dass sie keine handfesten Beweise gegen uns hatten und versuchten, Beweise aus den Sendungen der BBC und anderer ausländischer Medien zu erhalten.

In den Zellen hatten wir eine Bluse und eine Hose an, aber wir mussten einen Tschador und ein Kopftuch tragen, wenn wir zum Verhör gebracht wurden. Sie hatten uns unsere BHs in 2A nicht abgenommen, aber in 209 durften wir von Anfang an keinen BH tragen. Die Inschriften an den Wänden ließen 2A wie ein Geisterhaus wirken. Sie waren hauptsächlich von Leuten mit schweren Anklagen geschrieben. Die in 209 hingegen waren von Leuten verfasst, mit denen ich vertraut war. Einige waren mit einem Stift geschrieben, andere in die Wand geritzt. An der Wand der Toilette in 2A befand sich die Zeichnung eines Hauses, in dem eine Person bei ihren Eltern lebte. Diese Zeichnung gab mir ein seltsames Gefühl. Ich genoss es, sie anzuschauen.

Der Freigang in 209 war kein wirklicher Freigang, da wir auf eine Terrasse gebracht wurden, über der sich ein Glasdach befand. In der Zelle ging ich viel herum, trainierte, legte mich hin und setzte mich wieder auf. Ich füllte meine

Zeit mit Dingen, wie zum Beispiel einen Gebetskranz aus Orangenschalen zu basteln, oder fand anderes, mit dem ich die Zeit verbringen konnte. Ich konnte nur schlafen, wenn sie mir einen leichten Gebetstschador gaben, weil die Militärdecken allein zu rau waren.

SIMA KIANI

Übersetzung: Fahimeh Farsaie

Sima Kiani ist eine Bahai[125], geboren 1965, aufgewach-
sen in Schahr-e Rey[126]. Sima Kiani wurde am 9. März
2017 erstmals von den Sicherheitskräften festgenommen
und vom Revolutionsgericht Schahr-e Rey aufgrund
von «Propaganda gegen das Regime» zu einem Jahr
Gefängnis verurteilt. Im April 2017 wurde sie gegen eine
Kaution von 200 Millionen Toman freigelassen. Die So-
zialaktivistin war einige Zeit Mitglied der Verwaltungs-
gruppe der Bahai-Gemeinde, der sogenannten Yaran[127].

125   Anhänger des Bahaitum: weltweit verbreitete Religion mit rund
      acht Millionen Anhängern, die sich auf die Lehren des Religions-
      stifters Baha'ullah (1817–1892) berufen und nach ihm als Bahai
      bezeichnet werden. In ihrem Ursprungsland Iran bilden die Bahai
      zwar die größte nicht muslimische religiöse Minderheit, sind aber
      systematischer staatlicher Verfolgung ausgesetzt. Hauptverbrei-
      tungsgebiete heute sind Indien, Afrika, Süd- und Nordamerika.

126   Schahr-e Rey: Industriestadt ca. fünfzehn Kilometer südlich
      Teherans, wird zum Teheraner Ballungsraum hinzugezählt; ist
      heute an die U-Bahn Teheran angebunden, bildet aber einen ei-
      genen Distrikt der Provinz Teheran.

127   Yaran: pers.: Freunde.

«*Der Geheimdienst war sich unserer Aktivitäten immer bewusst, insbesondere seit 1997, als sie unser Haus überfallen und meinen Vater verhaftet und verhört haben, der zu dieser Zeit auch Mitglied der Yaran gewesen ist. Als Mitglied rief ich später von Zeit zu Zeit ein anderes Mitglied der Yaran an und sprach mit ihnen über unsere Gemeinde, was nach meiner Verhaftung zu einer der schwerwiegenden Anschuldigungen gegen mich wurde*», erklärt Sima.

Sima Kiani:

Am 9. März 2017 wurde ich um 7:50 Uhr aus dem Schlaf gerissen. Ich hörte, wie jemand lange meine Türklingel drückte. Ich beeilte mich, die Tür aufzumachen. Vor mir standen sieben Geheimdienstbeamte. Sie zeigten mir einen Durchsuchungsbeschluss, betraten das Haus brüllend und begannen sofort, es zu durchsuchen und uns zu bedrohen. Meine betagten Eltern waren ebenfalls anwesend und gerieten aufgrund des plötzlichen Auftauchens von sieben Männern in den frühen Morgenstunden in Panik. Die Geheimdienstler versuchten meine Mutter einzuschüchtern und sagten ständig, dass sie, wenn sie kooperieren würde, sehr bald, in etwa zwei, drei Stunden freigelassen werden würde. Nach der Durchsuchung des Hauses wurde ich in die Ermittlungsstelle von Schahr-e Rey gebracht und dort verhört. Dabei versuchten sie, mir ordentlich Angst einzujagen. Dann wurde ich zum Untersuchungsrichter geführt und von dort aus zum Evin-Gefängnis gebracht. Ich hatte keine Vorstellung von einer Einzelhaft und überhaupt vom Gefängnis. Ich dachte, sie würden mich in eine Gemeinschaftszelle bringen, in der auch andere Gefangene untergebracht waren. Das war aber nicht der Fall. Ich war absolut überrascht, als sie mich in einen zwei mal drei Meter großen Raum brachten und mir Gefängniskleidung gaben. Erst dann wurde mir klar, dass ich alleine in einer Einzelzelle sein würde, ich wusste aber immer noch nicht, wo ich mich befand oder in welchem Trakt des Evin-Gefängnisses ich war. Ich durfte allerdings meine Familie kontaktieren, nachdem die ersten Formalitäten erledigt waren.

Zwei Tage später kamen die Vernehmer und sagten, dass sie mir genug Zeit gegeben hätten, um allein zu sein und mir gut zu überlegen und herauszufinden, wo ich überhaupt gelandet war.

So begannen die Verhöre. Ich wurde zehn Tage lang ununterbrochen vernommen. Die Vernehmer waren höflich, die Atmosphäre war aber enorm bedrohlich. Sie drohten mir, meine Familie zu verhaften, wenn ich nicht reden würde, oder mich in ein anderes Gefängnis zu verlegen, damit ich meine Familie nicht mehr sehen konnte. Während meiner Einzelhaft durfte ich meine Familie zwei- oder dreimal anrufen. Meine Familienmitglieder erkundigten sich mehrmals nach mir, auch am Gefängnistor bei der zuständigen Person, aber es wurde ihnen jedes Mal gesagt, dass niemand mit meinem Namen sich dort aufhalte.

An zehn aufeinanderfolgenden Befragungstagen befand ich mich in einem Raum, den sie nicht einmal Verhörraum, sondern einen «Raum für Dialog und Verhandlungen» nannten. Er war geräumig und entsprechend eingerichtet. Die Verhöre wurden von Angesicht zu Angesicht und ohne Augenbinde durchgeführt. Sie sagten, dies sei kein Verhör, sondern lediglich ein Gespräch. Trotzdem wurde ich zehn Tage lang bedroht und eingeschüchtert. Abends, am Ende des Verhörs, stellten sie mir stets ein paar Fragen über die Personen, mit denen ich gearbeitet hatte, über meine Aktivitäten oder über meine Vergangenheit. Sie gaben mir dann ein paar Vordrucke, die ich in meiner Zelle ausfüllte und auf denen ich ihre Fragen beantwortete. Morgens lasen sie meine Erklärungen und sagten ausnahmslos, dies sei nicht das, was sie erwarteten. Dann begannen sie erneut mit den Drohungen, dass ich selbst nach den Vernehmungen nicht freigelassen werden würde, dass sie mich in ein anderes Gefängnis verlegen würden. Ich würde so lange dortbleiben, bis mein Körper verfaule.

Während des Verhörs ließen sie mich oft stundenlang allein im Raum. Ich musste warten, ohne zu wissen, worauf. Was mich in dieser Zeit, auch in der Einzelhaft, massiv quälte, war, dass ich nicht wusste, was ich mit der Zeit anfangen sollte. Es gab kein Buch und keine Zeitung, mit denen ich mich ablenken konnte. Nichts. Es war außerordentlich schwierig für mich, die Zeit und die Tage so tatenlos zu verbringen. Zum Teil betete ich oder versuchte zu schlafen, damit ich nicht mehr wahrnehmen konnte, wie die Zeit so langsam verstrich. Da meine Zelle in der Nähe des Büros der Gefängniswärter war, in dem der Fernseher ständig lief, versuchte ich, zwischen allen anderen Geräuschen, die Worte herauszuhören. Ich machte Fortschritte und konnte im Laufe der Zeit nach und nach mehr verstehen.

Die zehn Tage, an denen ich verhört wurde, waren besser auszuhalten, weil etwas zu tun war. Tatsächlich litt ich so sehr unter Einsamkeit und Isolation, dass ich lieber verhört werden wollte, als allein in meiner Zelle bleiben zu müssen.

Eines Tages wurde ich zu einem Fahrzeug geführt, statt wie immer im Verhörraum ausgefragt zu werden. In Begleitung einer Leibwächterin musste ich mich mit verbundenen Augen in ein Auto setzen. Nach etwa einer halben Stunde hatten wir offenbar unser Ziel erreicht. Ich durfte in ein Gebäude eintreten, die Leibwächterin aber nicht. Sie wurde abgewiesen. Ich hörte nur Männerstimmen und ein reges Kommen und Gehen. Ich musste etwa eine halbe Stunde mit dem Gesicht zur Wand im Flur sitzen. Dann hörte ich einen Mann, dem wohl meine Unruhe und Besorgnis aufgefallen waren, sagen, dass die Vernehmer sich verspätet hätten und nun unterwegs seien.

Ungefähr eine Stunde später kamen sie endlich und brachten mich in einen sehr kleinen Raum. Einer der Vernehmer, der immer bei meinen Verhören dabei gewesen war, saß auch da. Sie befahlen mir zu schreiben, dass ich meine Taten bedauern und versprechen würde, mit den Geheimdienstlern zusammenzuarbeiten. Als ich dies ablehnte, begannen sie brutal zu drohen, dass sie unverzüglich meine Freunde und Familienmitglieder verhaften würden, und fragten wieder, ob ich bereit sei, mit dem Geheimdienst zu kollaborieren. Ich verneinte wieder. Daraufhin änderten sie ihre Taktik, versuchten mehr Druck auf mich auszuüben und erklärten, dass ich bis dato noch kein «ordentliches Verhör» erlebt hätte, ab morgen würde ich es aber zu spüren bekommen, und dass ich selbst schuld sei, dass sie mich nun anders behandeln und verhören würden, nämlich mit verbundenen Augen einer Wand gegenübersitzend. Das hätte ich selbst zu verantworten. Sie taten es auch tatsächlich, nachdem ich wieder mit dem Auto zurückgebracht worden war. Ich glaube, mich an einen anderen Ort zu bringen, war ein Einschüchterungsversuch.

Kurzgefasst: Nach massiven Drohungen und psychischem Druck wurde ich in meine Zelle zurückgeschickt. Ab dem nächsten Tag begannen die Verhöre vor der Wand. Sie endeten am 20. März, dem Vortag des Neujahrsfestes. Damit waren die Verhöre abgeschlossen. Meine Unterschrift stand auf den Verhörprotokollen, die sie «Geständnisse» nannten. Der Beginn der Neujahrsfeiertage war die schlimmste Zeit meiner Einzelhaft. Die Tage waren träge, die Zeit verging langsam. Es gab nichts, mit dem ich mich beschäftigen konnte. Der April war sehr regnerisch. Mein einziger Zugang zur Außenwelt war ein kleines Fenster an der Decke, das mit einem Gitter versehen war. Drei- oder viermal am Tag öffnete der Gefängniswärter die Tür, um mir Essen, Tee oder Medikamente zu geben. Ich wartete ungeduldig auf diese Mahlzeiten, nach denen ich die Tageszeit messen und einordnen konnte. Zum Beispiel gab es Frühstück zwischen halb acht und acht und Mittagessen zwischen zwölf und zwölf Uhr dreißig, gegen sieben Uhr gab es Abendbrot. Mit gespannter Aufmerksamkeit lauschte ich, damit mir kein Wort, kein Ton in der Umgebung entgehen konnte. So konnte ich mich einigermaßen beschäftigen. Ich litt enorm unter Schlaf- und Appetitlosigkeit. Insgesamt konnte ich vielleicht eine Stunde oder zwei Stunden schlafen. Trotzdem hatte ich auch angenehme Zeiten, die allmählich länger und intensiver wurden. Ich habe mich nie Gott und dem Heiligen Baha'ullah[128] näher gefühlt als in dieser Zeit. Geistig stellte ich mir vor, dass ich in einem Kloster oder Tempel wäre. Meine Haftzeit habe ich als eine Gelegenheit wahrgenommen, die mir das Leben geschenkt hat, um nachzudenken, zu beten und bei mir und dem Heiligen Baha'ullah zu sein.

Das Gefühl, aus diesen sehr schweren Zeiten das Beste machen zu müssen, war einzigartig. Eine derartige Erfahrung hatte ich zuvor noch nie gemacht. Ich hatte das Gefühl, dass alles, was ich mir wünschen konnte, erfüllt werden würde, aber ich wollte nichts als die Zustimmung und die Anerkennung des Heiligen Baha'ullah. Es war ein seltsames Gefühl. Ich dachte, dass der Heilige mich aus dem Alltag genommen und mir eine außergewöhnliche Gelegenheit geboten hatte, um mit ihm allein zu sein. Diese Momente waren so intensiv, dass ich sie nicht beschreiben kann. Ich fühlte mich so stark, dass ich dachte, ich könnte alles ertragen.

Während der dreizehntägigen Neujahrsfeiertage hatte ich kein Verhör. Mir wurde nur alle zwei Tage ein zwanzigminütiger Spaziergang gegönnt. Allmählich, als die Wächter mich besser kennengelernt haben, erlaubten sie mir sogar

128 Religionsstifter des Bahaitums.

eine halbe Stunde, auf die ich immer ungeduldig wartete. Es war eine wohltuende Zeit in meiner Einzelhaft. Ich durfte oft im Hinterhof, der mit einer transparenten Wellplatte bedeckt war, im Regen spazieren gehen. Da konnte ich laut beten, weinen und intime Gespräche mit «meinem Herrn» führen. Ich fühlte mich jedes Mal sehr erleichtert, wenn ich anschließend in die Zelle zurückging.

Je länger meine Haftzeit dauerte, desto weniger schlief ich. Ich konnte fast nicht mehr schlafen, nur alle paar Stunden einige Minuten dösen. Ich konnte ebenfalls fast nichts essen und litt unter Nierenproblemen und Flüssigkeitsmangel. Aufgrund von übermäßigem Stress und geringer Flüssigkeitszufuhr stieg mein Blutdruck sehr stark, und ich musste am 4. April die Gesundheitsabteilung im Gefängnis aufsuchen.

Am 5. April sagte mir der Wächter um neun Uhr morgens: «Mach Dich auf den Weg und geh runter. Die Vernehmer sind zurück und wollen mit Dir reden.» Ich ging runter in den Vernehmungsraum. Die Vernehmer waren von meinem Anblick schockiert. Der erste Satz von einem von ihnen war: «Ich sehe schon, dass achtundzwanzig Tage Einzelhaft bei Dir Spuren hinterlassen haben. Du siehst echt fertig aus.» Ich fragte: «Warum haben Sie mich hier festgehalten? Ich bin krank. Meine Eltern brauchen mich.» Sie antworteten: «Du musst immer noch vernommen werden. Wenn die Ermittlung abgeschlossen ist, kannst Du gehen.»

Nachdem sie bemerkt hatten, wie stark ich mich nach Freiheit sehnte, sagten sie: «Wir können Dich aber nicht so einfach gehen lassen. Wir wollen einen Film mit Dir drehen.

SIMA KIANI

Abgesehen davon: Das Verhör wird auch nach Deiner Entlassung noch anhalten ...»

Und so war es auch. Das heißt, ich wurde nach meiner Freilassung mehrmals angerufen, in die Ermittlungsstelle der Stadt bestellt, verhört und bedroht. Bis sie mir sagten: «Mit Dir kommen wir nicht weiter, wir sind in einer Sackgasse gelandet.» Erst dann haben sie aufgehört, mich zu sich zu bestellen.

Ich lehnte zuerst ab, gefilmt zu werden. Sie sagten, dies sei die einzige Bedingung für die Freilassung, und damit basta. Während der Einzelhaft hatte ich bis dato mehr als sieben Kilo abgenommen und litt unter Flüssigkeitsmangel. Infolge der Beschwerden hatte ich starke Schmerzen an der linken Niere, und mein linkes Auge war fast blind. Der Arzt, den ich nach meiner Freilassung aufgesucht habe, stellte fest, dass die Hornhaut aufgrund von Angstzuständen stark geschädigt worden war.

Am nächsten Tag, das heißt am 6. April, wurde der Druck härter und die Drohungen intensiver. Sie brüllten und wiederholten ständig: «Du bleibst hier, bis zu dem Tag, an dem Dich alle vergessen. Wir verlegen Dich in einen anderen Knast. Du darfst bis zum Prozess niemanden mehr sehen.» Sie betonten immer wieder: «Die einzige Bedingung für die Freilassung ist, dass Du gefilmt wirst, sonst gibt es keinen Gerichtsprozess.» Und sie erklärten mir: «Vor der Kamera sagst Du das, was Du sowieso geschrieben hast.» Schließlich fragte ich nach einer Bedenkzeit, ging zurück in meine Zelle und betete stundenlang. Dann lenkte ich ein und stimmte zu.

Nach der Dramaturgie, die sie sich ausgedacht hatten und die sie mir nun erklärten, sollte das Video in drei Abschnitten gedreht werden. Im ersten Teil sollte ich mich vorstellen, im zweiten Abschnitt über meine agitatorischen Aktivitäten sprechen und im dritten Teil über den Verwaltungsrat «Yaran Iran» sowie über meine Beziehungen zu Ratsmitgliedern in der Zeit, in der sie die Gemeinde verwaltet hatten. Preisgeben sollte ich ebenfalls die Art und Weise, wie die Mitglieder von «Yaran Iran» es geschafft hatten, das Haus des Heiligen Baha'ullah zum kulturellen Erbe erklären zu lassen, und wie die Generaldirektion des Kulturerbes das Haus erworben hatte. Ich sollte alles, was ich in diesem Zusammenhang wusste, erzählen.

Nach ihrem Szenario durfte ich keinen Augenkontakt mit meinem Vernehmer haben, der am Drehort anwesend war. Sie wollten, dass ich den Tschador, mit dem ich meinen Körper immer bedeckt hatte, beiseitelegte. Das wies ich vehement ab. Ich sollte ihnen eigentlich einen Monolog in narrativer Form abliefern. Es sollte kein Dialog oder Frage-Antwort-Spot werden.

Dann wurde ich nach den Dreharbeiten zur Ermittlungsstelle gebracht, damit meine Freilassung gegen Kaution vorbereitet werden konnte. Nach zwei Tagen wurde ich endlich entlassen.

Eine Stunde vor meiner Freilassung wurde ich noch in eine andere Zelle versetzt. Dort traf ich eine Journalistin. Erst da erfuhr ich von ihr, dass ich in der Sicherheitssektion 209 des Evin-Gefängnisses saß.

Schließlich verließ ich das Gefängnis am Nachmittag des

20. April. Das war eine besondere und vielleicht unwiederholbare Erfahrung in meinem Leben. Eine Erfahrung, die mit vielen Schwierigkeiten und ganz besonderen spirituellen Momenten verbunden war. Ich hoffe, dass die daraus entstehenden Auswirkungen mich bis zum Ende meines Lebens begleiten.

Und ich bin zuversichtlich, dass die Zukunft meines Landes leuchtend und frei sein wird und bald keine Vorurteile, kein Hass und keine Feindschaft in diesem Land mehr herrschen werden.

FATEMEH MOHAMMADI

Übersetzung: Aghdas Shabani

Fatemeh Mohammadi, geboren 1998, ist Bürgerrecht-lerin und wurde aufgrund ihrer Konvertierung zum Christentum und der Teilnahme an christlichen pri-vaten Gottesdiensten vom iranischen Geheimdienst-ministerium festgenommen. Sie wurde während einer Zeremonie im Haus eines Christen in Teheran verhaftet. Am 7. April 2016 wurde sie in der Abteilung 26 des Re-volutionsgerichts von Teheran unter dem Vorsitz von Richter Ahmadzadeh wegen «Mitgliedschaft in christ-lichen Gruppen und Aktivitäten und Propaganda gegen die nationale Sicherheit und das islamische System» zu sechs Monaten Haft verurteilt und in den Trakt 209 des Evin-Gefangnisses gebracht. Sie verbrachte zwanzig Tage in einer Einzelzelle. Aufgrund ihrer Konvertierung zum Christentum wurde dieser Bürgerrechtlerin das Fortsetzen ihres Studiums der Englischen Übersetzung an der Freien Universität von Teheran untersagt.

In welchem Zustand befanden sich die Zellen?

Ich war während der neununddreißig Tage unterschiedlich lange in zwei Zellen inhaftiert. Die Wände und Decken der beiden Zellen waren in Beige gestrichen. Ein Stück abgenutzter brauner Teppichboden lag auf dem Boden. Die ersten drei Tage befand ich mich in einer sehr kleinen Zelle, in der ich kaum herumgehen konnte. An der Decke war eine fensterartige Öffnung, darüber befand sich eine perforierte Platte. So konnte ich den Himmel nicht erkennen. Es war mir nur möglich, zwischen Tag und Nacht zu unterscheiden. Nach drei Tagen brachten sie mich zu einer Zelle, die doppelt so groß war wie die erste. Im Unterschied zur ersten Zelle hatte die größere keine Toilette. Ich besaß eine Zahnbürste, Zahnpasta und ein Handtuch, die ich nicht in die Zelle mitnehmen durfte. Sie wurden mir am Eingang abgenommen. Bei jedem Verhör musste ich einen langen Mantel, ein großes Kopftuch und einen Tschador tragen, die sie mir ebenfalls beim Betreten der Zelle wieder abnahmen. Da war nichts in der Zelle. Etwa Papier oder Stifte, mit denen man sich beschäftigen hätte können. Aufgrund der Dunkelheit in der Zelle waren meine Augen sehr angestrengt. Ich konnte das schwache Licht nicht ertragen.

Wie waren die Hygiene und das Duschen?

Ich durfte wöchentlich drei Mal zwischen zwanzig bis dreißig Minuten duschen. Wenn es länger dauerte, haben die Gefängniswächter mich laut angeschrien: «Was machst Du? Komm sofort raus!»

Durch die kleine Luke in der Tür schauten die Wächter ständig in den Waschraum, was mich sehr störte. Ich protestierte dagegen, aber sie ignorierten mich und schrien mich weiter an. Um auf die Toilette zu gehen, musste ich einen Knopf drücken, damit das Warnlicht im Wächterzimmer aufleuchtete. Jedes Mal nach dem Drücken des Knopfes kamen die Wächter verärgert und schrien mich an, warum ich ständig auf die Toilette gehen müsse. Dieser ganze Ärger und Stress mit den Wächtern hat mich dazu gebracht, weniger Wasser zu trinken. Es war sehr schwierig für mich, dass sogar das Duschen und Auf-die-Toilette-Gehen mit Stress verbunden waren. Während ich in der kleineren Zelle war, wurde ich von dem Wächter gezwungen, die schmutzige und defekte Toilette in der Zelle zu benutzen. Sie öffneten immer wieder die kleine Luke und beobachteten mich, was mir beim Toilettengang ein sehr verunsichertes Gefühl gab.

Durften Sie an die frische Luft gehen?
Ich durfte drei Mal in der Woche jeweils für zwanzig bis dreißig Minuten im Hof sein. Insgesamt anderthalb Stunden pro Woche. Der Hof war von hohen Mauern umgeben, mit Gittern gesichert und mit Platten abgedeckt. Außerdem wurde er mit Kameras überwacht.

Wie haben Sie die Zeit in der Zelle verbracht?
Die ersten drei Tage in der kleinen Zelle waren sehr schwierig, weil ich gezwungen war, alle meine körperlichen Be-

dürfnisse dort zu erledigen. Ich bin ein aktiver Mensch und musste daher versuchen, mir Abwechslung zu verschaffen. Nachts versuchte ich meinen Kopf in verschiedene Richtungen zu legen, mal mit dem Blick zur Wand, mal in Toilettenrichtung. Der Gestank der Toilette war unerträglich widerlich. Es gab nichts zu tun. Es war, als ob die Zeit stehengeblieben wäre.

Wie waren die Verhöre?

Außerordentlich schwierig für mich. Jedes Mal weinte ich nach dem Verhör stundenlang in der Zelle. In den ersten Tagen ging es mir so schlecht, dass ich sogar vergaß, mir das Gesicht zu waschen. Ich erinnere mich an den dritten Tag der Verhaftung, als die Wächter mich zum Verhör abholten. Sie wiesen mich darauf hin, dass ich schwarze Augenränder hatte. Erst da fiel mir auf, dass mein Augen-Make-up rund um meine Augen verschmiert war, weil ich mir mehr als drei Tage das Gesicht nicht gewaschen hatte. Vor der Verhaftung hatte ich bereits seelische Probleme gehabt, und in diesem Zustand war ich nun inhaftiert. Am Anfang versuchte ich mich selbst zu trösten und mir Hoffnung zu machen. Mit der Zeit half mir das Selbsttrösten nicht mehr. Mit dem Verlauf der Verhöre verschlechterte sich mein psychischer Zustand. Bei jedem Verhör beleidigte und erniedrigte man mich und meine Familie, insbesondere meine Mutter, aufs Übelste. Sie nannten die Kirche ein Spielcasino. Sie sagten: «Wozu liest Du diese Bibel? Lies den Koran!» Sie mischten sich in die intimsten Sphären meines Lebens ein, die mit ihren Anschuldigungen überhaupt nichts zu tun hatten. Sie stellten Fragen über die privaten Angelegenheiten meiner Familie, beleidigten uns und beurteilten unsere eigensten Beziehungen. Sie beschimpften meinen Vater als ehrlos, und ich konnte ihn nicht verteidigen. Ich erinnere mich, dass ich einmal weinend zu dem Vernehmer gesagt habe: «Ich liebe meinen Vater.» Daraufhin schwieg er. Sie nahmen mir mein Handy ab und checkten alle aufgezeichneten Konversationen zwischen meinen Freunden und befragten mich dazu, auch wenn diese mit ihren Anschuldigungen nichts zu tun hatten. Schließlich hat jeder Mensch seine Privatsphäre und persönliche Beziehung innerhalb der Familie und im Freundeskreis. Die Vernehmer respektierten mein Privatleben nicht im Geringsten. Das erschien mir sehr seltsam.

Ein Wachmann Namens Pardis holte mich eines Tages aus der Zelle, setzte sich vor mich und forderte mich auf, die Augenbinde abzunehmen. Er fing an, mich über meine intimsten Angelegenheiten zu befragen. Er war nur ein einfacher Wachmann, aber er nahm sich heraus, Informationen über meine Privatsphäre haben zu wollen. Er wollte diese Informationen verwenden, um mich unter Druck zu setzen, mich zu beleidigen und mich damit zu erpressen.

Das Verhör über meine Konvertierung zum Christentum verlief immer mit Augenbinde, und ich saß mit dem Gesicht zur Wand. Aber wenn sie mich über mein Privatleben fragten, durfte ich ohne verbundene Augen mit ihnen reden. Eigentlich hatte ich mir, nach islamischem Recht, keinerlei moralische Verfehlungen vorzuwerfen, aber jeder hat seine

Grenzen, die keiner überschreiten darf, um ihn unter Druck zu setzen.

Hatten Sie im Gefängnis ein bestimmtes Gesundheitsproblem?

Vor der Inhaftierung habe ich unter Depressionen gelitten. Aufgrund des Mangels an Licht, an Bewegung und in der extremen Stille der Zelle verschlechterte sich meine Depression. Ich hatte keinen Zugang zu meinen Medikamenten oder zu einem Arzt. Die Vernehmer wussten von meiner Krankheit und meinen ärztlichen Behandlungen, aber sie erlaubten mir keinen Kontakt zu meinem Arzt. Durch diese Einschränkungen spitzte sich meine Krankheit zu. Ich kann mich an einen Tag erinnern, an dem es mir sehr schlecht ging. Vor lauter Unruhe und Nervosität schlug ich meinen Kopf gegen die Wand und schrie sehr laut. Sie haben mich zur Vernehmung gebracht. Ich weinte und sagte, dass es mir sehr schlecht ginge und dass ich Medikamente benötige. Nach ein paar Stunden brachten sie mich in das Nebenzimmer. Dort wartete ein Mann, der angeblich ein Arzt war. Ich berichtete diesem Arzt von der Verschlechterung meiner Krankheit während der Haft und bat ihn, mir Medikamente zu verschreiben. Er verschrieb mir ein Medikament, das mir die Wache täglich geben sollte. Die Packung dieses Medikaments habe ich nie gesehen. Sie brachten mir zwei Mal täglich zwei Tabletten und ein Glas Wasser zum Einnehmen. Ich musste die Tabletten in ihrer Gegenwart einnehmen. Dieses Medikament hat meine Krankheit nicht verbessert, sondern verschlimmert. Ich habe diese Verschlechterung in mir gespürt.

Eigentlich waren die Verhöre abgeschlossen, und ich war wie allein gelassen. Das hat mich sehr verstört und geängstigt. Ich sprach die weiblichen Wachen an, warum sie mich nicht entließen, wenn man sich mit mir nicht mehr abgeben wolle. Sie sprachen aber nicht mit mir. Obwohl ich bei jedem Verhör verletzt, beleidigt und erniedrigt wurde, wäre ich trotzdem bereit gewesen, erneut verhört zu werden. Ich wollte Menschen in meiner Nähe. An einem Tag kam jemand, um den Flur zu wischen. Ich stand hinter der Zellentür und versuchte ihm aus dem kleinen Guckloch bei seiner Arbeit zuzusehen. Das war nicht möglich, die Luke war zu klein. Trotzdem stand ich die ganze Zeit hinter der Tür auf Zehenspitzen.

Ich wusste nicht, ob ich dem Vernehmer im Verhör trauen sollte. Einmal hatte ich während des Verhörs keine Uhr dabeigehabt, aber es war sehr spät. Der Vernehmer sagte mir, dass alle meine Freunde und Familienmitglieder mit wichtigen Informationen gegen mich ausgesagt hätten. Er begann mich zu diskreditieren. Er meinte: «Sieh! Sogar Deine eigene Familie hat sich gegen Dich verschworen.» Ich glaubte ihm und fing heftig an zu weinen. Ich fragte mich, warum mich niemand in Schutz nahm. Warum fielen sie mir in den Rücken? Ich nahm an, dass sogar meine Eltern gegen mich waren. Das hat mich seelisch außerordentlich geschwächt. Ich weinte ununterbrochen. Später wurde mir klar, dass all diese Aussagen reine Lügen waren.

Aufgrund der miserablen Bedingungen im Gefängnis und des Stresses beim Verhör habe ich mich manchmal selbst in einem Zustand erwischt, in dem ich auf die Knie gefallen bin. Ich weinte und betete. Ich rief Jesus an und sprach zu ihm. Ich hatte das Gefühl, dass niemand mich retten konnte, nur Jesus.

SEDIGHEH MORADI

Übersetzung: Mihan Rusta

Sedigheh Moradi, geboren 1961 in Teheran, wurde in den 1980er-Jahren zwei Mal verhaftet. Während dieser Haft durchlebte sie eine schwere Zeit. Nach ihrer zweiten Entlassung aus dem Gefängnis heiratete sie und bekam ein Kind, ihre Tochter Yasamin. Am 1. Mai 2011 wurde die ehemalige politische Gefangene erneut verhaftet. Sie verbrachte ihre Haft im Evin-Gefängnis in der Abteilung 209. Ihr wurde Muharaba[129] und Kontakt zu systemfeindlichen Gruppierungen vorgeworfen. Man verurteilte sie zu zehn Jahren Haft. Nach sieben Monaten wurde Sedigheh Moradi in die allgemeine Abteilung verlegt und nach fünf Jahren Haft am 23. Dezember 2016 aus dem Evin-Gefängnis entlassen. 2019 wurde Sedigheh Moradi zusammen mit ihrem Mann Mehdi Khavas Sefat erneut von den Sicherheitsbehörden verhaftet.

---

129 Muḥaraba gilt im islamischen Strafrecht als eines der größten Verbrechen gegen die islamische Staatsordnung und gegen die soziale Sicherheit ihrer Bürger. In der Islamischen Republik Iran wird der Terminus in Bezug auf Regimegegner angewendet.

**Erzählen Sie
von Ihrem ersten Gefängnisaufenthalt.**

Ich wurde am 15. Juni 1980 verhaftet. Nach der Verhaftung brachte man mich in die Eshratabad-Kaserne. Das ist eine militärische Anstalt, in der es Einzelzellen gibt. Ich verbrachte fünf Tage in einer dieser Einzelzellen. Dann kam ein Mann mit Namen Mojtaba Halvaei[130], der dreißig Gefangene abholte. Er brachte die Inhaftierten in einem kleinen geschlossenen LKW von dort weg. Es ging uns allen sehr schlecht in diesem LKW. Wir bekamen kaum Luft. Der Wagen verließ Teheran und fuhr nach Karadsch.[131] Während der Fahrt auf der Autobahn ging es uns noch schlechter. Als der Wagen an einer Tankstelle hielt, öffneten wir die hintere Tür, damit die Menschen uns wenigstens zu sehen bekamen. Nach der Fahrt wurden wir in eine Scheune gebracht. Wir wurden in zwei Gruppen mit jeweils fünfzehn Personen aufgeteilt. Ich wurde mit meiner Gruppe in ein Stallgebäude verlegt. Die Stalltür wurde mit einer Stange verschlossen. Es war ein unheimlicher und sehr schmutziger Ort. Zu essen bekamen wir lediglich Brot und Käse.

130 Mojtaba Halvaei Asgar: ehem. enger Mitarbeiter Lajevardis, der als Leiter des Evin-Gefängnisses in den frühen 1960er-Jahren zusammen mit der Evin Task Force und an Hinrichtungskommandos aktiv an Verhaftungen teilnahm; Mojtaba Halvaei wurde später zum Sicherheits- und Disziplinarverantwortlichen des Evin-Gefängnisses befördert.

131 Karadsch: Hauptstadt der Provinz Alborz, ca. 40 km westlich von Teheran, ca. zwei Millionen Einwohner; durch die Expansion Teherans nahezu ein Vorort der Hauptstadt.

Abends gab es dazu eine große Gurke. Die Mehrzahl von uns wurde dort sehr schwach. Dorthin kam auch Herr Kachouei[132], der Nummern verteilte. Wir wurden mit unseren Nummern statt mit unseren Namen registriert. Ich war die Nummer 14. Ab dem folgenden Tag legten sie uns auf ein «Bett» und peitschten uns täglich aus. Die meisten Gefangenen waren von der Organisation[133], aber es gab darüber hinaus drei Mitglieder der linken Bewegung. Im Laufe des Tages wurde die Stalltür nur einmal aufgeschlossen, und das auch nur für eine Stunde, damit wir zur Toilette gehen konnten. Wir wurden einen Monat in diesem Stall festgehalten. Danach brachten sie uns in das Gefängnis Ghezel Hesar in Karadsch. Wir blieben von Ende Juli bis Februar 1981 dort. Wir aus unserer Gruppe hatten bis dahin unsere tatsächlichen Namen nicht preisgegeben. Nachdem Hadj[134] Davoud[135] und Souri gekommen waren, gelang es ihnen, uns

132 Mohammad Kachouei: ehem. Mitglied der Islamischen Koalitionspartei, erster Leiter des Evin-Gefängnisses nach der Islamischen Revolution, wurde von Volksmudschahedin ermordet.

133 Gemeint: Volksmudschahedin.

134 Hadj: Ehrenbezeichnung für eine Person, die die Haddsch, die Pilgerfahrt nach Mekka, absolviert hat.

135 Davoud Rahmani (auch bekannt als Hadj Davoud): nach der iranischen Revolution erster Leiter des Ghezel-Hesar-Gefängnisses in Teheran, verantwortet Misshandlung und Folter politischer Gefangener. Die Jahre unter seiner Leitung sind als Ära des Terrors bekannt. Häftlingen zufolge wandte Rahmani selbst verschiedene Methoden der Folter an, von denen einige (wie Gräber oder Geräte) in Form und Umfang [ironischerweise] einzigartig in der Ausführung waren.

zu identifizieren. Nach der Identifizierung wurden wir in das Evin-Gefängnis verbracht. In dieser Zeit waren wir in der allgemeinen Zelle, gegenüber unserer Zelle waren die Einzelzellen.

Wir waren insgesamt vierzig Gefangene. Es gab vier große Zellen. In jeder Zelle standen drei dreistöckige Etagenbetten. Das Verhalten der Gefängniswärter gegenüber den Gefangenen war unberechenbar. Einmal kam zum Beispiel Hadj Davoud in unsere Zellen und schickte jeden Gefangenen, der eine Brille mit schwarzem Rahmen oder einen Mantel mit Karomuster trug, in eine Einzelzelle. Einmal kam es in Zelle Nummer 1 zu einem Unfall, weil zu viele Menschen auf einem Bett saßen. Das Bett brach zusammen, und diejenigen, die darauf saßen, fielen aufeinander und verletzten sich. Jedenfalls wurde ich im März 1981 freigelassen.

Wie war Ihre Erfahrung in der Einzelzelle nach Ihrer zweiten Festnahme?

Im August 1985 wurde ich erneut verhaftet. Diesmal begannen sie von Anfang an, mich zu verprügeln. Sie schlugen mir auf den Kopf und beschimpften mich unflätig. Aber als sie nach meinem Namen und Familiennamen fragten und wissen wollten, welche Schuhgröße ich hätte, wurde mir klar, worum es eigentlich ging. Zuerst brachten sie mich ins Gefängnis. Ich war allein in der Zelle. Die Wände waren weiß, die Farbe der Zellentür war ein abblätterndes Orange. In Inneren der Zelle war nichts. Es gab ein Fenster an der

Decke. Ich musste mich so weit wie möglich strecken, um ein Stück Himmel zu sehen. Ich war ungefähr zwei Monate in dieser Zelle. Ich konnte die Uhr der Nationaluniversität schlagen hören.

Ab dem ersten Tag des Verhörs wurde ich auf ein Bettgestell gefesselt. Sie zogen meine Arme und Beine in entgegengesetzte Richtungen und banden sie fest. Das war sehr schmerzhaft. Die Peitschenhiebe zielten auf die Innenseite meiner Füße. Mein ganzer Körper zitterte von den Schlägen. Ich musste mich erbrechen. Ich hatte das Gefühl zu sterben. Mein Rücken schmerzte. Sie drehten meinen Kopf so, dass meine Halswirbelsäule geschädigt wurde. Ich erinnere mich, dass ich ohnmächtig wurde. Da gossen sie einen Krug Wasser über mich. Ich konnte nicht mehr stehen. Aber sie zwangen mich, auf meinen verletzten Füßen zu stehen. Hier muss ich allerdings sagen: Während des Verhörs ausgepeitscht zu werden und Schmerzen zu ertragen, war erträglicher für mich, als die Schreie der anderen zu hören, die ausgepeitscht wurden.

Nachdem ich die Peitschenhiebe ausgehalten hatte, kam ich in meine Zelle zurück. Mir ging es sehr schlecht. In der unteren Etage waren die Frauenzellen und in der oberen die der Männer. In diesem Moment gab mir der Gesang der Männer aus der oberen Etage viel Kraft.

Die Gefängniswärter belästigten uns ständig. Alle paar Stunden öffneten sie die Zellentür und drohten uns. In einer Zelle, zwei Zellen weiter als meine, war ein junges Mädchen gefangen. Sie war siebzehn oder achtzehn Jahre alt. Die Wärter sagten, ihr Name sei Kejal. Sie hatte viel zu erleiden. Zwei Tage später hörte ich, dass sie zur Hinrichtung abgeholt worden war. Auf dem Weg zur Hinrichtung rief sie, dass sie einen Wärter mit der scharfen Kante einer Fliese am Kopf verletzt habe. Ich hörte die Stimmen der Mütter, älterer Frauen. Die Folterknechte wollten von den Müttern die Adressen ihrer Kinder. Aber entweder kannten die Mütter die Adressen nicht oder wollten sie nicht preisgeben. Ich erinnere mich, dass eine sechzig Jahre alte Frau festgenommen wurde. Sie verriet die Adresse ihres Kindes nicht. Sie wurde deswegen mit Peitschenhieben gefoltert und bestraft. Nach der Folter brachte man sie verletzt und wund in die Zelle zurück.

Wie ist die Zeit für Sie vergangen?

Ich erinnere mich, dass es mir an einem Tag, nachdem ich ausgepeitscht worden war, sehr schlecht ging. Ich sang die Lieder, die ich einst auswendig gelernt hatte und an die ich mich noch erinnern konnte. Zu dieser Zeit war ich noch nicht verheiratet. Und ich war von meiner Familie getrennt. Ich dachte an meine Freunde. In diesen Momenten war ich in Gedanken an allen Orten, an denen ich jemals gewesen war, und durchlebte Dinge, mit denen ich mich damals beschäftigt hatte. Ich hatte keinen Koran. Ich sprach die Verse des Koran, die ich auswendig wusste, laut vor mich hin. Ich rief mir die Filme, die ich einmal gesehen hatte, ins Gedächtnis zurück.

In der Zelle hatte ich nur einen Löffel aus Aluminium. Dieser Löffel wurde mir erst später gegeben. Die Gefängnisbehörde hatte mir gesagt, ich müsse lernen, ohne Löffel zu essen. Ich wusste, dass ich laufen musste, aber ich konnte nicht. Oft lag ich. Ich versuchte, laut zu sprechen. Ich machte das, um eine Stimme zu hören, auch wenn es meine eigene war. In der Zelle herrschte Stille, außer wenn die Kameraden von der oberen Etage sangen. Der schönste Klang war das Schlagen der Uhr der Nationaluniversität. Dieser Klang gab mir das Gefühl, dass das Leben weitergeht. Wenn ich zum Beispiel die Geräusche eines Motorrades oder die Stimme eines Obsthändlers hören konnte, regte sich ein Lebensgefühl in mir.

Wie wirkten sich die weiße Farbe der Zellenwand und die besondere Stille, die in dem Raum herrschte, auf Ihre Verfassung aus?
Die Wirkung war furchtbar. Durch die weiße Zellenfarbe bekamst du das Gefühl, dass ein Nichts dich umgibt. Ich weiß nicht, wie ich es beschreiben soll. In diesen Momenten kam es mir vor, als wenn ich von allem abgeschnitten wäre. Als sei ich vergessen worden. Ich sagte mir: Hilf mir, lieber Gott! Ich habe alles aufgesagt, was ich wusste, damit die Einsamkeit mich nicht erdrückte.

Eines Tages saß ein Schmetterling auf dem Boden. Ich fing an, mit ihm zu sprechen. Ich flüsterte liebevoll mit ihm, als die Wache kam und anfing, mich zu beschimpfen. Wir seien alle verrückt. Aber ich hatte durch die Anwesenheit des Schmetterlings ein wunderbares Gefühl, sagte nichts und verschwieg ihn. Wir waren damals in der Situation, dass tagtäglich Mitgefangene zur Hinrichtung abgeholt wurden. Ich war sehr niedergeschlagen. Aber ich hatte mir vorgenommen, mich nicht gehen zu lassen, und sagte mir: Ich bin nicht allein. In der oberen Etage sind meine Kameraden, und in den Zellen neben mir sind die Mütter und Schwestern.

Eines Tages kam der Gefängniswärter und sagte: «Steh auf und bereite Dich vor.» Ich dachte, er würde mich zur Hinrichtung bringen. Ich fragte: «Wohin?» Und er antwortete nur: «Dorthin, wo Du immer hinwolltest.» Ich hatte nichts mitzunehmen. Ich hatte eine Hose, die ich für fünfhundert Toman gekauft hatte. Ich nahm diese Hose und machte mich auf den Weg. Ich dachte, dass mir die Hinrichtung bevorstand, und es gab so viele Dinge, die ich noch zu erledigen gehabt hätte. Aber nun gab es dafür keine Zeit mehr. Ich begann das Ayat al-Kursi[136] zu sprechen. Zuerst brachten sie mich in einen Lagerraum. Dort wurden verschiedene Dinge aufbewahrt. Sie gaben mir meine Handtasche. Dann machten wir uns auf den Weg. Ich bemerkte eine Schlange, an der viele Menschen anstanden. Ich stand hinter einer Frau namens Marieh. Ich fragte sie: «Wohin bringen sie uns?» Sie wusste es auch nicht. Am Ende erfuhren wir, dass sie uns in die Gemeinschaftszellen bringen würden. Aber ich war Mit-

---

136   Ayat al-Kursi (Thronvers): 255. Vers der 2. Sure des Korans, Al-Baqarah. Der Vers handelt davon, dass nichts und niemand mit Gott als vergleichbar angesehen werden kann; einer der bekanntesten Verse des Korans, wird in der islamischen Welt weithin auswendig gelernt und oft rezitiert, um böse Geister abzuwehren.

SEDIGHEH MORADI

beschuldigte und wurde daher, statt in eine Gemeinschaftszelle, in die Abteilung 209 verlegt.

Erzählen Sie uns etwas über die Zellen in 209 und Ihre neue Situation.

In dieser Abteilung waren die Zellen alle gleich groß. Ich
kam in eine dieser Zellen. Die Tür und die Wände waren
vollgeschrieben. Ich las Gedichte von Ahmad Schamlou[137],
zum Beispiel das Gedicht «Vartan hat nicht geredet»[138] mehrere Male. Ich beschloss, nicht alles auf einmal zu lesen,
sondern mir jeden Tag einen anderen Teil zum Lesen aus-
zuwählen. Ich traf diese Entscheidung, weil es in der Zelle
sonst nichts gab, womit man sich beschäftigen und die Zeit
vertreiben konnte.

Bis dahin hatte ich keine Besuchserlaubnis und daher
auch keine Informationen über irgendjemanden. Das war
sehr schwer für mich. Natürlich machte ich mir für meinen
Aufenthalt in der Zelle jeden Tag ein Programm. Es beinhal-
tete, den Koran zu lesen. Ich versuchte, nicht an draußen
zu denken. Eines Tages wurde die Zellentür geöffnet, und
man rief mich. Ich ging hinaus und stellte fest, dass ich zu

---

137 Ahmad Schamlou, Pseudonym A. Bamdad (1925–2000): iranischer
     Dichter, Schriftsteller und Journalist, beeinflusste maßgeblich
     die moderne iranische Poesie.

138 Vartan Salakhanian (1931–1954): linkspolitischer Gefangener, der
     sich weigerte, die Namen seiner Kameraden preiszugeben, und zu
     Tode gefoltert wurde. Schamlous Gedicht über ihn ist im Iran sehr
     populär.

einem Besuchstermin geführt wurde. Ich freute mich sehr, endlich die Möglichkeit zu bekommen, jemanden zu sehen. Die erste Besucherin war meine Mutter. Sie behielt Haltung. Sie kam allein. Ihre positive Art gab mir Kraft und Energie. Sie hatte keine Informationen oder Nachrichten über die Organisation und die Mitkämpfer. Trotzdem war diese Begegnung sehr positiv für mich.

Wie lange waren Sie im Jahr 1985 in der Einzelzelle?

Ich verbrachte ungefähr einen Monat in einer Einzelzelle der Abteilung 209. Ich wurde in das Untergeschoss von 209 gebracht. Dort gab es einen Raum, dessen Decke zum Teil eingestürzt war. Aus diesem Loch fielen riesige Kakerlaken auf meinen Kopf. Dieser Raum roch sehr stark nach verbranntem Öl. Die Zellen von 209 waren anders, sie befanden sich im Untergeschoss, und ich konnte keinen Himmel sehen. Dort fanden die Verhöre mit den Schlägen statt. Sie wollten Informationen von uns. Als sie mich nach meiner Schuhgröße fragten, sagte ich, meine Schuhgröße sei 37, aber nachdem sie mich gefoltert hatten, benötigte ich Größe 42. Hier fanden die Verhöre der Sicherheitsbehörden statt. Ich war ungefähr zwei Monate in einer Einzelzelle und einen Monat in der Abteilung 209. In der Abteilung 209 hatte ich im Gegensatz zum Untergeschoss kein wirkliches ernsthaftes Verhör. Sie ließen mich einfach in der Zelle liegen. Als meine Verhöre beendet waren, verlegten sie mich in den Bereich 4. Ich kam in einen geschlossenen Raum, in dem insgesamt zwanzig Mitgefangene waren. Einige dieser Gefangenen waren von unserer Organisation, aber es gab auch Anhänger der Tudeh-Partei[139] und der Iranischen Volksfadayan[140]. Dort begannen die Verhöre wieder. Als ich in der Einzelzelle war, machten mich der Lärm der Klingel und die Schritte der Gefängniswärter, die auf meine Zelle zugingen, ganz krank. Ich atmete erst auf, wenn sie an meiner Zellentür vorbei waren.

Was hörten Sie von Ihren Mitgefangenen über die Einzelzellen?

Soraya Moradi war Anhängerin der Rah-e Kargar[141]. Sie hatte so viele Peitschenhiebe bekommen, dass die Haut ih-

139 Tudeh-Partei (Ḥezb-e Toodeh-ye Iran, wörtl.: Partei der Massen Irans): iranische kommunistische Partei, gegründet 1941; hatte erheblichen Einfluss und spielte eine wichtige Rolle während der Kampagne des damaligen Premierministers Mohammad Mosaddegh zur Verstaatlichung der angloiranischen Ölgesellschaft; die Partei existiert noch immer; ist aufgrund ihres Verbots im Iran und der Massenverhaftungen nach der Revolution und der Hinrichtungen 1988 äußerst reduziert.

140 Organisation der Iranischen Volksfadayan oder auch Volksmudschahedin (Sazman-e fedaiyan-e khalq-e Iran, wörtl.: Organisation der Selbstaufopferung des iranischen Volkes): iranische linke Oppositionspartei im Exil, setzt sich mit dem Ziel einer säkularen Republik für den Sturz der derzeitigen Regierung Irans ein.

141 Rah-e Kargar (wörtl. Weg der Arbeiter): Organisation der revolutionären Arbeiter des Iran, iranische marxistisch-leninistische Organisation, 1978 von Mitgliedern anderer linker Gruppen gegründet, ins Exil nach Deutschland verlagert.

rer Füße dünn war wie die eines Babys. Die Bedingungen in den Einzelzellen waren sehr schlecht, aber Soraya zum Beispiel – ihr Mann war bereits hingerichtet worden – hatte einen starken Willen und machte uns Mut. Ich wurde bei dem Verhör geschlagen, dabei wurden meine Augen beschädigt. Wir haben uns gegenseitig gestärkt und unterstützt. Die Verhöre waren hart. Das Essen war gar nicht so schlecht, aber wir konnten einfach nichts essen.

Wie beschreiben Sie die Auswirkungen der Einzelhaft und der Folter auf sich und auf Ihre Mitgefangenen?

Ich habe viele Frauen gesehen, die nach der Einzelhaft und der Folter ihr psychisches Gleichgewicht völlig verloren hatten. Frau Marzieh sprach mit sich selbst und lachte stundenlang. Sie war viel gefoltert worden.

Eine Frau, sie hieß Nassrin, kam zu uns, streckte ihre Hände aus und fragte uns: «Hast Du meinen Mann ermordet?» Wir antworteten Nein, dann ging sie und wiederholte den Namen ihres Mannes. Ich weiß, dass sie in Einzelhaft war, ich weiß aber nichts Genaueres darüber. 1981 waren wir im Bereich 8 von Ghezel Hesar.

Einer Frau, Anahita hieß sie, ging es sehr schlecht. Sie war an die Haupttür gekettet. Es war ein furchterregender Anblick.

Dann gab es eine Frau, die Ärztin war. Ihr Name war Mojgan oder Mojdeh. Sie aß nur trockenes Brot, weil sie glaubte, dass das Essen aus dem Fleisch der Füße der Tazir-

Verurteilten[142] zubereitet werde. Und da waren noch zwei Schwestern, Nadereh und Tahereh. Sie waren 1985 im Evin-Gefängnis. Tahereh hatte einen Abschluss als Ingenieurin in Telekommunikation, Nadereh war Schülerin und erst siebzehn Jahre alt. Tahereh hatte unter dem Druck der Folter zwei Mal versucht, sich umzubringen. Nadereh war nahezu verrückt geworden. Sie zerriss ihre Kleidung und stand unter der Lampe und drehte sich um sich selbst. Sie ging in die Toilette und legte sich dort auf den Boden. Sie sagte immer, dass jemand mit ihr spreche. Sie weckte uns, aber sie tat niemandem etwas. Sie sagte nur, dass sie mit jemandem über die Dinge sprechen müsse, an die sie sich erinnere.

Es gab auch eine Frau namens Farzaneh. Sie war Agraringenieurin. Ich begegnete ihr 1981 in Ghezel Hesar. Sie war schwanger und wurde dann freigelassen. Ich wurde ebenfalls entlassen. 1985 wurde ich wieder festgenommen. Sie war bereits vor mir verhaftet worden und inzwischen verrückt geworden. Sie wusch sich nicht und befand sich in einem schrecklichen Zustand.

Die Situation in den Einzelzellen war schlimm. Die Tage vergingen sehr langsam. In der Einsamkeit der Einzelhaft waren es die Stimmen der anderen, die uns ein wenig beruhigen konnten. Und wir fühlten Sehnsucht. Nach den Auspeitschungen mit den Kabelenden mussten wir über die Schmerzen hinwegkommen. Wir brauchten dann jemanden zum Reden. Die Toiletten waren in den Zellen installiert,

142 Tazir: eine der Hauptarten von Strafen nach islamischem Recht, die Beurteilung basiert auf dem Ermessen des Richters oder des Herrschers des Staates.

sodass wir den engen Zellenraum nicht einmal verlassen konnten, um auf die Toilette zu gehen. Wir kamen nie nach draußen an die frische Luft und durften die Zelle nur zum Verhör verlassen oder einmal pro Woche, um zum Waschraum zu gehen, und das auch nur für ein paar Minuten. Wir hatten ununterbrochen Angst. Angst vor den männlichen Gefängniswärtern und Angst, wenn wir die Stimmen der Mitgefangenen bei den Verhören hörten.

Wann war Ihre nächste Verhaftung, und warum sind Sie wieder verhaftet worden?

Ich wurde am 1. Mai 2011 um 8 Uhr morgens erneut verhaftet und in Sektion 209 gebracht, ich kam dort in Zelle 22 des zweiten Flures. Bei der Verhaftung hatte ich furchtbare Rückenschmerzen, ich habe Ischias-Probleme. Ich hatte solche Schmerzen, dass ich mich auf dem Boden wälzte. Die Zelle war sehr dunkel. Diesmal fiel es mir schwerer, die Zelle zu ertragen als beim ersten Mal. Ich war nun verheiratet und hatte eine Tochter. Meine Gedanken waren ständig bei Yasamin. Als sie mich von zu Hause wegbrachten, hatte Yasamin geweint. Sie hatten Mühe, sie zur Schule zu schicken. Für mich war am allerschwersten, von Yasamin getrennt zu sein. Später erfuhr ich, dass es meinem Mann nach meiner Verhaftung äußerst schlecht ging. Am nächsten Tag begannen die Verhöre. Nach ein paar Tagen merkte ich, dass ich sehr schlecht hörte und auch meine Stimme weg war. Der Anstaltsarzt sagte, dass die Hörstörung und die raue Stimme durch den nervlichen Schock verursacht worden seien. Ich musste ständig warmes Wasser trinken. Dann verlegten sie mich in eine andere Zelle. Ich wurde in die Zelle Nummer 25 verlegt. Sie hatte eine schlechtere Lage und war kleiner. Es gab ein Toilettenbecken, die Zelle war dunkel, sie erinnerte mich an meine Haft 1985. Es war ein Gefühl des Erstickens, in einer Zelle zu sein, die so klein war, dass man nur drei Schritte im Durchmesser gehen konnte. Ich beschloss, nicht an Yasamin zu denken, aber es gelang mir nicht. Ich dachte ständig daran, wie es ihr wohl geht. Ich wünschte mir nur, eine Nachricht von ihr zu haben. Ich hatte aber weder die Erlaubnis zu telefonieren, noch erhielt ich eine Besuchserlaubnis. Zu meinem Vernehmer sagte ich: «Solange ich nicht mit meiner Tochter sprechen darf, werde ich nichts sagen.» Nach drei Wochen wurde mir die Erlaubnis erteilt zu telefonieren.

Wie unterschied sich die Lage in Ihrer Zelle im Vergleich zum Jahr 1985?
Ich kam in die Zelle Nummer 25, die wieder klein und dunkel war und in der es kaum Luft gab. Ich hatte keine Brille und konnte nicht gut sehen, ich konnte nicht einmal den Koran richtig lesen. In dieser Zelle gab es nichts, nur den Koran. Ich hatte weder Stift noch Papier. Es herrschte absolute Einsamkeit, und die Zeit verging nicht. Ich war zweieinhalb Monate in dieser Zelle. Immer wieder schreckte mich die Klingel der Abteilung auf. Diese Klingel riss mich immer wieder aus dem Schlaf. Einmal hörte ich die Stimme einer Mutter, die die Stimme eines Kindes nachmachte. Zu-

erst dachte ich, es gäbe Kinder in der Abteilung, aber dann merkte ich, dass Erwachsene die Stimmen von Kindern nachahmten. Das wirkte sehr tröstend auf mich. Als ich von der Zelle Nummer 25 in die Zelle 12 verlegt wurde, war das keine große Veränderung. Diesmal gab es ein bisschen mehr Licht, und die Zelle war größer. Für mich war das schon eine wichtige Veränderung, und ich war Gott dankbar dafür. Um zur Toilette zu gehen, mussten wir einen Schalter drücken, daraufhin kam eine Wärterin und brachte uns zur Toilette. Sogar diese Möglichkeit, raus zur Toilette und alle zwei Tage für ein paar Minuten zum Waschraum zu gehen, bedeutete für mich schon ein wenig Abwechslung. Das Beste am Ausgang war, den Himmel sehen zu können. Da hatte ich das Gefühl, nicht allein zu sein. Das ermutigte mich. Für diesen Ausgang mussten wir einen Tschador tragen.

Wie lange waren Sie in der Einzelzelle?

Ich war zweieinhalb Monate in der Einzelzelle. Eines Tages kam Hadj Khanum[143], die Sektionsvorsteherin. Sie brachte mir Tee in einer Plastiktasse und sagte: «Du bekommst Besuch.» Endlich hatte meine Einsamkeit ein Ende. Meine Mitgefangene in der Zelle war eine Christin. Als sie hereinkam, nahm sie ihre Augenbinde ab, und ich umarmte und küsste sie. Dann entschuldigte ich mich gleich darauf, so wenig zurückhaltend zu sein. Ich hatte mich so elend ge-

---

143   Hadj Khanum: Ehrenbezeichnung für eine Frau, die die Haddsch, die Pilgerfahrt nach Mekka, absolviert hat.

fühlt. Dann stellte ich mich vor, und wir fingen an, uns zu unterhalten.

Wie war die Verpflegung?

Erst nach längerem Aufenthalt in der Haft teilten uns die Wärter mit, dass diejenigen, die Geld hatten, Obst kaufen könnten. Bei meiner Festnahme hatte ich etwas Geld dabei und konnte damit Obst kaufen. Ich habe in der ersten Woche sieben Kilo abgenommen. Ich konnte nichts essen. Ich stand unter Schock und hatte Magenbluten. Alles, was ich zu mir nehmen konnte, waren Datteln mit Tee, das bekam ich morgens und nachmittags. Es dauerte drei Wochen, bis meine Stimme wieder in Ordnung war. Im Verhörraum brachte ich keinen Laut heraus. Um sprechen zu können, musste ich vorab heißes Wasser trinken.

Wie oft sind Sie während Ihres Aufenthalts in der Einzelzelle verhört worden?

Ich glaube, ich wurde innerhalb von zwei Monaten zwanzigmal verhört. Der Druck durch die Verhöre war groß. Sie gaben mir meine Kleidung und sagten mir, dass ich mich auf ein Gespräch vorbereiten solle. Einmal verlor ich während des Verhörs mein Gleichgewicht und wurde in die Krankenabteilung von Sektor 209 eingeliefert. Dort kam ein Arzt, ein Neurologe. Ich konnte nicht auf meinen Beinen stehen. Er gab mir ein Neuroleptikum unter die Zunge. Ich hatte das Gefühl, keine Kontrolle mehr über meinen Körper zu haben. Ich war drei Tage sehr schwach und konnte auch nicht sprechen.

Hatten Sie jemals das Gefühl, dass Sie dem Druck des Verhörs und der Einzelhaft nicht mehr standhalten können?

Damit, dass ich unter Druck gesetzt wurde, eine Erklärung abzugeben, die öffentlich ausgestrahlt werden würde, wurden auch mein Mann und meine Tochter bedroht, deshalb ging es mir sehr schlecht, und ich machte mir große Sorgen. Als ich einmal, nach einem Verhör voller Drohungen, in die Zelle zurückkam, sahen meine Mitgefangenen Faran und Noushin, wie schlecht es mir ging. Die Vernehmer hatten gesagt, wir seien neun Personen. Alle anderen haben öffentliche Erklärungen abgegeben, nun müsse auch ich mich fügen. Eines Nachts stimmte ich zu, nur, um diesem enormen Druck der Verhöre zu entkommen. Daraufhin bestimmten sie den Termin, und ich kehrte in meine Zelle zurück und fand dort bis vier Uhr in der Früh keinen Schlaf. Ich erklärte Faran und Noushin, dass ich keine Erklärung abgeben werde. Sie würden sich damit nicht zufriedengeben.

Am nächsten Tag kam Hadsch Khanum und sagte: «Komm, gehen wir.» Ich sagte daraufhin: «Gehen Sie, und sagen Sie den Vernehmern, dass ich nicht komme.» Da riefen sie mich zu sich und brüllten mich an: «Hast Du Dich über uns lustig gemacht?» Wegen meiner Tochter Yasamin stand ich unter großem Druck. Deshalb fiel mir die Situation schwerer als beim letzten Mal. Nachdem ich gesagt hatte, dass ich auf keinen Fall diese offizielle Erklärung abgeben werde, ging es mir besser, und ich fühlte mich stark. Danach hatte ich vor nichts mehr Angst. Ihre Drohungen waren leere Worte. Es fiel mir sehr schwer, meine politischen Ziele und die Liebe zu meiner Tochter voneinander zu trennen.

Was haben Sie getan, um Ihre Widerstandskraft zu stärken?

Ich habe an den Verlauf der früheren Kämpfe gedacht, und ich habe an die Mütter gedacht, die für ihre Kinder ermordet worden waren. Ich habe den Koran gelesen. Ich habe auch daran gedacht, dass viele Mütter aufgrund ihrer politischen Ziele von ihren Kindern getrennt worden waren. Ich trieb jeden Tag Sport und blieb so beweglich. Während ich allein in der Zelle war, sprach ich sehr laut mit mir selbst, in der Hoffnung, dass meine Stimme vielleicht in der Nebenzelle gehört wurde. Ich bat um eine Zeitung. Ich hatte kein Buch. Allein in der Einzelzelle war ich am Ende des Tages oft traurig und bekümmert. Als ich später mit zwei weiteren Frauen in der Zelle war, baten wir um einen Fernseher. Wir waren ohne Information, ohne Nachrichten.

Erzählen Sie von Ihrer Tochter und wie sie in dieser Zeit reagiert hat.

In der Zelle dachte ich immer, dass ich mich nicht genug um meine Tochter gekümmert hätte, so, wie ich es hätte tun sollen. Diese Gedanken brachen mir das Herz. Ich bat Gott um eine Chance, es wiedergutzumachen. Mein erstes Treffen mit meiner Tochter fand drei Monate nach meiner Verhaftung statt. Yasamin hob ihren Kopf nicht. Das Zusammentreffen fand in einer Kabine statt. Ich war sehr aufgeregt, sie zu sehen. Ich versuchte, mich fröhlich und stark zu geben. Ich sagte ihr immer wieder, dass es mir gut ginge. Später fragte ich sie einmal, warum sie ihren Kopf nicht gehoben und mich nicht angeguckt hätte. Sie sagte, sie habe Angst gehabt, weinen zu müssen. Obwohl meine Tochter noch sehr klein war, war ihr bewusst, dass sie mich schützen wollte. Diese Verhaftung war für mich viel schwerer als die zwei früheren Verhaftungen. Diesmal waren meine Gedanken ständig bei Yasamin.

Wie war die Hygiene in Ihrer Zelle?

Die Hygiene in der Zelle war sehr schlecht. Die Toilette war nicht sauber. Es gab kein extra Becken, um Wäsche zu waschen. Ich erkrankte an einer Hautkrankheit. Der Waschraum war sehr schmutzig. Ich nahm Putzmittel mit und putzte dort, um es benutzen zu können. Wir mussten mit einem Handbesen das Zimmer fegen, aber auch der war kaputt. Ich wurde während meiner Haft im Jahr 2011 nicht körperlich gefoltert. Diesmal war es psychisch. In den 1980er-Jahren wurde ich gefoltert, um Dinge zu gestehen, aber dieses Mal fragte man nicht nach Informationen, obwohl ich mich in einem Zustand psychischer Folter befand. Sie führten keine Untersuchung. Sie wussten alles. Sie hielten uns in der Haft, um Geständnisse zu erpressen.

NAZILA NOURI UND
SHOKOUFEH YADOLLAHI

Übersetzung: Golrokh Jahangiri

Nazila Nouri, geboren 1968, und Shokoufeh Yadollahi, geboren 1967, sind Mitglieder des Nimatullahi-Ordens[144]. Sie wurden am 20. Februar 2018 bei den Ereignissen in der Golestanstraße 7 bei einer Versammlung von Mitgliedern des Derwischordens festgenommen. Die Mitglieder hatten sich nach dem Angriff der Sicherheitskräfte auf der Straße versammelt, in der Nour-Ali Tabandeh, das geistige Oberhaupt des Nimatullahi-Ordens, wohnte. Es war die Zeit der Gerüchte seiner möglichen Verhaftung. Ungefähr hundert Personen wurden von Sicherheitskräften festgenommen, verprügelt und in Einzelhaft gebracht. Die meisten dieser Gefangenen wurden mit blutenden tiefen Wunden an verschiedenen Körperteilen eingeliefert und hatten daher schwierigste Bedingungen in der Haft. Nazila und Shokoufeh gehör-

---

144 Nimatullahi: iranischer Sufi-Orden, der nach dem Gründer des Ordens, Nimatullah Wali, benannt ist. Er entstand im 14. Jahrhundert im Südosten Irans und verbreitete sich bis nach Indien.

ten zu den Inhaftierten dieses Tages. Im folgenden Inter-
view sprechen sie über die Erfahrung der Einzelhaft.

Wie sind die Bedingungen in Einzelhaft, und wo wurden Sie festgehalten?
Nazila Nouri:

Es war drei Uhr morgens, als wir festgenommen wurden. Bis sechs Uhr morgens wurden wir auf der Straße festgehalten. Um sieben Uhr wurden wir zur Teheraner Geheimpolizei in die Shapourstraße gebracht. Die Männer wurden dortbehalten. Wir Frauen wurden in die Vozarastraße zur Sicherheitspolizei transportiert. Hier blieben wir bis in die Nacht. Dann brachte man uns nach Schahr-e Rey[145]. Unsere Kleidung war zerrissen, blutig und nass vom Wasserwerfer der Polizei. Wir hatten keine Möglichkeit, die Kleidung zu wechseln. Andere wurden mit blutenden Verletzungen in die Zellen gebracht. Eine Freundin, Sepideh Moradi, hatte geschwollene Beine und Verletzungen am ganzen Körper. Ich war auch geschlagen worden und hatte Schmerzen am ganzen Körper und blutete am Kopf. Shokoufeh hatte durch Schläge Frakturen am Kopf. Wir wurden in diesem Zustand in die Zellen gebracht. Sie waren ohne Einrichtung, zwei mal zwei Meter groß, es gab nur eine offene Toilette. Wir mussten zu dritt dort ausharren. Die Toilette in der Zelle war weder durch eine Tür noch durch eine Wand abge-

145   Schahr-e-Rey-Haftanstalt: Qarchak-Haftanstalt, ein Frauengefängnis in Ghartschak, Waramin, einer Großstadt im Bezirk Teheran.

teilt. Die Benutzung der Toilette war uns daher äußerst unangenehm. Die Zelle hatte eine Metalltür mit einer kleinen Öffnung. Der Geruch des Abflusses war so stechend, dass einem schlecht wurde. Wir versuchten, die Nasen mit unserer Kleidung zu bedecken, um weniger Gestank einatmen zu müssen. Einer Freundin, die Asthma hatte, wurde oft so schlecht, dass sie Atemnot bekam. Sie wurde dann in den Sanitätstrakt des Gefängnisses gebracht, jedoch immer wieder ohne irgendeine Behandlung zurückgebracht. In einer Zelle war der Gestank der Toilette so stark, dass sie nicht mehr benutzt werden konnte. An der Decke brannte Tag und Nacht ein schwaches Licht, das die Augen sehr beeinträchtigte. Wir waren daher bereit, ohne Licht zu bleiben.

Wie waren die hygienischen Verhältnisse dort?

Die Dusche war direkt über einem Toilettenbecken installiert. Bei den üblichen Stehtoilettenbecken im Gefängnis und stehendem Wasser im Abfluss war es unmöglich, sich auf das Toilettenbecken zu stellen und zu duschen. Der Gestank der Toilette war so stark, dass wir uns zum Schlafen Blusen vorbanden, um überhaupt etwas ausruhen zu können. Auf unsere Bitte um Reinigungsmittel zum Säubern der Toilette wurde nicht reagiert. Nicht einmal eine Toilettenbürste, um die Ablagerungen zu entfernen, haben wir bekommen. Die offensichtlich mehrjährigen Ablagerungen wären aber ohnehin nicht zu beseitigen gewesen. Der Gestank aus der Toilette war so stark, dass wir sie mit einem in eine Decke gewickelten Müllsack bedeckt haben, wenn sie nicht benutzt wurde, um eine Weile Ruhe haben. Wir hatten weder genügend Hygiene- noch Waschmittel zur Verfügung. Als wir in die Zelle gewiesen wurden, haben wir eine kleine Flasche Haarshampoo bekommen, nach deren Benutzung die Haare so strohig wurden, dass wir sie nicht kämmen konnten. Das Wasser im Qarchak-Gefängnis war sehr schlecht, salzhaltig und griff Haare und Haut an.

Wie war der Ausgang organisiert?

Zu Beginn der Haft hatten wir zehn Tage lang keinen Ausgang und mussten uns mit dem Licht in der Zelle begnügen. Dann hatten wir täglich zwanzig Minuten Hofgang, was später auf dreißig Minuten verlängert wurde.

Wie war das Essen?

In den ersten Tagen bekamen wir nur Brot und Halva[146]. Wir hörten eine Gefangene, die offenbar Diabetikerin war, dagegen protestieren, dass sie nicht jeden Tag Brot und Halva essen könne. Sie hungerte daher. Nach einigen Tagen bekamen wir zum Brot auch ein kleines Stück Käse. Trinkwasser war nicht dabei, und wir mussten Leitungswasser trinken. Das Leitungswasser war jedoch salzhaltig und nicht trinkbar, d.h., wir hatten nicht einmal Wasser zum Trinken. Wir

146 Süßspeise, Dessert, in Ländern des Nahen Ostens und der Türkei auf Basis von Tahini (Sesammus), im Iran auch aus geröstetem Mehl, Öl, Zucker und ggf. Gewürzen.

haben dagegen protestiert und sogar eine Beschwerde diesbezüglich verfasst.

Wurden Sie verhört?

Einige von uns wurden für ein Verhör in die Shapour-Wache gebracht. Wer diese Wache kennt, weiß, dass es eine der schrecklichsten Verhörzentralen der Geheimpolizei ist. Einige Männer des Ordens wurden dort bestialisch gefoltert. Wir waren im Qarchak-Gefängnis in Zellen untergebracht, die durch vier Türen gesichert wurden. Es gab daher keine Kontaktmöglichkeiten. Einmal wurde eine Mitgefangene, Elham Ahmadi, zum Verhör abgeholt und nicht mehr zurückgebracht. Unsere wiederholte Frage nach ihrem Verbleib wurde nicht beachtet. Sie kam nach zwei Tagen und drei Nächten wieder zurück. Wir erfuhren, dass sie zum Verhör zur Shapour-Wache gebracht worden war. Die hygienischen Verhältnisse dort waren außerordentlich schlecht. Dort litten nach einiger Zeit alle unter allen möglichen Infektionen und Ungeziefer wie Läusen usw. Auch im Qarchak-Gefängnis wurden wir verhört. Die Verhörbeamten kamen entweder vom Informationsministerium oder von den Revolutionsgarden.

Zugleich wurde Ihr Sohn verhaftet.
Wie hat sich die Verhaftung Ihrer
Familienmitglieder auf Sie ausgewirkt?

Mein Sohn war zwanzig Jahre alt, als er zur gleichen Zeit wie ich verhaftet wurde. Ich hatte keine Ahnung, wo er sich befand und wie seine Situation war. Das machte mir große Sorgen. Als mir zum ersten Mal erlaubt wurde, Besuch von meinem Mann zu bekommen, bat ich ihn nur, sich um die Situation unseres Sohnes zu kümmern. Mein Sohn Kiarash war bei der Verhaftung angeschossen worden. Die letzten Bilder, die wir voneinander hatten, waren die mit blutigen Verletzungen. Viel später erfuhr ich, dass Kiarash drei Monate lang in der Shapour-Wache unter äußerst schrecklichen Bedingungen festgehalten wurde. Wir wurden im März 2016 verhaftet. Kiarash musste einen Monat lang im Gefängnis ohne jegliche Waschmöglichkeiten verbringen. Er durfte nicht einmal seine Kleider wechseln.

Nazila, Sie waren eine Weile allein in Ihrer Zelle.
Erzählen Sie uns von dieser Zeit.

Nach einer Operation im Krankenhaus kam ich wieder zurück ins Gefängnis, in eine andere Zelle als vorher. Hier blieb ich allein. Ich erfuhr von einer Frau in der Nachbarzelle, dass Frauen des Ordens im Flur mit elektrischen Schlagstöcken geschlagen worden sind. Sie hatte es gesehen. Meine Zelle war vier Türen vom Gang entfernt. Als ich aus dem Krankenhaus kam, ging es mir wegen einer Ausschabung und der Folgebeschwerden nicht gut. Ich begann mich zu beschweren, dass sie mir wenigstens Wasser geben sollten. An diesem Tag und am Tag darauf habe ich weder etwas zu essen noch zu trinken bekommen. Niemand hat nach mir gesehen. Über das Prügeln der hungerstreikenden Ordensmitglieder wie auch das Verhalten der Wächter mir gegenüber war ich so verärgert, dass ich ebenfalls einen trockenen Hungerstreik begann. Da ich gerade erst eine Operation hinter mir hatte, brauchte ich dringend eine bessere Versorgung. Ich bekam jedoch nicht einmal Seife oder Shampoo. Am vierten Tag des Hungerstreiks bekam ich Fieber. Ich war aber nicht bereit, zur Krankenstation zu gehen. Ich erlaubte auch nicht, dass mir Fieber und Blutdruck gemessen wurden. Die Beamten gingen zu Shokoufeh und brachten sie mit einem Glas Wasser in meine Zelle, damit ich meinen Streik brach. Ich tat es und wurde elf Tage lang in Einzelhaft gehalten.

Shokoufeh, haben Sie während Ihrer Zeit in Isolation und in der Zelle einen Hungerstreik erlebt?

Als wir die Isolation verlassen sollten, haben wir einen Sitzstreik durchgeführt! Wir protestierten dagegen, dass wir nach monatelangem Aufenthalt im Gefängnis keine Möglichkeit zu telefonischem Kontakt erhielten. Wir verlangten, dass unsere Beschwerde bearbeitet wurde. Einmal hat die Spezialgarde des Gefängnisses uns angegriffen. Ich habe gesehen, wie Herr Pourabdol dafür den Befehl gab. Wir sind mit elektrischen Schlagstöcken direkt im Gesicht und am

Kopf traktiert worden. Ich habe so viele Schläge abbekommen, dass ich das Bewusstsein verlor.

Von Kopf bis Fuß wurde ich mit dem Elektroschocker gequält. Unsere Kleidung war zerrissen, wir waren schwer geschlagen worden. Wir entschieden uns daher für den Hungerstreik. Die anderen Ordensmitglieder schlossen sich uns an. Der Streik dauerte achtzehn Tage und wurde nach einem Appell von Freunden abgebrochen. Meistens versammelten sich während des Streiks die Familien der Inhaftierten vor dem Gefängnis und besuchten unseretwegen verschiedene Ämter. Sie harrten so lange vor den Türen aus, bis sie die Verantwortlichen erreichten und um Auskünfte nach unserer Situation ansprechen konnten.

Gab es Besuch?
Alle drei Monate konnten wir Besuch bekommen.

Wie war Ihre Bekleidung?
Als wir ins Gefängnis Qarchak kamen, war die islamische Verhüllung, der Tschador, obligatorisch. Um den anderen Gefangenen nicht als etwas Besseres zu erscheinen, haben wir uns dem Verschleierungszwang gebeugt. Einmal sollte ich zu der Abteilungsleiterin gehen. Ich wollte einen Mantel und ein Kopftuch anziehen[147]. Der Beamte, der mich holen

---

147   Für weibliche Personen ist im Iran die offizielle Variante der Verhüllung in der Öffentlichkeit oder in Gegenwart ihnen nicht ver-

sollte, sagte, dass ich nicht ohne Tschador zu der Leiterin gehen dürfe. Ich habe mich geweigert und gesagt, entweder komme ich so oder gar nicht, und habe mich auf mein Bett gelegt. Sie gaben dann nach, und ich durfte mit Mantel und Kopftuch zur Leiterin gehen. Einen Tag danach wurde ich ins Besuchszimmer gerufen. Ich machte mich ohne Tschador auf den Weg. Die Beamten stoppten mich und sagten, dass ich ohne Tschador nicht zum Besuchszimmer gehen dürfe. Ich bin daraufhin zurück zu meiner Zelle. Der Beamte kam auf mich zu und sagte, ich bekäme nach drei Monaten endlich meine Familie zu sehen. Ich solle meinen Tschador nehmen und mitkommen. Ich weigerte mich jedoch. Am Ende durfte ich dann doch ohne Tschador zum Besuchszimmer gehen.

Erzählen Sie etwas über Ihre Gefühle in der Zelle und in der Quarantäne.
Shokoufeh Yadollahi:
Ich bekam bei der Verhaftung Schläge auf den Kopf. Dadurch verlor ich meinen Geruchsinn. Meine Kopfverletzung infizierte sich, und ich bekam Fieber. Nachts ging es mir sehr schlecht. Einmal konnte ich nicht einschlafen. Ich stand mitten in der Nacht auf, um mir ein wenig warmes Wasser über den Kopf zu gießen und mich etwas besser zu fühlen. Sofort kam ein Beamter und sagte, dass ich nachts

wandter männlicher Personen der Tschador. Seit den Anfängen der Islamischen Republik wird die Variante Mantel und Kopftuch weitläufig, aber nicht überall akzeptiert.

nicht duschen darf. Auf jeden Fall war die Situation schwierig, ich versuchte dennoch Ruhe zu bewahren. Ich kann sagen, dass ich in der Zelle einen inneren Frieden spürte. Ich hatte keine Kenntnis über den Zustand Dr. Tabandehs[148], was mir Sorgen bereitete. Die Ungewissheit darüber, wie es meinen drei Söhnen ging, quälte mich zusätzlich. Kasra und Pouria sind ebenfalls Ordensmitglieder und waren deswegen in Haft. Amir war jedoch kein Ordensmitglied, aber trotzdem verhaftet worden. Dass er unseretwegen verhaftet wurde, quälte mich. Ich machte mir Gedanken darüber, wie die Jungen diese Situation aushielten. Kasra hatte zwölf Jahre, Amir fünf Jahre und Pouria acht Monate bekommen.

Nazila Nouri:

Ich fühlte mich in der Zelle immer beobachtet. Ich war allein und hatte nur zwei Decken. Die hygienischen Verhältnisse waren unsäglich. Ich hatte aber trotzdem ein recht gutes Gefühl. Nur machte ich mir Sorgen um meinen Sohn Kiarash. Als ich erfuhr, dass Kiarash zuerst in das Große Teheraner Zentralgefängnis Fashafouyeh[149] gebracht, von dort abgeholt und nicht mehr zurückgebracht worden war, war ich sehr beunruhigt. Ich hatte gehört, dass er sehr stark unter Druck gesetzt worden war, um ein falsches Geständnis abzugeben. Während des telefonischen Kontakts habe ich meinen Mann gebeten, sich darum zu kümmern. Ich hatte

148 Nour-Ali Tabandeh, religiöser Führer des Nemattolahi-Ordens.

149 Fashafouyeh: Zentralgefängnis des Großraums Teheran, etwa zweiunddreißig Kilometer südlich von Teheran. Manchmal auch als Teheraner Zentralgefängnis bezeichnet.

Angst, dass er wie Sattar Beheshti[150] unter Folter in Einzelhaft stirbt. Ich war besorgt, dass er zu falschem Geständnis gezwungen und zum Tod verurteilt wird. Diese Zeit war die schlimmste Zeit in meinem Leben. Nach drei Monaten hatte ich sichere Informationen über seine Situation, und das beruhigte mich. Als ich ihn verließ, hatte er schwere Verletzungen. Es war mir klar, dass er trotz dieser Verletzung starkem Druck und Folterung unterzogen werden würde. Im Allgemeinen habe ich das Gefühl, dass während dieser Zeit viele Sachen, die vor der Verhaftung für mich von Wert waren, ihren Wert verloren. Viele Sachen, die mir draußen normal erschienen waren, wie einfach auf der Pasdaranstraße spazieren zu gehen, haben einen anderen Stellenwert in meinem Leben bekommen. Dass Kiarash zu sechzehneinhalb Jahren Gefängnis verurteilt worden ist, ist eine der größten Sorgen, die ich habe.

150 Seyyed Sattar Beheshti: iranischer Blogger, verhaftet durch die iranische Cyberpolizei aufgrund seiner Kritik an der Regierung der Islamischen Republik auf Facebook und einer unterschriebenen Beschwerde über Folter, verstarb im November 2012 kurz nach seiner Verhaftung, sein Tod zog internationale Kritik nach sich und führte zur Entlassung des Kommandanten der iranischen Polizeieinheit für Cyberkriminalität.

MARZIEH AMIRI

Übersetzung: Ferdos Mirabadi

Marzieh Amiri (geboren 1986) arbeitet seit dem Abschluss ihres Studiums der Sozialwissenschaften als Journalistin. Sie wurde verhaftet, nachdem sie über die Versammlung, die am 1. Mai 2019 zum Internationalen Tag der Arbeiterbewegung vor dem Islamischen Parlament[151] stattfand, berichtet hatte. Sie wurde in das Evin-Gefängnis gebracht und blieb sechs Monate in Haft, in deren Verlauf sie fünfundvierzig Tage lang vernommen wurde.

---

151   Islamisches Parlament (Majles-e Showra-ye Eslami), wird alle vier Jahre unmittelbar vom Volk gewählt, wählbar sind nur die vom Wächterrat zugelassenen Kandidaten; gesetzgebende Institution Irans.

Wie sind Sie verhaftet worden,
und warum waren Sie in Einzelhaft?

Ich bin am 1. Mai 2019 verhaftet worden und wurde zunächst zur Untersuchungshaft ins Vozara[152] gebracht, wo ich die Nacht verbrachte. Wir waren insgesamt zwölf Personen, die auf zwei Zellen aufgeteilt waren. Am nächsten Tag haben sie mich zum Gericht gebracht und unmittelbar danach an einen Ort, der einer Moschee bzw. einer Hosseiniye[153] glich. Ich bin mir mit dem Ort nicht ganz sicher. Dort musste ich ungefähr sechs Stunden warten – es war eine leere Halle. Allerdings liefen dort Männer mit Masken auf dem Gesicht ständig hin und her. Ich war in Begleitung eines Wächters, der immer wieder nach mir Ausschau hielt. Sofort habe ich angefangen zu protestieren und zu fragen, wo ich bin, und verlangte, mir ein Telefon zu geben, damit ich Kontakt mit meiner Familie aufnehmen konnte. Natürlich bekam ich keine Antwort. Nachdem meine Proteste lauter geworden waren, beschimpften sie mich: «Halt's Maul, Schlampe!» Dann, nach einer halben Stunde, stiegen wir in ein Auto, und

---

152   Stadtteil in Teheran mit einem bekannten Haftzentrum der Sicherheitspolizei.

153   Versammlungshalle für religiöse Zeremonien, unterscheidet sich von einer Moschee, Bezeichnung entstammt Hussayn ibn Ali, dem dritten der zwölf Imame und Enkel des islamischen Propheten Muhammad. Seines Märtyrertodes in der Schlacht von Karbala 680 n. Chr. gedenken Schiiten jedes Jahr an Ashura, dem 10. Tag des Monats Muharram des Islamischen (religiösen) Kalenders. Diese und andere Zeremonien, religiöse Gedenkfeiern sowie Armenspeisungen werden in den oder ausgehend von einer Hosseiniyeh vorgenommen.

man brachte mich in ein anderes Untersuchungsgefängnis, die Basis Sarollah[154]. Dort war ich für neun Tage in einer drei mal drei Meter großen Einzelzelle eingesperrt. In der Zelle gab es eine Toilette und eine Dusche. Die Tür der Zelle war sehr schwer und mit einer kleinen Klappe versehen, die nur zur Essensdurchgabe geöffnet wurde.

Wie war die Atmosphäre in dem Gefängnistrakt und in der Zelle?

Es war total still – das war sehr schrecklich für mich. Ich habe nie erfahren, ob außer mir noch andere Gefangene in dem Trakt waren.

Wohin sind Sie nach neun Tagen gebracht worden?

Ich bin nach neun Tagen in das Gefängnis Evin, in den Trakt 209 in Einzelhaft gebracht worden, die achtundzwanzig Tage andauerte. Die Zelle war sehr klein – ein Meter zwanzig mal eins achtzig. Neben meiner Zelle war eine Toilette, an der Tür der Toilette war eine Klappe, die tagsüber offen war. So konnte ich die Stimmen der Gefangenen, die zur Toilette wollten, mithören. In der Zelle trug ich die ganze Zeit eine Augenbinde, die aus einem leichten Stoff war. Manchmal gelang es mir, sie ein wenig zur Seite

154 Sicherheitsbasis der Revolutionsgarden in Teheran, mit der Aufgabe, die Sicherheit in Teheran und anderen Städten in der Provinz Teheran zu verwalten; Regierungsbasis und wichtigste Sicherheitseinheit innerhalb der Revolutionsgarden.

zu schieben. Die Augenbinde, die ich in der Basis Sarollah anlegen musste, war aus einem dicken Stoff mit mehreren Schichten. Sie bedeckte das halbe Gesicht und ließ nur meinen Mund frei.

Wie war die Atmosphäre in der Einzelhaft?

Die Zelle war sehr klein, und immer brannte das Licht. Diese verdammte Lampe hatte sehr grelles Licht, manchmal dachte ich, dass ein direktes Sonnenlicht meine Augen durchbohrte. Toilette und Dusche waren außerhalb der Zelle, was eine Gelegenheit darstellte, aus der Zelle rauszukommen. Im Gefängnistrakt 209 waren, trotz des Verbotes, handgeschriebene Notizen an den Wänden, dies war in Sarollah nicht der Fall, da das Gebäude neu gebaut war. Mit anderen Worten, im Trakt 209 konnte man Spuren von anderen Gefangenen, von Menschen, entdecken, die fremd und unsichtbar waren. Manchmal konnte man auch vertraute Notizen lesen. Die Notizen waren eine Möglichkeit, Kontakt mit den aktuellen und den ehemaligen Gefangenen aufzunehmen. Das war sehr ermutigend!

Welche Möglichkeiten gab es in der Zelle?
Wie war die Zelle ausgestattet?

In der Zelle gab es ein kleines Waschbecken – mehr nicht. Der Besitz von Schreibpapier und Stift war untersagt. Als ich in die Zelle kam, bekam ich ein paar Decken. Beim Ausrollen der Decken fiel ein Kugelschreiber heraus. Vielleicht ist er von einem Gefangenen für den nächsten zwischen den Decken versteckt worden.

Wie war der Ausgang an der frischen Luft?
Im Gefängnistrakt 209 haben wir drei Mal die Woche je zwanzig Minuten Ausgang gehabt. In Sarollah hatten wir täglich dreißig Minuten freien Ausgang. Wir mussten uns zum Hofgang vollständig mit einer Maghnae[155] bedecken sowie Mantel und Hose tragen.

Wie war es mit der Hygiene und dem Duschen?
Drei Mal die Woche durften wir duschen, einmal die Woche haben wir einen Staubsauger zum Reinigen der Zelle bekommen.

Wie war es für Sie, in Einzelhaft, d. h. allein zu sein?
Allein in einem geschlossenen Raum zu sein, ist für jeden Menschen schrecklich, auch für mich war es nicht anders. Wenn man allein in einem geschlossenen Raum ist, distanziert man sich von allem, was zum Menschsein gehört.

155 Maghnae: im Iran in der Öffentlichkeit oder in Gegenwart als nicht direkt verwandt geltender männlicher Personen vorgeschriebene weibliche Kopfbedeckung, die die Haare, den Haaransatz und Kinn, Hals und Ausschnitt bedeckt, reicht weit über die Schultern, auch unter dem Tschador zu tragen.

Du wirst in dem Verhör über alles befragt. Du wirst immer wieder von dem Vernehmer abgeholt. Wenn du in deine Zelle zurückkommst, bist du ganz allein. Die Einsamkeit in der Zelle ist ganz anders als die Einsamkeit außerhalb des Gefängnisses. In der Zelle ist niemand an deiner Seite. Du möchtest mit jemandem reden, aber das ist nicht möglich. Es gibt Momente in der Zelle, wo du das Gefühl hast, die Wände bewegen sich auf dich zu. Du hast das Gefühl, sie kommen dir immer näher und werden dich zerquetschen. Das Gefühl war so stark, dass ich Atemnot bekommen habe. Als ich in Sarollah war, kam ein Wärter und sagte zu mir, ich solle meinen Tschador umlegen, ich bekäme gleich Besuch. Kurz darauf stand ein Mann mit einer Maske im Gesicht vor mir und befahl mir, mich zu setzen. Er setzte sich vor mich hin. Es war nicht wichtig, was er sagte! Ich habe auch nicht hinhören können! Es war qualvoll für mich, dass meine Einsamkeit in dieser Zelle nur durch die Anwesenheit dieses Mannes ein Ende hatte.

Wie haben Sie sich in der Zelle beschäftigt?
In der Zelle gab es keine Möglichkeit, sich zu beschäftigen. Die einzige Beschäftigung sind die Erinnerungen. Manchmal fantasierte ich, mit meinen Freundinnen zusammen zu sein, und sprach mit ihnen. Die Gespräche handelten von allem, außer vom Gefängnis. So versuchte ich, meinen Kontakt zur Außenwelt beizubehalten. An den Tagen, an denen du verhört wirst, passiert etwas, aber an den Tagen ohne Verhör verlierst du jedes Zeitgefühl. Die Zeit vergeht nicht.

MARZIEH AMIRI

Manchmal versuchte ich den Tag mit Schlafen zu verbringen. Ich hatte überhaupt kein Zeitgefühl. In der Zelle hast du auch gar keine Möglichkeit, die Uhrzeit zu erfahren. Beim Hofgang habe ich mich auch nur in einer Ecke, die wie eine Bushaltestelle daherkam, aufgehalten und nachgedacht. Gedanken ohne ein Ziel. Die Wahrheit ist, in der Einzelhaft hast du gar keinen Zugang zu deinen Gedanken. Manchmal versuchst du dich an die Vergangenheit zu erinnern und gibst auf, weil du müde wirst. Es ist wie ein unruhiger Ort, an dem du nach etwas suchst und es nicht findest.

In der Einzelhaft werden alle Kontakte zu Familie, Freunden und allen anderen Menschen und das soziale Umfeld komplett abgebrochen. Wie haben Sie dieses Vakuum erlebt?
Ich habe sehr viel Sport gemacht. Ich habe ständig alle Bewegungen, die mir einfielen, geübt. Sehr viel getanzt. Ständig habe ich verschiedene Grimassen und Figuren mit meinem Gesicht und meinem Körper gemacht. Dabei habe ich auch laut lachen müssen. Ich wollte sehr gerne mit jemandem – außer meinem Vernehmer – reden. Jedes Mal, wenn mir der Wärter die Tür aufsperrte, um zur Toilette, zum Duschen oder zum Ausgang an der frischen Luft zu gehen, wurden bei diesem einfachen Ereignis vielleicht zwei Sätze zwischen dem Gefangenen und dem Wärter ausgetauscht. Trotz der Banalität waren diese Sätze ein ermutigender Moment, ein menschlicher Kontakt, der eine Gestalt hatte. Wenn man beim Schichtwechsel den Wärter in

seiner Alltagskleidung sah, war das eine Erinnerung an das Leben, das außerhalb des Gefängnisses stattfand. Meistens waren die Wärter nicht fanatisch, sondern Beamte, die ihre Aufgaben erledigten. Die jungen Wärter waren vorsichtiger, aber die älteren waren sehr geduldig. Sie haben sich meistens nicht an die Verordnungen gehalten. Manchmal dachte ich beim Kontakt mit den Wärtern: Dich haben sie auch eingesperrt! Schichtwechsel und die Änderung der Gesichter waren für mich ein Lebenszeichen und Grund zur Freude. Gleichzeitig tat es mir in der Seele weh, dass das Gefängnis meinen Blick und meine Freude so minimiert hat. Vollkommen anders war mein Gefühl in der Begegnung mit meinem Vernehmer: Hass und Wut.

Glauben Sie, dass den Wärtern ihr Verhalten von den Vernehmern genauestens befohlen worden war?

Wenn ich Schritte hörte, bin ich aufgestanden und habe versucht, durch die Luke zu sehen, wer vorbeiging. Eines Tages hat der Wärter die Tür geöffnet und warnte mich, dass er die Türklappe verschließen würde, wenn ich es noch einmal täte. Als eine andere Gefangene in meine Zelle gebracht wurde, blieb derselbe Wärter, der mir nicht einmal erlaubt hatte, durch die Luke zu schauen, stehen und sprach ein wenig. Ich sagte ihm: «Als ich alleine in der Zelle war, hast Du nie mit mir gesprochen, aber jetzt, wo der Vernehmer einer anderen Person befohlen hat, in meiner Zelle zu sein, sprichst Du mit mir.» Die Art und Weise, wie ein Gefangener in einer Zelle festgehalten wurde und wie die Wärter den Gefangenen behandelten, zeigten, dass dies sehr wohl überlegt war.

Wie waren die Atmosphäre und die Vorgehensweise beim Verhör?

In der Basis Sarollah brachten sie mich von der Zelle immer mit der Augenbinde zum Verhör. Der Weg war sehr kurz. Die Wärter haben manchmal im Raum gewartet, bis der Vernehmer kam, und danach den Raum verlassen. Die gesamte Zeit musste ich die Augenbinde tragen. Die Verhörzeiten waren sehr unterschiedlich. Beim ersten Verhör bin ich um 20 Uhr abgeholt worden. Es dauerte über sechs Stunden. In Sarollah wurde kein Gespräch geführt. Die ganze Zeit standen die Fragen auf Papier, und ich durfte die Augenbinde kurz zur Seite schieben, damit ich die Antworten notieren konnte. Dazwischen gab es vom Vernehmer laute Vorwürfe und Beschimpfungen. Im Trakt 209 durfte ich die Augenbinde abnehmen und konnte den Vernehmer sehen. Er hat über verschiedene Themen, u.a. Gesellschaftliches und Soziales, mit mir diskutiert. Ganz im Gegensatz zur Basis Sarollah, wo versucht wurde, mich über mein privates Leben zu befragen, und wo gleichzeitig mein Handy gecheckt wurde, wozu ebenfalls unsystematisch Fragen gestellt wurden. Im Trakt 209 wurde mein Handy vorher gecheckt, und die Fragen waren sehr gezielt.

Haben sie mit Ihnen über die Dauer der Haft gesprochen?

Die Vernehmer haben gesagt, ich würde zehn bis fünfzehn Jahre bekommen.

Haben sie versucht, Ihre Familie Ihretwegen unter Druck zu setzen?

Meine Geschwister haben meine Verhaftung vor meiner Mutter geheim halten können. Der Vernehmer hat mir immer gedroht, meine Mutter hierherzubestellen, damit sie mich in der Gefangenenkleidung sähe. Oder sie würden meine Mutter anrufen und ihr erzählen, dass ich im Gefängnis sei. Manchmal haben sie mir gedroht, meine Schwester auch zu verhaften. Ich habe ausdrücklich gesagt, dass ich außer mit meiner Schwester mit niemandem Kontakt haben will.

Haben Sie ärztliche Versorgung gebraucht bzw. bekommen?

In der Basis Sarollah ging es mir gut. Ich hatte nur immer niedrigen Blutdruck, wenn sie mich zur Untersuchung mitnahmen. Die Untersuchungen waren aber sehr oberflächlich. Im Trakt 209 ging es mir nach kurzer Zeit wegen der langen Anhörungen und der Einzelhaft nicht gut. Ich leide an Epilepsie, daher habe ich mir Sorgen gemacht. Ich hatte den Vernehmer informiert und auch eine schriftliche Eingabe gemacht, aber sie unternahmen nichts. Eines Tages bekam ich in der Zelle einen Anfall. Als ich zu mir kam, zitterte ich noch stark am ganzen Körper. Ich musste meine Beine mit den Händen festhalten. Als es mir nach einer Weile besser ging, klingelte ich und gab Bescheid. Es hieß, sie würden mich zum Arzt bringen. Es dauerte aber sehr lange, bis sie mich zum Arzt brachten. Ich hatte sehr starkes Herzrasen bei niedrigem Blutdruck. Der Arzt gab mir das Medikament Indial, dann brachte man mich wieder in die Zelle. Seit mehreren Jahren leide ich an Epilepsie, aber die Anfälle kommen in sehr großen Abständen. Mein letzter Anfall war vor drei Jahren. Vor der Verhaftung hatte ich kein Herzrasen und keine Magenprobleme. Im Gefängnis habe ich Magenblutungen bekommen. Der Arzt meinte, dass das mit der Gefängnissituation zu tun habe.

Wie war die Möglichkeit zum Telefonieren und für Besuche?

In den ersten Wochen hatte ich keinen Besuch. In den letzten zwei Wochen nach den Verhören bekam ich zwei Mal Besuch in der Kabine. Wöchentlich war es möglich, mit der Familie zu telefonieren. Am Anfang stand der Vernehmer in meiner Nähe, das habe ich als sehr stressig empfunden. Aber an irgendeinem Punkt sagte ich mir, ich muss ihn ignorieren, und somit habe ich mich auf die Gespräche gefreut. Ich war sehr froh, dass sich jemand nach mir erkundigte und sich um mich Gedanken machte. Und darüber, dass es bei dem Gespräch nicht um die Verhöre ging! Nach dem Telefonieren hatte ich ein Gefühl voller Hoffnung, das mir sagte, ich bin nicht der Mensch, den der Vernehmer aus mir macht. Die Verhörstrategie und die Einzelhaft entfernen dich von allen und allem. Der Vernehmer möchte, dass du dich schuldig fühlst. Du fühlst dich sogar für deine eigenen Gedanken schuldig, und sie versuchen, dir eine neue Identität zu geben. Eigentlich möchte der Vernehmer dich dahin bringen zu denken, du lebst in einer großen Lüge. Deine einzige Rettung ist, dich dem gegenüber zu verwehren, was sie dir die ganze Zeit zu vermitteln versuchen. Das ist deine einzige Rettung.

Welches sind die schmerzlichsten Momente und Erfahrungen in der Einzelhaft gewesen?
In der Zeit, als ich in Einzelhaft war, kam eines Tages ein Wärter und sagte mir, ich solle aufstehen, ich würde verlegt werden. Er brachte mich zu zwei anderen Häftlingen. Es verwunderte mich, ich konnte mit anderen reden, konnte mit ihnen gemeinsam essen. Ohne dass wir uns kannten, ohne dass zwischen uns eine Verbindung war. Allein das Gefühl, dass ich mit diesen Menschen zusammen war. Ich war froh, dass die Einzelhaft vorüber war. Am nächsten Tag brachten sie mich zurück in die Einzelzelle. Nach einiger Zeit brachten sie mich wieder zu zwei anderen Insassen. Diesmal hatte ich Angst, dass sie mich wieder wegbrachten. Sie brachten mich erneut nach zwei Tagen in die Einzelzelle zurück. Mir ging es außerordentlich schlecht. Ich schlug an die Wände. In dem Moment war ich außer mir. Ich bekam Angst. Diese Angst war nicht die Angst vor dem Gefängnis

und dem Vernehmer, sondern ich bekam Angst vor mir selbst. Ich schlug gegen die Wände. Ich wollte Schmerz spüren. Der Grund, weshalb du am Leben bleibst, sind soziale Kontakte. Einzelhaft nimmt dir diese sozialen Kontakte. Der Mensch kann in der Einzelzelle weder sprechen, noch hört er Stimmen. Sogar wenn du von Weitem Schritte hörst, musst du sie ignorieren. Du bist gezwungen, in den vier Wänden zu sein, die der Vernehmer für dich bestimmt hat, und musst akzeptieren, dass du in Isolationshaft bist. Du siehst und hörst niemanden außer dem Vernehmer. Automatisch wird er eine dir wichtige Person. Er kann dich vernichten, aber zugleich vermittelt er dir, dass er der Einzige ist, der dich retten kann. Die Person, die dich verklagen und bestrafen kann, und die einzige Person, die mit dir spricht und du mit ihr.

Wie haben Sie Widerstand geleistet, und welche Faktoren waren hilfreich?
Nachdenken und der Wunsch zum Weiterleben waren das Wichtigste und die größte Hilfe für mich. In den Momenten, in denen ich ohne jegliche Hoffnung war, überlegte ich, könnte ich mir verlässliche Hoffnung schaffen, indem ich meine Vergangenheit mit der Zukunft verknüpfe. Dieser Wunsch half mir, mich nicht von dem Verhör und der Situation, in der ich mich befand, einschüchtern zu lassen. Der Glaube, dass ich und mein Leben weitergehen werden, half mir, mich nicht dem Vernehmer zu unterwerfen, sondern mein Leben fortzusetzen. Die Erinnerungen an diejenigen,

deren Stimme ich zuvor gehört hatte, wurden in meiner Zelle lebendig. Ich dachte, dass sie in dieser Zelle gelebt und Widerstand geleistet hatten, meine Gedanken waren erfüllt von ihrem Widerstand, ihrer Beharrlichkeit und Standhaftigkeit. Tatsache ist, dass die Bedingungen und Merkmale der Einzelhaft so grausam sind, dass nur der ständige Kampf einem etwas gibt, das als «starker Wille» bezeichnet wird. Dann wieder verliert dieser Ausdruck an Bedeutung, sodass das, was man über ihn hört, nur Allgemeinplätze sind. Wenn der Vernehmer versucht, dich während des Verhörs an das normale Leben zu erinnern: «Wenn Du freikommst, solltest Du nicht länger alleine wohnen!», beweist er, dass er über die Macht verfügt, dich deiner Existenz zu berauben. Er versucht ständig, dich zu zermalmen! In diesen Momenten kann nur eine innere Kraft dir zum Weiterleben helfen. Diese Kraft kanntest du vorher nicht, oder sie war dir nicht bewusst. Eigentlich habe ich nur ums Überleben gekämpft. Der Vernehmer versucht, dich von allen menschlichen Werten abzubringen. Zusätzlich zum Einkerkern des Körpers versucht er, die Psyche einzuengen. Gerade dann wächst der Widerstand des Geistes. Der Vernehmer versucht, deinen Geist zu beherrschen, ohne dass du es merkst. Selbst dein Wissen über die Funktion des Verhörsystems hilft dir nicht, weil es sehr subtil, langsam und leise arbeitet. Bevor du in Untersuchungshaft kommst, hast du eine Vorstellung von dir selbst und deiner Existenz inklusive der gelebten Erfahrung, deines Daseins in der Gesellschaft und deiner Rolle. Jetzt wird von dem Vernehmer deine Identität in Frage gestellt, sogar die gefälschte Darstellung deiner Person, und dafür wirst du für schuldig befunden und musst bestraft werden. Willkür, Gewalt und Machtmissbrauch, die du in Ansätzen in Familie und Gesellschaft auf verschiedene Weise erlebt hast, äußern sich jetzt als nackte Realität vor dir. Im Inneren der verhörten Person ist Angst die stärkste Emotion. Alles, von der Augenbinde auf deinen Augen bis zur Wand, die einen halben Meter entfernt von dir ist, bis hin zu den massigen Körpern, die hinter dir sitzen und dich wie eine mechanische Maschine mit Fragen durchbohren und dich in ausweglose Situationen drängen, ist beängstigend. All dies ist streng systematisch angelegt und führt dich zu der Überzeugung, eine Frevlerin zu sein, sodass du beginnst, dich mit Angst zu umhüllen. Aber in diesen Momenten wächst in deinem Wesen ein unglaublicher Wille, der stärker als das werden kann. Manchmal hörte mein Gehirn oder mein Wille auf, Widerstand zu leisten, aber etwas tief in meinem gebrochenen Körper oder meiner gebrochenen Seele machte mir Mut, Widerstand zu leisten. Das Grundgefühl aller Tage in der Isolationshaft ist Angst. Angst, Verhör, Bestrafung, Isolation, Drohungen, Entbehrung und Zwang, all dies sind Dinge, die dir in der Haft machtvoll und ohne Einschränkung auferlegt werden. Aber eine ähnliche Logik hinter all diesen Strategien habe ich als Frau vor meiner Verhaftung erfahren oder von anderen Frauen aus ihrem Leben gehört. Diese Logik wurde mir als Frau vom Vater, dem Bruder und dem patriarchalischen System aufgezwungen. Eine Logik, die sich als Herrscher versteht oder zumindest sich gerechtfertigt weiß, dir deine Wahlfreiheit zu entziehen und über dein Schicksal zu entscheiden. Im

Gefängnis ist der Vernehmer nicht nur ein Verhörer, sondern ein Vertreter des patriarchalischen Systems, der deine Stimme im Falle einer Ungehorsamkeit zum Schweigen bringt. In diesem System kannst du nur eine legitime Präsenz haben, gesehen und respektiert werden, wenn du zahm und gehorsam bist und dich zur Aufrechterhaltung und Durchsetzung der bestehenden Ordnung verpflichtest.

Ich zitiere Reza Baraheni[156]: *Vertraut man einem, der mit zwei Zungen spricht, dich erniedrigt und gleichzeitig in Ruhe und Sanftmut dich deiner Freiheit, Selbstentscheidung und deines Willens beraubt? Ist es möglich, sich selbst für minderwertig und andere für erhaben zu erachten, es als Sieg zu bezeichnen, sich selbst zu zensieren und dies anderen zu erlauben? Unterwerfung als einzigen Weg für Leben und Überleben zu sehen?*[157] Diese Sätze sind für mich sehr inspirierend.

Dieses System will dir zu verstehen geben, dass diejenigen, die mächtiger sind, Befehle und Schrecken erteilen können und dürfen, alle anderen sind machtlos und untergeordnet. Der gemeinsame Nenner zwischen dem Verhörumfeld und der patriarchalischen Gesellschaft kann darin gesehen werden, dass in der Untersuchungshaft der Vernehmer mit Durchsuchungen, Gewalt, Verurteilung und Bestrafung dieselbe Rolle spielt wie der Vater, der Ehemann,

---

156 Reza Baraheni (1935–2022): iranischer Schriftsteller, Kritiker und politischer Aktivist; ehemaliger Präsident des PEN Kanada und Dozent an der University of Toronto.

157 Reza Baraheni: *Chah be chah,* Negah Publishing Co., Teheran 1983, S. 50.

der Bruder und der Staat, wenn sie die Frauen und ihr Anderssein bezwingen.

Ohne die Absicht zu haben, zu vergleichen, mehr aus meiner persönlichen Sicht: aus den Erzählungen, die ich von weiblichen Gefangenen gehört habe: Unsere Gespräche miteinander waren so erhellend, dass ich denke, die Geschichte, die Frauen hinter sich haben, und ihre Lebenserfahrung ermöglichen es ihnen, die Unterdrückung, die sie im Verhör erleben, nicht als unbekannte Situation zu erfahren. Obschon Frauen aufgrund ihres Geschlechts ein bestimmtes Verhalten ihrer Vernehmer erfahren, ist auch ihr Widerstand ein anderer. Der Vernehmer sagte einmal zu mir: «Ich weiß nicht, warum die jungen Frauen sich weigern, verhört zu werden, und sich derart widersetzen.» Eine Aussage wohl eher aus männlicher Perspektive, oder es sollte ein banaler inhaltloser Witz sein, aber für mich behielt er eine gewisse Bedeutung. Eine Frau, die auf einem Verhörstuhl sitzt, kann bewusst oder unbewusst aufgrund einer ihr bereits bekannten Situation, die sie so oder ähnlich mehr oder weniger bereits durchlebt hat oder mit der sie zumindest vertraut ist, eine Wahrheit wiedergeben: Ich bin gegen jenes System, das mich als deine Untergebene bezeichnet und dich zu meinem Ankläger und Vormund macht – und – ich bin gegen Ungleichberechtigung! Diese Lebenserfahrung hilft der Frau! Der «starke Wille», den ich bereits erwähnte, hat für Menschen während des Verhörs aufgrund der Unterdrückung, die sie in ihrem Leben erfahren haben, unterschiedliche Bedeutung. Die Ethik der Fürsorge, die den Frauen historisch auferlegt wurde, ist ein guter Leitfaden, um auf weibliche Weise einen «starken Willen» aufzubauen. Diese vertraute Ethik kann Frauen im Verhör ihr inneres Verantwortungsbewusstsein mobilisieren: Sorge zu tragen für sich selbst und für ihre emotionalen und politischen Verbündeten. In einer von Ungleichheit oder Machtbesessenheit dominierten Situation muss man sich entweder unterwerfen oder dominieren. In der zutiefst ungleichen und unrechten Situation, die der Vernehmer schafft, kann eine Frau, der die Erfahrung ihrer ungleichen Position in der Gesellschaft bewusst ist, Widerstand entwickeln. Sie kann, unter Zwang dem Vernehmer auf der Verhörbank gegenübersitzend, Sorge tragen für ihre Nächsten. Nicht, um Stärke zu beweisen, sondern weil sie sie schützen will. Ich will damit sagen, dass in der gängigen Literatur über Verhöre der «starke Wille» und das «Nicht-Brechen» männliches Vokabular ist. Einerseits ist das Ideal ein Held, der sein Leiden verschweigt und andererseits jede reale Erzählung über menschliches Leiden und die Zweifel der verhörten Person zum Schweigen bringt. Weil der große Tyrann nicht wissen soll, dass wir in bestimmten Momenten «versagen» können! Das weibliche Narrativ über Gefängnis und Verhör sollte nicht nach einer Heldin suchen. Anstatt durch die grausame Verhörsituation verursachte Leiden zu leugnen, lindert der Wunsch, in Freiheit zu leben, ihr Leiden und gibt ihr die Kraft, weiterzumachen. Bei vollem Respekt für die Männer und Frauen, die für Gleichberechtigung gekämpft haben, denke ich, dass sich das Modell der Befragung und sogar die Erzählung aus der Haft aus der Sicht von Männern von denen der Frauen unterscheiden, deren Ursprung auf den Unterschied der Geschlechter zurückzuführen ist. In männlichen und hierarchischen Kulturen sucht der Mann seine eigene Überlegenheit. Wenn eine Macht über ihn gestellt wird, wird er zerbrechlicher, weil seine Autorität beschädigt und ihm der Boden unter den Füßen entzogen wird. Die Frau befindet sich bereits in einer minderwertigen Position und definiert ihre Existenz über ihre Wut und Rebellion. Deshalb hilft der politisch aktiven Frau, die auf dem Verhörstuhl sitzt, ihre weibliche Erfahrung, und sie kann niemals jemandem vertrauen, der zwei Zungen und zwei Stimmen bzw. ein Doppelgesicht hat.

POSTSKRIPTUM:
UPDATES ZU DEN INTERVIEWTEN FRAUEN

Nigara Afsharzadeh

Eine turkmenische Staatsbürgerin, die im Iran unter dem Vorwurf der Spionage inhaftiert wurde. Nach ihrer Rückkehr in ihr Heimatland brachte sie auch dort einige Zeit im Gefängnis zu. Inzwischen wurde sie freigelassen und lebt mit ihren beiden Kindern in Turkmenistan.

Atena Daemi

Wurde als Menschenrechtsaktivistin zu sechseinhalb Jahren Gefängnis verurteilt. Nach Ablauf ihrer Haft wurde sie entlassen und lebt jetzt mit ihrer Familie in Teheran.

Zahra Zehtabchi

Wurde wegen Mitgliedschaft bei den Volksmudschahedin angeklagt und zu zehn Jahren Gefängnis verurteilt. Sie befindet sich noch in Haft.

Nazanin Zaghari-Ratcliffe

Iranisch-britische Journalistin, die 2016 bei einem Besuch im Iran wegen Spionage verhaftet wurde. Im März 2022 wurde sie nach langen Verhandlungen zwischen britischer und iranischer Regierung freigelassen.

Mahvash Shahriari

Mitglied des Komitees Yaran der Bahai-Gemeinde im Iran. 2017 kam sie nach zehnjähriger Haft frei. Im selben Jahr wurde sie von PEN als International Writer of Courage ausgezeichnet und war Mitgewinnerin des Pinter Prize für einen Band ihrer Gefängnislyrik, der inzwischen in mehrere Sprachen übersetzt wurde. Im Zuge eines groß angelegten Schlags gegen die Bahai-Gemeinde wurde Mahvash am 31. Juli 2022 verhaftet und wird derzeit unter dem Vorwurf der Spionage festgehalten.

Hengameh Shahidi

Ihre Beschwerden über Korruption in der Justiz trugen ihr eine dreizehnjährige Haftstrafe ein. Sie brachte siebzehn Monate in Einzelhaft zu, gefolgt von fünfzehn weiteren Monaten im Gefängnis. Nach Protesten und Appellen an das Büro des Obersten Führers wurde sie 2021 entlassen. Aufgrund der Schädigungen, die sie durch die Einzelhaft erlitt, befindet sie sich noch immer in medizinischer Behandlung und ist nicht in der Lage, ein normales Leben zu führen.

Reyhaneh Tabatabai

Mitglied einer reformorientierten Partei im Iran (der Union der Islamischen Iranischen Volkspartei). Sie wurde 2016 aus dem Gefängnis entlassen. Derzeit arbeitet sie als Chefredakteurin bei *Emtedad News*.

Sima Kiani

Als Mitglied der Bahai-Gemeinde wurde sie zu fünf Jahren Gefängnis verurteilt, von denen vier ausgesetzt wurden. Sie lebt in Teheran.

Fatemeh Mohammadi

Fatemeh ist zum Christentum konvertiert. Sie wurde 2017 verhaftet und wegen Verbrechen gegen die nationale Sicherheit, christlicher Aktivitäten und Mitgliedschaft in einer Missionsgruppe verurteilt. Nach Ablauf ihrer sechsmonatigen Gefängnisstrafe wurde sie entlassen. 2020 wurde sie zum zweiten Mal verhaftet, diesmal wegen Beteiligung an Protesten gegen den Abschuss des Flugs PS752 von Ukraine International Airlines durch die Islamischen Revolutionsgarden. Sie wurde zu drei Monaten Gefängnis und zehn Stockhieben verurteilt. Es ist ihr nicht gestattet, eine Universität zu besuchen. Durch Intervention des Ministeriums für Nachrichtenwesen wurde es ihr unmöglich gemacht, eine Arbeitsstelle zu finden. Momentan befindet sie sich in Freiheit.

Sedigheh Moradi

Wegen Mitgliedschaft bei den Volksmudschahedin angeklagt, wurde sie 2016 aus dem Gefängnis entlassen. 2019 wurde sie erneut verhaftet und verbrachte drei Monate in Einzelhaft im Trakt 209. Derzeit ist sie auf freiem Fuß.

Nazila Nouri

Als Mitglied der Gemeinde sufistischer Derwische im Iran wurde sie zu einem Jahr Gefängnis verurteilt. Sie wurde 2019 entlassen und praktiziert als Ärztin.

Shokoufeh Yadollahi

Mitglied der Gemeinde sufistischer Derwische im Iran. Ihre fünfjährige Haftstrafe wurde im Berufungsverfahren auf zwei Jahre verkürzt. 2020 wurde sie aus dem Gefängnis entlassen.

Marzieh Amiri

Journalistin und Aktivistin für Studenten- und Frauenrechte. Sie wurde zu zehn Jahren Haft verurteilt, die im Berufungsverfahren auf fünf Jahre reduziert wurden. Sie verbrachte sieben Monate im Gefängnis und wurde 2019 freigelassen. Heute ist sie als Journalistin tätig.

REGISTER

Die Rowohlt Verlage haben sich zu einer nachhaltigen
Buchproduktion verpflichtet. Gemeinsam mit unseren
Partnern und Lieferanten setzen wir uns für eine
klimaneutrale Buchproduktion ein, die den Erwerb
von Klimazertifikaten zur Kompensation des CO_2-
Ausstoßes einschließt.

www.klimaneutralerverlag.de